Kaiserliches Berlin

Architektur zwischen
1871 und 1918

Matthias Barth

Kaiserliches Berlin

Architektur zwischen 1871 und 1918

Bergstadtverlag
W. G. Korn

Sämtliche Fotos hat der Autor eigens für dieses Buch aufgenommen.

Autor und Verlag danken allen Institutionen und Eigentümern, die Aufnahmen in ihren Gebäuden ermöglicht und genehmigt haben, insbesondere der BIM Berliner Immobilienmanagement GmbH.

Abbildung auf der Umschlagvorderseite:
Blick über die Spree auf den Neuen Marstall, den Berliner Dom und das Nikolaiviertel
Abbildung auf dem Frontispiz:
Blick in die Kuppel des Berliner Doms
Abbildungen auf der Umschlagrückseite (von oben nach unten):
Neukölln, Stadtbad, Detail · Kurfürstendamm, neobarocke Mietshausfassade · Mitte, Berliner Dom, Tauf- und Traukapelle · Wannsee, Villa Hamspohn, Glasfenster im Treppenhaus

Die Deutsche Bibliothek verzeichnet diese Publikation in der Deutschen Nationalbibliografie; detaillierte bibliografische Daten sind im Internet über http://dnb.d-nb.de abrufbar.

Konzept und Lektorat: Thomas Theise, Regensburg
Umschlaggestaltung und Satz: Martin Grundmann, Hamburg
Druck und Bindung: Dimograf, Bielsko-Biała
ISBN 978-3-87057-324-9

Inhalt

Kaiser-Wilhelm-Gedächtniskirche
Das von der Firma Puhl & Wagner angefertigte Deckenmosaik in der Turmhalle zeigt links Königin Luise mit König Friedrich Wilhelm III., in der Mitte den preußischen König Friedrich Wilhelm IV. (reg. 1840–61), Kaiser Wilhelm I. (reg. ab 1861 als König und 1871–88 als dt. Kaiser) und Kaiser Friedrich III. (1888) sowie rechts Kaiser Wilhelm II. (reg. 1888–1918) mit Gemahlin Auguste Viktoria und Kronprinz Wilhelm (1882–1951) mit Gemahlin Cecilie. Das 1889 gegründete Unternehmen Puhl & Wagner mit Stammsitz in Berlin-Neukölln war der innovativste und größte deutsche Hersteller von Glasmosaiken und Glasmalereien. Seinen wichtigsten Förderer hatte das Unternehmen in Kaiser Wilhelm II., der es für zahllose Staatsaufträge verpflichtete, unter anderem für die 2740 Quadratmeter Mosaikfläche in der Kaiser-Wilhelm-Gedächtniskirche.

Einführung

Die deutsche Hauptstadt verdankt ihr Erscheinungsbild noch immer zu wesentlichen Teilen jener Zeit, in der Sie zu einer der politisch und wirtschaftlich bedeutendsten Metropolen aufstieg: der Zeit des zweiten deutschen Kaiserreichs von 1871 bis 1918. Obwohl die Wunden der Geschichte in Berlin vielerorts unübersehbar sind, hat ein beachtlicher Teil der Repräsentations-, Funktions- und Wohnbauten der wilhelminischen Epoche die Katastrophen des 20. Jahrhunderts überstanden und bildet noch immer städtebauliche Dominanten. Das überrascht insofern, als Berlin die im Zweiten Weltkrieg am heftigsten bombardierte Stadt in Deutschland war und die Berliner Kommunalpolitiker der Nachkriegsjahre geradezu lustvoll am Aufbau einer „modernen und verkehrsgerechten" Metropole arbeiteten, wobei man die Zerstörung historischer Bausubstanz bereitwillig in Kauf nahm. Die noch immer große Zahl wilhelminischer Bauten resultiert zum einen aus der Tatsache, dass die Stadt während dieser Zeit das fulminanteste Bevölkerungswachstum ihrer Geschichte und eine entsprechend beispiellose Bautätigkeit erlebte, zum anderen aus der robusten Bauweise des „steinernen Berlins", die meistens verhinderte, dass die alliierten Bombardements die intendierten Feuerstürme entfachen konnten. Gleichwohl hat ein großer Teil der innerstädtischen Bebauung das Inferno nicht überstanden, und die verbliebenen Reste sind höchst ungleichmäßig über das Stadtgebiet verteilt.

Die Tatsache, dass seit den späten 1970er Jahren damit begonnen wurde, Gründerzeit- und Jugendstilwohnhäuser zu restaurieren, und man in den gutbürgerlichen Quartieren der Hauptstadt heute kaum noch Villen, Mehrfamilienhäuser oder kommunale Zweckbauten mit bröckelndem Putz vorfindet, kann nicht darüber hinwegtäuschen, dass der Umgang mit den Bauten dieser Zeit einen kulturideologischen Konflikt widerspiegelt, der bis in unsere Tage nachwirkt. Die Zerstörungsexzesse der 1950er und 1960er Jahre resultierten natürlich vorrangig aus der katastrophalen Lage der in Trümmern liegenden Metropole. In vielen Gebieten standen nur noch ausgebrannte Umfassungsmauern, und die Ruinen der erst wenige Jahrzehnte alten Gebäude hatten aus damaliger Sicht keinen großen künstlerischen Wert. Wer Berlin in der sogenannten „Stunde Null" erlebt oder Filme und Bilder aus der Zeit gesehen hat, kann sich nur wundern, dass hier überhaupt wieder urbanes Leben entstehen konnte. Kaum weniger fatal als die praktischen Zwänge wirkte sich jedoch die Geringschätzung der Kaiserzeit und ihrer Hinterlassenschaften aus. Das zeigt sich exemplarisch im größten Villengürtel der Welt – im Westen und Südwesten der Stadt –, an dem der Krieg mangels strategisch wichtiger Ziele großenteils spurlos vorübergegangen war, von dessen ursprünglicher Bebauung heute trotzdem gefühlte dreißig bis vierzig Prozent nicht mehr existieren.

Für Berlin gilt der bekannte Satz des Publizisten Wolf Jobst Siedler, dass sich der „widerstädtische Geist der Epoche das eine Mal der strategischen Bomberkommandos und das andere Mal jener Städteplaner bedient habe". Von Politikern, die ernsthaft den Abriss des Charlottenburger Schlosses beschlossen hatten, konnte man kein Erbarmen mit wilhelminischem Prunk erwarten. Die Entstuckungs- und Abrissaktionen der 1960er Jahre unter dem Motto „Abriss für den Wiederaufbau" gehörten zu den kostspieligsten „Stadtsanierungen" in Deutschland.

Der Modernisierungsfuror ergriff auch die privaten Haus- und Wohnungsbesitzer sowie deren Mieter. Allerorten wurden ohne Not geschnitzte Eichentüren durch Aluminium-Rahmentüren, gedrechselte Treppenläufe durch rustikale Bonanza-Geländer ersetzt, Fassaden geglättet oder mit Fließen verblendet, verzierte Kachelöfen und Intarsienparkettböden beseitigt, Sprossenfenster durch „praktische" Einteiler ersetzt, Decken abgehängt und ähnliches mehr. Wandmalereien wurden fast grundsätzlich weiß übertüncht.

Im Osten setzte die notorische Mangelwirtschaft der Bausubstanz zu. Im Westen führte die Mietpreisbindung im Altbau, die Investitionen für Immobilieneigentümer unattraktiv machte, zu einer demographischen Fehlsteuerung. Als in Hamburg und München sanierte Gründerzeit- und Jugendstilviertel längst zu begehrten Wohnlagen geworden waren, hatten sich große Teile Neuköllns, Kreuzbergs, Moabits und des Wedding zu heruntergekommenen Armeleutevierteln mit hohem Arbeitslosen- und Ausländeranteil entwickelt. Versuche, diese Entwicklung umzukehren, werden heute mit dem Reizwort Gentrifizierung gebrandmarkt und bekämpft.

In den Wohlstandsgürteln bot die gesellschaftlich sanktionierte Geringschätzung der wilhelminischen Epoche zugleich ein willkommenes Alibi für die Bau- und Bodenspekulation. Ließen sich in einer repräsentativen Jugendstilvilla maximal drei bis vier Wohneinheiten unterbringen, bot das dazugehörige Grundstück nach deren Abriss Platz für sechs bis acht Reihenhäuser oder ein Mehrfamilienhaus mit zehn bis zwanzig Wohnungen. Im Verwaltungsjargon hieß das „räumliche Verdichtung“ und war politisch ausdrücklich gewollt. In Grunewald, Schlachtensee, Westend oder Dahlem sieht man deshalb hinter vielen repräsentativen Grundstücksumfriedungen gesichtslose Blöcke aus den 1960er bis 1990er Jahren.

Weniger ideologisiert war die Situation wider Erwarten im Ostteil der Stadt. Dort wurden zwar bekanntlich das Stadtschloss und Schloss Monbijou beseitigt, das Kronprinzenpalais hingegen wurde rekonstruiert, der Berliner Dom zunächst gesichert und später mit westlicher Hilfe in reduzierter Form wieder aufgebaut. Die auf Adolf Loos und die Bauhaus-Bewegung zurückgehende „Ornament und Verbrechen“- und „form follows function“-Ideologie war in die DDR kaum vorgedrungen. Man wollte zwar den neuen sozialistischen Menschen erschaffen, hatte dafür aber – anders als Le Corbusier – nicht eigens eine begleitende didaktische Architektur entwickelt. Dass die Plattenbauten in Marzahn oder im Salvador-Allende-Viertel von denen im Märkischen Viertel und der Gropius-Stadt kaum unterscheidbar waren, resultierte aus purer Not: Zunächst hatte man sich aufwändige neoklassizistische Arbeiterpaläste nach dem Muster der Stalinallee auf die Fahnen geschrieben, und erst als man deren Kosten realisierte, entschied man sich für die praktischen, übereinandergestapelten Betoncontainer. Dem dauerhaften Mangel an Wohnungen verdankten letztlich auch die Ostberliner Gründerzeit- und Jugendstilviertel ihr Überleben – in allerdings überwiegend desaströsem Zustand. In den östlichen Berliner Stadtbezirken wurde im übrigen kaum weniger Stuck von den Fassaden abgeschlagen als im Westen – der Antrieb war aber wohl mehr ein praktischer.

Der Umgang mit dem Bauerbe der Kaiserzeit, dem sich dieses Buch widmet, war nicht nur lange von Geringschätzung und Ablehnung, er war und ist gleichermaßen von Begriffsverwirrung und Unkenntnis geprägt. Umgangssprachlich wird die Architektur bis zum Ersten Weltkrieg gern mit den Etiketten „Gründerzeitarchitektur“ „Historismus“ oder auch „Eklektizismus“ versehen, obgleich diese den Reichtum des Gebauten höchst unzulänglich beschreiben. Die Gründerzeit war genau genommen bereits mit der Gründerkrise von 1873 beendet, wirkte jedoch als Architektur- und Möbelstil noch zwei Jahrzehnte nach. Der Terminus Historismus passt zwar vordergründig auf die gesamte europäische Architektur seit dem späten 18. Jahrhundert, wird der Vielgestaltigkeit der Stilrichtungen aber kaum gerecht. Waren schon die Architekturströmungen bis zum Ende des 19. Jahrhunderts, die unter diesem Begriff subsummiert werden, von größerer Eigenständigkeit gegenüber den historischen Vorbildern als gemeinhin behauptet, so brachte der kurz vor der Jahrhundertwende auftretende Jugendstil in seiner Berliner Ausprägung eine neue, floral geschwungene Formensprache, die am Ende ins Geometrische tendierte. Auch der Jugendstil war gegenständlich, dekorativ und nahm historische Formanleihen – deshalb wurde auch er später als antimodern angefeindet.

Die Liste der Verdikte ist lang, die Verfasser sind prominent. Auch Wolf Jobst Siedler, der sich in seinen Büchern stets für die Rekonstruktion preußischer Schlüsselbauten aussprach, mochte noch zu Beginn der 1990er Jahre in den Bauten der wilhelminischen Ära eine „Beschädigung ihrer Nachbarschaft“ erblicken. Der Zeitgeist der Nachkriegsjahrzehnte hatte seine Worthülsen zur Diskreditierung der Epoche. Die gern gebrauchten Formulierungen reichen von „Kitsch“, „Großmannssucht“ und „Protz“ über „Disneyland“ bis hin zu „Postkartenidylle“ und „Puppenstube“ sowie dem Vorwurf der Parvenühaftigkeit.

Die jahrzehntelange Ablehnung der eigenen kulturellen Identität spiegelte in Deutschland einen bürgerlichen Selbsthass, der in seiner Intensität nur durch das ruhmlose Ende der Kaiserzeit und die Katastrophe des Dritten Reichs zu erklären ist. Am radikalsten manifestierte er sich vielleicht im Westteil der heutigen Hauptstadt. Im ehemaligen Machtzentrum des NS-Staates bildete sich in den Nachkriegsjahrzehnten eine Aufbruchsstimmung, in der auch Verwaltungsbeamte und private Hausbesitzer mit der Geschichte abrechnen wollten. Als Konsequenz aus den politischen Heimsuchungen der ersten Jahrhunderthälfte wollte man sich nach 1945 mit der Geschichte zugleich auch des seit der griechischen Antike und dem Mittelalter tradierten Formenschatzes entledigen und fortan nur noch Gebäude errichten, die ihren funktionalen Kern nicht mit überflüssigem Dekor bemäntelten. In den Nachkriegsjahrzehnten sind weitaus mehr Bauten der Kaiserzeit als solche aus der Zeit der NS-Diktatur zerstört worden – vor allem wohl deshalb, weil von ihnen viel mehr existierten.

Der Drang, das kulturelle Erbe der Epoche für ihr politisches Scheitern haftbar zu machen, lässt sich wenn schon nicht ästhetisch, so doch zumindest politisch erklären. Die Bilderstürmer aller Epochen haben sich stets an den steinernen Hinterlassenschaften der Vorgängerregime abgearbeitet. In Berlin fügt sich die Zerstörungswut der Nachkriegszeit lückenlos in die Historie ein. In dieser Stadt, die gemäß dem vielzitierten Satz von Karl Scheffler „dazu verdammt ist, immerfort zu werden und niemals zu sein", wurde mit verändertem politischen Anspruch alle paar Jahrzehnte mit der überkommenen Architektur Tabula rasa gemacht, um Platz für Neues zu schaffen. Auch für die wilhelminische Repräsentationsarchitektur im Stadtzentrum wurden im großen Stil ältere Bauten niedergestreckt, die den funktionellen Ansprüchen und dem Geschmack der Kaiserzeit nicht mehr genügten. Zwischen 1871 und 1914 war Berlin eine gigantische Großbaustelle, neben der sich die Neubauprojekte nach der Wiedervereinigung bescheiden ausnehmen. Auch wenn die Stadt eine Geschichte hat, die bis in die späte Romanik zurückreicht, ist das, was wir heute in Kreuzberg oder in Prenzlauer Berg als Alt-Berlin empfinden, zum großen Teil erst in diesen Jahren entstanden. Mark Twain schieb 1892: „Berlin ist die neueste Stadt, die ich je gesehen habe", „Chicago kommt mir dagegen altehrwürdig vor".

Man hat der wilhelminischen Architektur häufig ihren Hang zum Monumentalen sowie die scheinbare Beliebigkeit beim Einsatz historischer Versatzstücke zum Vorwurf gemacht. Zweifellos wollten die Auftraggeber dieser Gebäude durch Größe, Materialaufwand und dekorativen Reichtum überwältigen und beeindrucken. Zur Erreichung dieses Ziels kombinierten die Architekten alle Stilformen, die ihnen die überkommene Repräsentationsarchitektur zur Verfügung stellte. Sie waren die letzte Architektengeneration, die mit dem Formenkanon des alten Europas arbeitete und dessen Gestaltungsprinzipien und Schmuckformen perfekt beherrschte. Sie verfügten zugleich über die technischen Möglichkeiten des Industriezeitalters, so dass sie in Dimensionen und mit Materialien arbeiteten konnten, wie dies ein oder zwei Jahrhunderte zuvor kaum denkbar gewesen wäre.

Wer den Berliner Dom, die Kuppelhalle des Bodemuseums, den Lichthof der Technischen Universität, das Treppenhaus des Weddinger Amtsgerichts und andere Bauten betritt, fühlt sich fast zwangsweise überwältigt. Die auf den Minimalismus der Bauhaus-Architektur eingeschworenen Nachkriegsintelektuellen wussten diesen Effekt jedoch stets reflexhaft durch die Erkenntnis zu relativieren, dass diese Gebäude „eklektizistische Einschüchterungsarchitektur", also a priori wertlos seien.

Bei genauerer Betrachtung kommt man nicht umhin festzustellen, dass sich die Architekten der wilhelminischen Zeit zwar historischer Stilformen bedienten, dass sie dabei jedoch stets Neues schufen. So wie wohl niemand ernsthaft auf den Gedanken käme, Gründerzeitmöbel mit Renaissancemöbeln zu verwechseln, obgleich sie mit Renaissancedekor verziert sind, so würde niemand die Mietshäuser am Chamissoplatz ins 17. Jahrhundert datieren, das Weddinger Amtsgerichtsgebäude für eine Schöpfung der sächsischen Spätgotik halten, das Virchow-Klinikum für ein Residenzschloss und die Zehlendorfer Villen für Barockpalais oder mittelalterliche Burgen halten. Angesichts der Komplexität und phantasievollen Vielgestaltigkeit der Bauten und der Neuartigkeit ihrer Konstruktionsformen muss man konstatieren, dass die Bezeichnung Eklektizismus, in der stets der Vorwurf des Epigonentums mitschwingt, im Kern nicht trifft. Genau genommen waren alle europäischen Stilrichtungen seit der Renaissance, ja seit dem römischen Imperium in dem Sinne eklektizistisch, dass sie überlieferte Bauformen zitierten und modifizierten.

Auch die Architekten des Industriezeitalters haben mit tradierten Formen gearbeitet, diese aber den funktionellen Erfordernissen der neuen Zeit angepasst und dabei eine Vielzahl neuer Gebäude- und Schmuckformen entwickelt. Krankenhäuser, Gerichtsgebäude, Schulen, Fabrikhallen, Villen, Museen, Mietshäuser, Schwimmbäder und Hotels waren Bauaufgaben, die vom 12. bis zum 18. Jahrhundert noch nicht existiert hatten und für die erst im späten 19. und frühen 20. Jahrhundert Lösungen gefunden werden mussten. Im Kirchenbau bediente man sich des Formenschatzes der norddeutschen Backsteingotik, der rheinischen Romanik, der byzantinischen und barocken Sakralarchitektur – auch die dabei entstandenen Gebäude waren aber niemals reine Kopien der historischen Vorbilder, sie zeugen fast immer von Eigenständigkeit und schöpferischer Originalität.

Bereits die frühen Protagonisten der anbrechenden Moderne wie Louis Henry Sullivan, Adolf Loos oder Walter Gropius haben das Dekor und die historistischen Zierformen zu ihrem Feindbild erkoren und mit ihrem Bekenntnis zu einem schmucklosen Funktionalismus die Architektur bis heute maßgeblich beeinflusst. Die offizielle Kulturpolitik der Kaiserzeit hat ihre Forderungen negiert, und Wilhelm II., der die technische und industrielle Entwicklung auf jede nur denkbare Weise förderte und stolz darauf war, Deutschland an der Spitze der modernen Industrienationen zu sehen, stand der modernen Kunst notorisch ablehnend gegenüber. Das manifestierte sich augenfällig in seiner Einmischung in die Einkaufspolitik der Berliner Nationalgalerie. Wilhelm II. wollte Berlin zur „schönsten Stadt Europas" ausbauen. Obwohl dies bei einer im Vergleich zu den alten Metropolen Prag, Wien, Paris, London oder Rom spät entwickelten Kapitale ein zum Scheitern verurteilter Anspruch war, zeugen alte Fotobände von der großartigen Wirkung der nach einem Masterplan entstandenen Alleen und Plätze. Im Übrigen wurden Kernstücke anderer Großstädte – der Wiener Ring, der Prager Wenzelsplatz, die Champs-Élysées – auch erst am Fin de Siècle errichtet.

Obwohl sich die wilhelminische Architektur nicht grundsätzlich von der zeitgenössischen Architektur anderer deutscher und europäischer Metropolen unterschied, waren es ihre aus dem Wirtschafts- und Bevölkerungswachstum resultierende Anzahl und Größe sowie der betriebene Aufwand, der Berlin und sein Umfeld aus der Menge weniger dynamischer Großstädte heraushob.

Mit dem heutigen Blick auf eine inzwischen angegraute Moderne bleibt zu fragen, welche Langzeitergebnisse die Abkehr von den überkommenen Bauformen gezeitigt hat? Während die Bauten der Belle Époque auch nach Jahrzehnte währender Vernachlässigung frisch restauriert ihre Wirkung stets neu entfalten – durch die modernen Farbpigmente sogar mehr als in ihrer Entstehungszeit –, sind die Nachkriegsbauten nach dreißig oder vierzig Jahren aus der Mode, meist unansehnlich sowie technisch und ausstattungsmäßig nicht mehr auf dem aktuellen Stand. Häufig hört man das Argument, es gäbe auch mediokre alte und qualitativ gute moderne Architektur. In der Tat, nicht jedes Pankower oder Moabiter Mietshaus ist ein Meisterwerk vom Range des Bode-Museums oder des Kammergerichts am Kleistpark, doch selbst schablonenhaft anmutende Fassaden offenbaren eine über viele Generationen tradierte Kenntnis von Harmonie und Proportion, die im 20. Jahrhundert mutwillig über Bord geworfen wurde und deren Fehlen die Bauten der Moderne so offenkundig inkompatibel mit jenen der Kaiserzeit macht. Im Übrigen verzichten zeitgenössische Architekten ebenso wenig auf Imponiergehabe und Effekthascherei wie ihre Vorväter. Auch die Hochhäuser am neuen Potsdamer Platz oder in den die Stadt allseits flankierenden Satteliten-städten sollten durch Größe beeindrucken.

Das einzige Kompliment, das die etablierte Kunstgeschichtsschreibung der Nachkriegszeit für bestimmte Protagonisten der Kaiserzeit bereithielt, war die Aussage, sie seien Wegbereiter der Moderne gewesen. Dieses vergiftete Lob gestand man allenfalls Architekten wie Alfred Messel, Hermann Muthesius oder Alfred Grenander zu. Die meisten übrigen Architekten der Epoche sind in Vergessenheit geraten, wenn Sie nicht das Glück hatten, dass ihr Name mit einem Bau vom Kaliber des Reichstags oder des Berliner Doms verknüpft ist, oder eines Ihrer Hauptwerke – wie im Falle des Martin-Gopius-Baus – durch eine glückliche Fügung nach Ihnen benannt wurde.

In den letzten Jahrzehnten hat sich in dem Maße, in dem historistische Architektur selbst historisch geworden ist, der Umgang mit den Bauten der Kaiserzeit grundsätzlich verändert. Viele öffentliche Gebäude wurden mit großem Aufwand restauriert, und bei Privatiers erfreuen sich sanierte Immobilien aus der Zeit zwischen 1871 und 1918 stetig wachsender Beliebtheit und entsprechender Preissteigerungen. Dominierten noch in den 1980er und 1990er Jahren selbst in bevorzugten Lagen renovierungsbedürftige Fassaden das Bild, hat sich dies seit der Jahrtausendwende gewandelt. Während dieser Paradigmenwechsel in den Köpfen mancher Denkmalpfleger und Feuilletonjournalisten noch nicht angekommen zu sein scheint, hat der Immobilienmarkt längst reagiert – auch wenn sich dies in den behördlichen Mietspiegeln noch nicht widerspiegelt. Dort werden Wohnungen aus den 1960er bis 1980er Jahren entgegen der leicht nachprüfbaren Realität noch immer höher taxiert als solche der Jahrhundertwende.

Nach einem Jahrhundert architektonischer und stadtplanerischer Experimente von Bauhaus, Funktionalismus, Postmoderne, Strukturalismus, organischer Architektur und anderem besteht kein verbindlicher gesellschaftlicher Konsens über Bauästhetik. Doch gibt es ein verbreitetes Unbehagen an der seit fast einem Jahrhundert so bezeichneten „Architektur der Moderne", die sich nach dem Ersten Weltkrieg aus einem bewusst vollzogenen Bruch mit der Tradition entwickelt hat. Die Fraktionen der Modernisten und der Historisten stehen sich in Berlin unversöhnlich gegenüber, was sich beispielsweise auch an dem leidenschaftlich geführten Streit um die Rekonstruktion der Gartenfassade des Jagdschlosses in Glienicke artikuliert hat.

Wenn oben gesagt wurde, dass Berlin noch immer einen reichen Bestand an Bauten aus wilhelminischer Zeit hat, bedeutet dies, dass ein Buch wie das vorliegende das Vorhandene nur an ausgewählten Beispielen zeigen kann und dass jeder Leser zwangsläufig ihm wichtige Gebäude vermissen wird. Trotz des guten Vorsatzes, eine einigermaßen ausgewogene und repräsentative Auswahl an Bauten zu zeigen, lässt sich so etwas wie Vollständigkeit nicht einmal im Ansatz verwirklichen.

Dieses Buch erhebt nicht den Anspruch eines architekturhistorischen Fachbuchs, es soll vielmehr ein bunt bebildertes Plädoyer für die Schönheit und Mannigfaltigkeit wilhelminischer Architektur sein. Zwar sollen die wesentlichen Zeitströmungen und ihre historischen und kulturellen Hintergründe zur Sprache kommen, doch soll vor allem der Status quo gezeigt werden, eine Auswahl dessen, was die Zerstörungsexzesse des 20. Jahrhunderts überstanden hat. Nachdem in den vergangenen Jahren einiges an fundierter Literatur erschienen ist und Bildbände mit historischen Fotos veröffentlicht wurde, war dies wohl eine Lücke, die es zu schließen galt.

Der Leser möge sich dabei stets der Tatsache bewusst sein, das die scheinbar objektive Fotografie tatsächlich höchst subjektiv ist. Die Fotos vermitteln ein Bild, das nur noch in Fragmenten und verstreuten Ensembles existiert. Aufgrund der Tatsache, dass die erhaltenen Gebäude fast durchweg in Nutzung sind, zum großen Teil sogar in ihrer ursprünglichen Zweckbestimmung – was trefflich ihre Funktionalität und Modernität illustriert –, stellten sich dem Fotografen häufig Schwierigkeiten bei der Dokumentation. Bei privat genutzten Bauten habe ich es aufgrund der Persönlichkeitsrechte gelegentlich vorgezogen, nur die Straße oder das Stadtviertel anzugeben, in dem sie sich befinden. Der auf Entdeckungsreise gehende Besucher wird trotzdem kaum Schwierigkeiten haben, die abgebildeten oder vergleichbare Wohnhäuser und Villen ausfindig zu machen.

Obgleich es innerhalb eines Zeitraums von knapp fünfzig Jahren eine Reihe unterschiedlicher Stilrichtungen gab, die sich zumindest teilweise voneinander abgrenzen lassen, existierten in Abhängigkeit von den Bauaufgaben viele Strömungen nebeneinander, so das eine chronologische Gliederung des Buches ebenso wenig Sinn ergeben hätte wie eine Ordnung nach Stadtteilen. Ich habe mich deshalb dafür entschieden, den beschreibenden Teil nach Bauaufgaben zu ordnen und die verschiedenen Richtungen jeweils nebeneinander zu präsentieren.

Kreuzberg,
St. Thomas
Die Thomaskirche am Mariannenplatz, erbaut 1864–69 von Friedrich Adler, vertritt den Übergang vom Rundbogenstil der Schinkel-Schule zur Neogotik der Kaiserzeit.

Architektur der Kaiserzeit

Die Stadt Berlin – wie wir sie heute kennen – ist sowohl baulich als auch politisch zu wesentlichen Teilen in der Zeit zwischen dem Wiener Kongress und dem Ersten Weltkrieg entstanden. Sie wurde gebildet durch die Eingemeindungen von 1861 – Moabit, Wedding und einige Vorstädte – und dann vor allem durch die Gründung von Groß-Berlin im Jahr 1920, mit der das bunte Konglomerat von Städten, Dörfern und Rittergütern, von denen das historische Berlin umgeben war, zu einer Verwaltungseinheit verschmolz. Zu diesem Zeitpunkt lebte in der damals flächenmäßig größten Stadt der Welt etwa eine halbe Million Menschen mehr als zu Beginn des 21. Jahrhunderts. Die große Zahl kommunaler Zweckbauten war somit maßgeblich der Tatsache geschuldet, dass die später fusionierten Städte an der Peripherie Berlins, unter denen fünf mehr als 100 000 Einwohner und eine entsprechende Wirtschaftskraft hatten, als autonome Verwaltungseinheiten auch in

Neukölln, Mietshäuser an der Karl-Marx-Straße
An der Karl-Marx-Straße – vormals Bergstraße –, heute ein sozialer Brennpunkt, wurden um die Jahrhundertwende erstaunlich aufwändige Mietshäuser errichtet.

der Errichtung von aufwändiger Repräsentationsarchitektur konkurrierten.

Die Geschichte Berlins reicht nach offizieller Lesart ins Jahr 1237, tatsächlich aber wohl bereits ins ausgehende 12. Jahrhundert zurück. Die Entwicklung zur Metropole setzte jedoch erst spät ein. Die erhaltenen mittelalterlichen Bauten Berlins sind zwar von respektablen Dimensionen und zeigen die entwickelte Formensprache der norddeutschen Backsteingotik, repräsentieren aber letztlich das durchschnittliche Niveau einer Handelsstadt in der märkischen Streusandbüchse, wie man es ähnlich in Frankfurt/Oder, Luckau oder Bernau, höher entwickelt in Prenzlau, Brandenburg a.d. Havel oder Königsberg/Neumark findet. Die historischen Voraussetzungen dafür, dass sich Berlin aus der Masse märkische Landstädte erheben konnte, wurden erst im 15. Jahrhundert geschaffen – mit der Belehnung des Hohenzollern Friedrich I. mit der Mark Brandenburg. Dieser machte Berlin nach seiner Ernennung zum Kurfürsten 1417 zur märkischen Residenzhauptstadt. Sein Nachfolger Friedrich II. ließ mit dem Stadtschloss ab 1443 auch ein entsprechendes architektonisches Zeichen setzen. Einen Aufschwung erlebte Berlin unter dem Großen Kurfürsten Friedrich Wilhelm und nochmals verstärkt nach der Selbsterhebung von dessen Sohn, Kurfürst Friedrich III., zum König Friedrich I. in Preußen. Damit war die Grundlage für den Aufstieg Brandenburg-Preußens geschaffen.

In friderizianischer Zeit wurde die Kluft zwischen den brandenburgischen Landstädten und der im Repräsentationsanspruch mit den alten europäischen Residenzstädten konkurrierenden Spreemetropole unübersehbar. Der unaufhaltsam scheinende und für die Nachbarstaaten zunehmend unheimliche Aufstieg Brandenburg-Preußens setzte sich – kurz unterbrochen nur durch die Niederlage von Jena und Auerstedt – nach dem letztendlichen Triumph über das napoleonische Frankreich im 19. Jahrhundert in unvermindertem Tempo fort. Dieser Aufstieg war in den Jahrzehnten bis zur Reichsgründung vor allem auch ein wirtschaftlich-industrieller. Er wurde nach den Stein-Hardenbergschen Reformen maßgeblich durch die seinerzeit effizienteste Verwaltung in Europa ermöglicht.

Nach Einführung der Gewerbefreiheit im Jahre 1810 entwickelte sich aus dem preußischen Manufakturwesen eine dynamisch wachsende Schwerindustrie. Begünstigt wurde dies durch die territorialen

Berliner Giebel
Mietshaus Badstraße 35/36 – Kammergericht am Kleistpark – Oberverwaltungsgericht Hardenbergstraße – Universität der Künste Hardenbergstraße.

Charlottenburg, Villa des Holzhändlers Carl Kogge
Die 1864 am Platz Alt-Lietzow erbaute Villa des Holzhändlers Carl Kogge dient heute als Charlottenburger Standesamt. Blick zum Oberlicht der Eingangshalle.

Charlottenburg, Eingangshalle
Eingangshalle eines um 1910 errichteten großbürgerlichen Mietspalastes nahe dem Lietzensee.

Zugewinne, die den Siegern von Leipzig und Belle-Alliance (Waterloo) nach 1815 zufielen. Mit den Rheinlanden erhielt Preußen Zugriff auf die dortigen Kohlevorkommen – ein im Zeitalter der Dampfmaschine unschätzbarer Entwicklungsfaktor. Da das Königreich als zunehmend bedeutender Exporteur von Fertigwaren stärkstes Interesse an einer Überwindung der deutschen Kleinstaaterei hatte, übernahm es die führende Rolle in dem 1834 gegründeten Deutschen Zollverein.

Nachdem König Friedrich Wilhelm IV. die ihm von der Frankfurter Nationalversammlung angetragene deutsche Kaiserkrone, als „das Hundehalsband der Revolution von 48" abgelehnt hatte, begann Preußen während der Regierungszeit seines Bruders und Nachfolgers Wilhelm in eigener Regie – und unter Ausschluss der konkurrierenden Habsburger – die Initiative bei der Bereinigung des deutschen Flickenteppichs zu übernehmen. Angetrieben wurde König Wilhelm I. dabei von dem ab 1862 als preußischer Ministerpräsident und ab 1871 als Reichskanzler amtierenden Otto von Bismarck, „unter dem Kaiser zu sein nicht immer leicht war". Die Gründung des zweiten deutschen Kaiserreichs resultierte aus Bismarcks taktischer Raffinesse und einer Reihe erstaunlicher militärischer Erfolge, trug jedoch durch die dem westlichen Nachbarn zugefügte Demütigung bereits den Keim des späteren Untergangs in sich. War Bismarck nach dem Sieg von Königgrätz 1866 noch so weitblickend gewesen, von einem Einmarsch in Wien abzusehen, mochten er und die Befehlshaber des Bundesheeres nicht darauf verzichten, die Krönungszeremonie am 18. Januar 1871 im Versailler Spiegelsaal vorzunehmen und Elsass-Lothringen dem neu gegründeten Deutschen Reich anzugliedern.

Die brandenburgisch-preußische Architektur des 19. Jahrhunderts bis zur Kaiserzeit war maßgeblich vom Leiter der Oberbaudeputation, Karl Friedrich Schinkel, und seinen zahlreichen Schüler geprägt. Stilistisch hatte bereits Schinkel in seinem Œuvre in groben Zügen die Richtung der kommenden Epoche vom Klassizismus über die Neogotik bis zur Neorenaissance vorgegeben. Seine Schüler – die prominentesten unter den im Berliner Raum tätigen waren Friedrich August Stüler, Johann Heinrich Strack und Ludwig Persius – knüpften an das dem frühen romantischen Historismus zugeordnete Spätwerk ihres 1841 verstorbenen Lehrers an

und bauten, zunehmend ins Monumentale gesteigert, überwiegend in diesen Stilrichtungen. Seit der Mitte des 19. Jahrhunderts etablierte sich eine neue Architektengeneration, die zwar noch von der romantischen Italien- und Mittelalter-Sehnsucht geprägt war, deren Verständnis historischer Baustile jedoch ein zunehmend akademisch-patriotisches war. In den neuen Bauten spiegelte sich die Aneignung der eigenen Geschichte und die Entwicklung einer nationalen Identität als quasi architektonischer Selbstfindungsversuch. Das ging einher mit einem fulminanten Wirtschafts- und Bevölkerungswachstum, mit technischen Innovationen und einer Vielzahl bis dato unbekannter Bauaufgaben.

Angesichts der pompösen Selbstinszenierung des vor Selbstbewusstsein strotzenden Deutschen Kaiserreichs und des mit ihm erstarkten Bürgertums darf man weder der Versuchung einer ideologisierenden Dämonisierung noch der einer nostalgisch überhöhenden Verklärung erliegen. Die Berliner Architektur der wilhelminischen Epoche kam weder aus dem Nichts, noch stand sie als Solitär in der europäischen und internationalen Kulturlandschaft. Die verschiedenen Baustile der Kaiserzeit in Berlin entwickelten sich nahezu zeitgleich in unterschiedlichen regionalen Variationen in allen deutschen und europäischen Metropolen. Da die europäischen Hegemonialmächte im Kolonialzeitalter mit Ausnahme Deutschlands über bedeutende überseeische Besitzungen verfügten, verbreiteten sich die europäischen Bauformen als globalisierte Kolonialstile über den gesamten Erdball.

Friedrichshagen, Bölschestraße
Gut erhaltene Beispiele spätgründerzeitlicher dreigeschossiger Mietshäuser aus den 1870er bis 1890er Jahren. Das abgebildete Haus stammt aus dem Jahr 1895.

Die aus heutiger Sicht aberwitzige Bauaktivität der Zeit war einerseits dem politischen Statusgewinn, vor allem aber der beispiellosen Bevölkerungsexplosion geschuldet. Die Einwohnerzahl Berlins hat sich zwischen 1871 und 1918 mehr als verdoppelt, und die Vorstädte und Dörfer seiner Agglomeration wuchsen im gleichen Zeitraum durchschnittlich auf das Zehn- bis Zwanzigfache. Exemplarisch seien die Städte Charlottenburg (19 600/322 800), Schöneberg (4500/195 100) und Lichtenberg (4800/144 700) genannt. Charlottenburg war 1910 mit 305 000 Einwohnern die elftgrößte Stadt in Deutschland. Da diese einstigen Dörfer und Rittergüter über reichlich Bauland verfügten, entwickelte sich bereits im 19. Jahrhundert das, was man heute als Speckgürtel bezeichnet.

Friedrichshagen, Bürgerbräu-Brauerei, Fabrikantenvilla
Die Villa des Brauereibesitzers wurde um 1875 am Ufer der Müggelspree errichtet und ist mit dem Brauereigebäude verbunden.

Links oben:
Grunewald, Villa Rathenau
Die Villa in der Koenigsallee 65 wurde 1910 von Walther Rathenau und Johannes Kraaz in einem von David Gillys Schloss Freienwalde inspirierten Barockklassizismus errichtet.

Links unten:
Grunewald, Löwenpalais
Eine der aufwändigsten Villen der Villenkolonie Grunewald erbaute Bernhard Sehring 1903/04 an der Koenigsallee 30–32 in einer Stilmischung aus Neobarock und Jugendstil. Im Bild ein Fassadendetail.

Lankwitz, Herrenhaus Correns (Siemens-Villa)
Eine der nobelsten Berliner Privatrepräsentanzen ließ sich der Akkumulatorenfabrikant Friedrich Correns 1913–16 von Fritz Freymüller errichten. Blick ins Konferenzzimmer.

Lichtenberg, Krankenhaus Königin-Elisabeth-Herzberge
Die neogotische Krankenhauskapelle im Hauptgebäude der 1889–93 errichteten vormaligen Städtischen Irrenanstalt zu Lichtenberg (Herzberge), erbaut vom Berliner Stadtbaurat Hermann Blankenstein.

Das Bevölkerungswachstum hatte jedoch bereits zu Beginn des 19. Jahrhunderts eingesetzt und sich im Gefolge der Entwicklung der Schwer- und Elektroindustrie – exemplarisch genannt seien Borsig, AEG und Siemens – ab Mitte des Jahrhunderts nochmals beschleunigt. Ein wesentlicher Motor dieser Dynamik war die Eisenbahn, die 1838 erstmals Berlin und Potsdam verband und deren rasch expandierendes Netz den Handel in nie gekanntem Maße beschleunigte. Um das vorhersehbare Wachstum der Stadt und vor allem ihres Umfeldes in geordnete Bahnen zu lenken und dem sich abzeichnenden Wildwuchs Einhalt zu gebieten, strebten die Berliner Stadtväter seit dem frühen 19. Jahrhundert nach der Entwicklung eines zukunftsfähigen Bebauungs-, Erschließungs- und Entwässerungsplans. Das Ergebnis, das die urbane Struktur des Großraums Berlin bis heute prägt, ist untrennbar mit dem Namen des 1825 in Memel geborenen James Hobrecht verknüpft, der bis 1849 an der Berliner Bauakademie studiert hatte. Nachdem der große Gartengestalter Peter Joseph Lenné bereits 1840 einen Stadtentwicklungsplan geliefert hatte, entwickelte eine Kommission unter Hobrechts Vorsitz ab 1859 den 1862 in Kraft getretenen, nach ihm benannten Plan. Auch das 1873–95 geschaffene Abwassersystem – seinerzeit das modernste der Welt –, das sogenannte Radialsystem, geht auf Hobrecht zurück. Der Hobrecht-Plan schuf die urbane Grundstruktur Berlins und seiner Vorstädte mit ihren großzügigen Magistralen und bildete die Voraussetzung für die berühmte Berliner Blockrandbebauung mit den um mehrere Innenhöfe gruppierten Mietshäusern.

Mit wachsenden finanziellen und technischen Möglichkeiten steigerten sich Dimension und Prachtentfaltung der neu errichteten Bauten. Staatliche und private Auftraggeber wetteiferten miteinander, und selbst die berüchtigten Mietskasernen boten, verglichen mit den Behausungen früherer Generationen, einen respektablen Standard. Die unzulänglichen, teilweise katastrophalen Wohnbedingungen in den Hinterhäusern waren vor allem chronischer Überbelegung geschuldet. Der ausufernde Wohnungsbau der Terraingesellschaften vermochte mit dem Bevölkerungszuwachs niemals Schritt zu halten. Noch 1930 galt Berlin als die am dichtesten besiedelte Stadt der Welt.

Wer waren die Baumeister, die den Straßen und Plätzen Berlins um die Jahrhundertwende ihr Geprä-

ge gaben? Könnte der Titel dieses Buches den Eindruck erwecken, es habe sich primär um eine höfische Baukultur gehandelt, zeigt allein ein Blick auf die Namen der Architekten, dass es sich fast ausschließlich um Bürgerliche handelte, teilweise aus Architektenfamilien. Sie hatten zumeist eine solide Schulbildung genossen, danach häufig eine Feldmesser- oder Maurerlehre absolviert, manche waren zum Kunstmaler ausgebildet worden, und fast alle hatten an der

Kreuzberg, Geschäftshaus Oranienplatz 17
Das 1913 von Cremer & Wolffenstein errichtete sandsteinverkleidete Geschäftshaus hat im Laufe seiner Geschichte viele Mieter gesehen.

Kreuzberg, Riehmers Hofgarten
Der Maurermeister Wilhelm Riehmer errichtete 1880–1900 zwischen Yorckstraße und Hagelbergstraße einen aufwändigen gutbürgerlichen Wohnkomplex mit einer Privatstraße.

Biesdorf, Wilhelm-Griesinger-Krankenhaus
Der von 1872–96 amtierende Berliner Stadtbaurat Hermann Blankenstein blieb der gründerzeitlichen Klinkerfassade bis zum Ende seiner Amtszeit treu, hier das Hauptportal des 1890–93 errichteten Wilhelm-Griesinger-Krankenhauses.

Mitte, Humboldtuniversität, Institusgebäude in der Dorotheenstraße
Das 1873–83 von Paul Spieker errichtete Universitätsgebäude zeigt, das auch an gründerzeitlichen Backsteinfassaden großer dekorativer Aufwand betrieben wurde.

Bauakademie oder an der Technischen Hochschule in Charlottenburg Architektur studiert und dabei wichtige Kontakte geknüpft.

Bauherren repräsentativer Großprojekte waren zu Beginn des 19. Jahrhunderts noch fast ausschließlich Königshaus, Adel und Kirche. Das änderte sich in den folgenden Jahrzehnten grundlegend. Die Aristokratie war im Kaiserreich zwar nach wie vor privilegiert, tatsächlich jedoch bestimmte längst das Großbürgertum die Spielregeln. Das änderte nichts daran, dass staatliche und kommunale Bauprojekte für Architekten gleichermaßen prestigeträchtig und lukrativ waren. Der bei weitem größte Teil der Aufträge kam jedoch aus dem Wohnungsbau und aus der dynamisch wachsenden Privatwirtschaft.

Obwohl sich ein großer Teil der „besseren“ Berliner Gesellschaft noch bis zum Ende der Monarchie mit einem „von“ vor dem Nachnamen und einem Adelsprädikat schmücken konnte, hatte der Adel als Führungsschicht längst ausgedient. Die neuen Eliten rekrutierten sich überwiegend aus den Reihen erfolgreicher bürgerlicher Aufsteiger: Industrielle, Bau- und Börsenspekulanten, Ingenieure, Ärzte und andere. Auch einige Architekten erreichten einen Status, den man heute mit dem Attribut Stararchitekt bedenken würde. Um sich zumindest formell unter Ihresgleichen zu bewegen und die bürgerlichen Arrivisten in das überkommene System zu integrieren, wurden nicht wenige von ihnen in den Adelsstand erhoben. Unter den prominenten Architekten gelang dies dem 1906 geadelten und 1912 zum Wirklichen Geheimen Oberhofbaurat ernannten Ernst Eberhard von Ihne, der in Berlin neben anderem das Kaiser-Friedrich-Museum (Bode-Museum), die Staatsbibliothek, den Marstall und in Dahlem das Kaiser-Wilhelm-Institut erbauen durfte.

In der Berliner Architektenschaft der Kaiserzeit stößt man auf das Phänomen, dass viele Architekten wegen ihrer Tätigkeit in einer Behörde, meist aber wohl durch ihr Beziehungsnetzwerk auf eine bestimmte Baugattung festgelegt waren. So erklären sich manche augenfälligen Übereinstimmungen etwa bei Gerichtsgebäuden, Rathäusern, Postämtern, Schulgebäuden oder Krankenhäusern schlicht dadurch, dass die Entwürfe aus derselben Feder stammten. Des Weiteren fallen nicht wenige Architektensozietäten auf: Gropius & Schmieden, Kayser & von Großheim, Kieschke & Fürstenau, Cremer & Wolffenstein und andere – derlei hatte es zuvor nicht gegeben. Manche Partnerschaften waren jahrzehntelang erfolgreich.

Die Begriffsunsicherheit, die die Beschäftigung mit der wilhelminischen Architektur prägt, rührt daher, dass sich die Vielzahl der Stilrichtungen auf den ersten Blick schwer in ein konsistentes System fassen lässt. Doch lassen sich immerhin allgemeine Entwicklungslinien skizzieren und gewisse Prototypen benennen. Zwar gab es im Historismus stets stilistische Überschneidungen und ein buntes Nebeneinander unterschiedlicher Strömungen, doch ist es dem geschulten Blick im Regelfall durchaus möglich, die verschiedenen Gebäudetypen zumindest grob zu datieren.

Der Übergang vom italienisierenden Rundbogenstil Stülerscher und Strackscher Prägung zum Neorenaissancestil, den wir heute mit der Gründerzeit verbinden, vollzog sich im Wesentlichen in den 1860er Jahren. Die Anfänge datieren jedoch weiter zurück – Vorbilder für die immer opulenteren, plastisch gegliederten Fassaden sind vor allem in Paris sowie in den

Mitte, Charité, Nervenklinik
Die Nervenklinik der Charité wurde 1899–1906 von Georg Diestel teils in Neogotik, teils in Neorenaissance errichtet.

Mitte, Wohn- und Geschäftshaus Invalidenstraße, Ecke Chausseestraße
Das aufwändige, mit Sandstein verkleidete Wohn- und Geschäftshaus wurde 1891 im wilhelminischen Neobarock errichtet.

Pankow, Hauseingang Heynstraße 8
In der als Museum zugänglichen Wohnung des Stuhlrohrfabrikanten Fritz Heyn in einem 1892/93 von Ernst Fröhlich erbauten Pankower Mietshaus konnten auch die reichen Deckenmalereien gesichert werden.

Schmargendorf, Rathaus
Der ehemalige Ratssaal des 1900–02 von Otto Kerwien in Neogotik und Neorenaissance errichteten Schmargendorfer Rathauses ist heute einer der beliebtesten Berliner Trausäle.

Semper-Bauten in Dresden und Wien zu suchen. Der Übergang vom aufwändiger werdenden Spätklassizismus zur Neorenaissance ist fließend. Bauten in der Tradition der Schinkel-Schule wurden noch bis in die 1870er Jahre errichtet. Neorenaissancefassaden tauchen seit den 1850er Jahren an Berliner Gebäuden auf. An die Stelle reiner Putzfassaden treten immer häufiger – inspiriert von französischen Vorbildern, aber wohl auch als Reminiszenz an die lokale Bautradition – reich gegliederte, teilweise unverputzte Klinkerfassaden. Viele der aufwändiger gestalteten staatlichen, aber zunehmend auch privaten Repräsentationsbauten schmückten sich zur Jahrhundertwende hin mit Natursteinfassaden. War dies in früheren Zeiten mangels entsprechender Rohstoffe noch eine außergewöhnliche Rarität, verloren solche Beschränkungen im Zeitalter von Eisenbahn und ausgebauten Wasserstraßen an Bedeutung. Gleichwohl blieb dies die kostenträchtigste Form der Fassadengestaltung. Das einst arme, eher preußisch-karge Berlin war innerhalb weniger Jahrzehnte zur reichsten Stadt Europas aufgestiegen und wollte dies auch zeigen. Allerdings bestehen viele der vermeintlich mit Sandsteinmauerwerk verkleideten Fassaden der späten Jahre tatsächlich aus grobporigem, gefärbtem Beton (Schloss Biesdorf, Carl-von-Ossietzky-Schule Pankow). Bei den Bossierungen an den Fassaden der Mietshauskasernen handelt es sich fast durchweg um Natursteinimitationen aus Putz und Stuck. Ungeachtet der historisierenden Fassaden und Interieurs befand sich die Architektur der Kaiserzeit ingenieurtechnisch auf der Höhe der Zeit. Bei vielen der traditionell gewandeten profanen oder kirchlichen Monumentalbauten handelt es sich um hochmoderne Gebäude mit kunstvoll drapierten Stahlbetonkonstruktionen.

Eines der ersten großen Projekte, mit denen der Neorenaissancestil in Berlin Einzug hielt, war die 1859–63 von Friedrich Hitzig am Spreeufer gegenüber dem Dom errichtete Börse, an deren Stelle sich heute ein Hotel befindet. Sie teilte das Schicksal der gleichfalls von Hitzig errichteten und aus dem Stadtbild getilgten Reichsbank in der Jägerstraße. Ein anderer bedeutender Bau von Hitzig, die 1878–84 errichtete Technische Universität, ist zumindest noch in Teilen erhalten. Während der Kopfbau im kriegsbeschädigten Ehrenhof 1961–65 in missglückter Form neu errichtet wurde, sind die Seitentrakte, die Gartenfassade und der wunderbare Lichthof teilweise

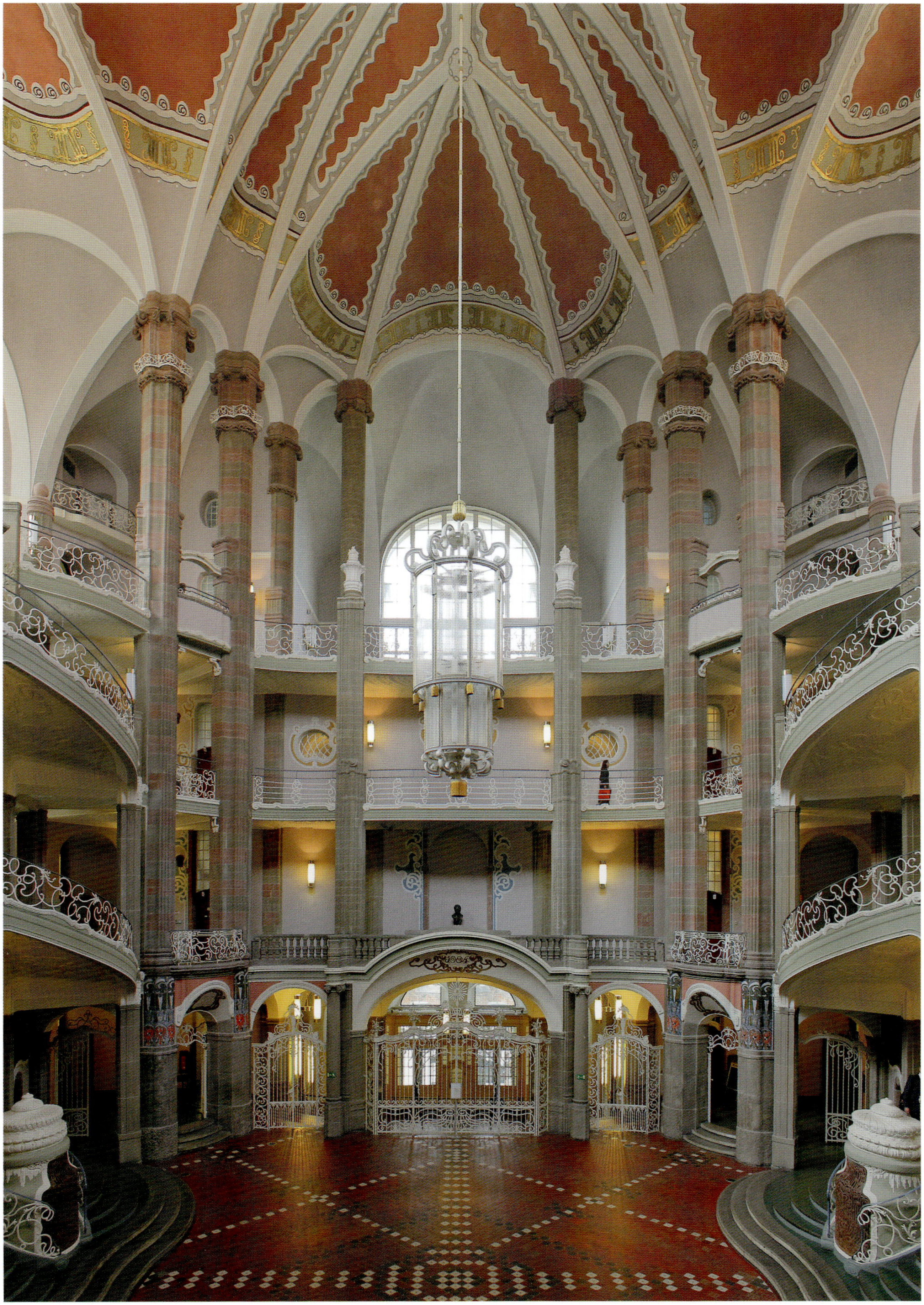

Mitte,
Landgericht Berlin
Der einst größte Justizpalast Europas in der Littenstraße besitzt die vielleicht eindrucksvollste Eingangshalle Berlins. Thoemer & Mönnich entwarfen den 28 Meter hohen Raum mit seiner aberwitzigen Treppenkonstruktion.

Schöneberg, Kammergericht am Kleistpark
Im großen Sitzungssaal des 1911–13 von Thoemer & Mönnich in der Elßholzstraße am Kleistpark errichteten Gerichtsgebäudes sind die symbolistischen Deckenmalereien von Albert Maennchen erhalten.

erhalten oder vereinfacht rekonstruiert. Der Neorenaissancestil, der sich in fast allen Architekturgattungen mit Ausnahme der Sakralarchitektur etablierte, war ein schmuckfreudiger, zu halb- bis vollplastischem Dekor tendierender Stil. Im Gegensatz zur vorausgegangenen Epoche orientierte er sich eher an französischen als an italienischen Vorbildern.

Die großen Staats- und Repräsentationsbauten wie Reichstag, Kaiserliches Patentamt oder Reichsversicherungsamt, die man in der Literatur gelegentlich der „internationalen Neurenaissance" zugeordnet findet (Godehard Hoffmann), sind stilistisch nicht leicht zu verorten. Diese Uneindeutigkeit spiegelt sich auch in der Fachliteratur, in der man manche Gebäude ebenso als Neorenaissance- wie als Neobarockbauten bezeichnet werden. Auch ist die Unterscheidung von den entsprechenden Bauten der Ära Wilhelms II. (Reichspostamt, Bodemuseum, Preußisches Herrenhaus) nicht immer klar. Tatsächlich sind viele der seit der Jahrhundertwende entstandenen Großbauten eher einem palladianischen Barockklassizismus als dem Schlüterschen Barock oder gar dem friderizianischen Rokoko zuzuordnen, und in den Fassaden der großen Neorenaissancebauten findet man immer auch Barockelemente.

In der Regierungszeit Wilhelms I. blieben fast alle profanen Bauaufgaben vom Regierungsgebäude über die Krankenhäuser bis zur Villa überwiegend von der Renaissance geprägt. Allerdings betraf dies nur die Formensprache des Dekors: der Fensterrahmen, Rustizierungen, Säulen, Pilaster, Gesimse und ähnlichem – die Gebäudeformen waren durchaus modern. Besonders deutlich wird dies bei den Mietshäusern, die hinsichtlich ihrer Geschoss- und Raumaufteilung in früheren Zeiten undenkbar gewesen wären und durch die variablen Wohnungsgrößen mit modernisierter Gebäudetechnik auch heute noch funktionieren und sich großer Beliebtheit erfreuen.

Im allgemeinen Sprachgebrauch werden die Bauten der 1870er und 80er Jahre pauschal als Gründerzeitarchitektur bezeichnet, was historisch insofern unkorrekt ist, als die Gründerzeit per definitionem mit dem Gründerkrach von 1873 endete – trotzdem wird die gängige Bezeichnung dieser markanten Architektur eher gerecht als der Begriff Neorenaissance. Vollends problematisch wird der Gründerzeit-Begriff allerdings dann, wenn er für die gesamte Architektur vor 1918 verwendet wird, was immer wieder geschieht. Gleichwohl haben manche der führenden Köpfe der Gründerjahre wie Hermann Blankenstein oder Heino Schmieden noch bis in die späten 1890er Jahre hinein an der Backstein- und Terrakotta-Architektur der 1870er Jahre festgehalten.

Gründerzeithäuser, wie man sie in großer Zahl und guter Erhaltung vor allem in Prenzlauer Berg und in Kreuzberg, aber auch in anderen Stadtbezirken findet, sehen stets aus wie Gründerzeit- und niemals wie Renaissancebauten. Neorenaissancebauten im engeren stilistischen Sinne wurden dagegen häufiger nach der Jahrhundertwende errichtet. In den Fassaden des Carl-von-Ossietzky-Gymnasiums,

Schöneberg, Kammergericht am Kleistpark
Die große Kuppelhalle des Kammergerichtsgebäudes ist im Louis-seize oder Zopfstil gestaltet.

Tempelhof, Hauptpostamt Tempelhofer Damm 171–173
Das Tempelhofer Hauptpostamt wurde 1915–17 von Otto Spalding im barockklassizistischen Stil errichtet.

Steglitz, Schloßstraße
Die Entrees vieler gutbürgerlicher Mietshäuser wirken geradezu schlossartig.

des Wittenauer Rathauses oder des Baerwaldbads kann man verschiedene regionale Ausprägungen der Renaissancearchitektur sehr viel „authentischer" erkennen.

Anders als seine Vorgänger und der von ihm geschasste Eiserne Kanzler befasste sich Kaiser Wilhelm II. gern und nicht immer zur Freude der Beteiligten mit künstlerischen und architektonischen Fragen und war bestrebt, im Rahmen seiner Möglichkeiten auf die städtebauliche Entwicklung der Hauptstadt Einfluss zu nehmen. In seiner Regierungszeit vollzog sich bei den großen Staatsbauten der Wandel zum Neobarock. Die Repräsentationsarchitektur der Ära Wilhelms II. war maßgeblich durch den einzigen Architekten geprägt, der 1888 zum Hofarchitekten ernannt und 1906 nobilitiert wurde, – den 1848 in Elberfeld geborenen Ernst Eberhard (von) Ihne. Andere Erbauer bedeutender staatlicher Projekte wie Paul Wallot oder Julius Raschdorff konnten nur temporär das kaiserliche Wohlwollen erringen. So konnte sich Wallot in manchen Detailfragen der Gestaltung des Reichstags mit Hilfe Wilhelms II. zwar durchsetzen, wurde aber zuletzt ein Opfer der wankelmütigen Haltung des Kaisers und dessen tief verwurzelter Antipathie gegen

Schöneberg,
Reichpietschufer 20
Ein typisches Geschäfts- und Wohnhaus der späten Kaiserzeit – das 1910–13 von Paul Karchow in Neorenaissance errichtete Haus der vormaligen Transatlantischen Güterversicherungsgesellschaft.

den Parlamentarismus und damit auch gegen dessen Stein gewordenes Symbol.

Die ersten Dom-Entwürfe Raschdorffs datieren von 1885 – stilistisch steht der Bau trotz seiner erst 1905 erfolgten Vollendung somit zwischen spätem Gründerzeitstil und dem Neobarock der Jahrhundertwende. Gleichwohl sollte er mit den Schlüterschen Barockfassaden des gegenüberliegenden Schlosses

Nikolassee, Villa an der Rehwiese
Heimatstil-Villa, errichtet 1901/02 von Walter Schilbach für den Schriftsteller Oskar Cordel.

Schlachtensee, Villa in der Kaunstraße
Die 1913/14 von Mebes & Emmerich für den Kaufmann Adolf Kabel errichtete Backsteinvilla weist stilistisch bereits in die Zwischenkriegszeit.

Schlachtensee, Villa Veronikasteig
Ein besonders geglücktes und zugleich charakteristisches Beispiel für den Berliner Heimatstil – die 1906–08 von Max Werner für den Fabrikanten Felix von Schwanenflügel erbaute Villa.

Wannsee, Villa Marlier
Die 1914/15 von Paul Baumgarten errichtete Villa ist heute als „Haus der Wannseekonferenz" öffentlich zugänglich.

korrespondieren und tat dies auch vorzüglich. Die 1896 erfolgte Ernennung des Raschdorff-Kritikers Ludwig Hoffmann zum Berliner Stadtbaurat war ein deutlicher Affront gegen den an der Technischen Hochschule lehrenden Dombaumeister.

Der noch von Kaiser Friedrich III. berufene Ihne erhielt die Gelegenheit, einige der prominentesten Standorte im Stadtzentrum zu bebauen. Neben der in Krieg und Nachkriegszeit in wichtigen Teilen zerstörten Staatsbibliothek Unter der Linden sind es vor allem das Kaiser-Friedrich-Museum (Bodemuseum) am Zusammenfluss von Spree und Kupfergraben und der sich gleichfalls unmittelbar aus dem Fluss erhebende Marstall gegenüber dem Nikolaiviertel, mit denen er dem Stadtbild seinen Stempel aufzuprägen vermochte. Die zwei letztgenannten Bauten sind

hervorragende Beispiele dafür, wie die Baumeister Berlins Wasserreichtum effektvoll in ihre Architekturinszenierungen einzubeziehen wussten. Ihne blieb in seinem Œuvre weitgehend dem Neobarock in seinen verschiedenen Spielarten verbunden. Wegen seiner Nähe zum Kaiserhaus wurde er ähnlich wie zuvor Raschdorff von der Kritik vielfach angefeindet.

Die Moderne bahnte sich in Deutschland bereits vor dem Ersten Weltkrieg an. Wilhelm II. hat seine Position gegenüber den französischen Impressionisten und der Berliner Sezession mehrfach klar artikuliert und den Worten auch Taten folgen lassen. Berühmt-berüchtigt wurde die Tschudi-Affäre im Jahre 1908, als der Kaiser dem Direktor der Nationalgalerie, Hugo von Tschudi, den Ankauf von impressionistischen Gemälden untersagte und ihn schließlich beurlaubte. Wilhelms Favorit blieb der zweifellos geniale Direktor der Hochschule für Bildende Künste, Anton von Werner, der bereits 1892 kulturpolitisch Flagge gezeigt hatte, als er die Edvard Munch-Ausstellung in der Wilhelmstraße schließen ließ.

Als kaisertreuer Hofarchitekt erwarb man sich nicht den Ruf eines Progressisten. Eine Sezessionsbewegung ähnlich jener in der Malerei gab es in der Architektenschaft der ausklingenden Kaiserzeit jedoch nicht. Auch Persönlichkeiten wie Peter Behrens, Alfred Grenander oder Hermann Muthesius, die in der Rückschau gerne als Wegbereiter der Moderne bezeichnet werden, waren bestens in das System integriert und erhielten gut dotierte Bauaufträge von hochangesehenen Auftraggebern.

Der Kirchenbau war bis zur Jahrhundertwende und auch noch danach von der Backsteingotik geprägt, seltener war die Backsteinromanik. Die Kirchenobrigkeit sehnte sich in eine Zeit zurück, in der die Religion noch eine unangefochtene gesellschaftliche Führungsrolle im Bündnis von Thron und Altar ausübte. Als vermeintlich staatstragendes, antimodernes und vor allem antisozialistisches Bollwerk wurde sie vom Kaiserhaus, namentlich von Kaiserin Auguste Victoria tatkräftig unterstützt. Im Eisenacher Regulativ von 1861 wurden den protestantischen Gemeinden die mittelalterlichen Baustile vorgegeben – die Katholiken bedienten sich der gleichen Formensprache. Erst das Wiesbadener Programm von 1891 und vor allem der Dresdener Kirchenbaukongress 1906 brachten eine Lockerung.

In der Profanarchitektur begannen sich die Mittelalterstile erst in den späten 1890er Jahren zu etablieren. Der Siegeszug von Neogotik und Neoromanik setzte vor allem im Gefolge der Berliner Gewerbeausstellung von 1896 ein. Da diese Strömungen im Gegensatz zur internationalen Neorenaissance der Gründerjahre ausgesprochen lokale Bezüge hatten, bildeten sie zugleich den Auftakt für die Entwicklung dessen, was in Berlin meist unter dem Oberbegriff Heimatstil subsummiert wird. Dieser speist sich aus unterschiedlichen Quellen – entsprechend vielgestaltig ist sein Erscheinungsbild. Die Wurzeln des Heimatstils reichen bis ins 18. Jahrhundert zurück, als der europäische Adel begann, sich romantische Bauernhäuser, Cottages, Tiroler- und Schwei-

Wannsee, Villa Hamspohn Die Villa Am Großen Wannsee 40 wurde 1906 von Paul Baumgarten für den AEG-Direktor Johann Hamspohn errichtet. Blick in die schlossartige Eingangshalle (heute Villa Thiede).

zerhäuser in seinen Parkanlagen errichten zu lassen. Obwohl Heimatstil vieles bedeuten konnte und auch bedeutete, zeigte er sich ab der Jahrhundertwende vor allem als phantasievoller Fachwerk- und Ritterburgenstil, der vor allem die Villenarchitektur prägte, letztlich aber in allen Architekturgenres anzutreffen ist. Auch die Reformwohnhäuser der frühen Wohnungsbaugenossenschaften mit ihren Erkern, Giebeln und Fachwerkpartien sind vom Heimatstil beeinflusst.

Der älteste neogotische Bau in Preußen, das 1755 erbaute Nauener Tor in Potsdam, hatte angelsächsische Vorbilder und insofern keinen regionalen Bezug. Im Berlin der Kaiserzeit etablierte sich zunächst vor allem eine backsteingotische Strömung, die im Kontext einer historisch-nationalen oder regionalen Selbstvergewisserung zu verstehen ist und deren früheste bedeutende Zeugnisse die Oberbaumbrücke und das Märkische Museum sind. Innerhalb weniger Jahre wuchsen in ähnlichem Stil allerorten Rathäuser, Schulen, Wasserwerke und Industrieanlagen aus dem Boden.

Der Stil, den man allgemein mit dem Fin de Siècle und dem ersten Jahrzehnt des 20. Jahrhunderts verbindet, ist der Jugendstil. In den Berliner Immobilienanzeigen unserer Tage werden täglich in großer Zahl Jugendstilwohnungen und -villen offeriert – Zuordnungen wie Heimatstil, Neobarock oder Neoklassizismus tauchen dort nicht auf. Obwohl Berlin keinen Jugendstil hervorgebracht hat, wie wir ihn aus Nancy, Brüssel und Paris oder aus Wien und Darmstadt kennen, kann man Jugendstilformen fast allerorten ent-

Wannsee, Villa Guthmann
Am Sandwerder 5 am Ostufer des Wannsees steht diese Villa, 1884/85 von Kayser & von Großheim errichtet, heute Sitz des Literarischen Kolloquiums.

Wannsee,
Villa Hamspohn
Dieser 1906 von Nikolaus Friedrich geschaffene Marmorbrunnen in der Eingangshalle der Villa Hamspohn veranschaulicht den künstlerischen und materiellen Aufwand, den die vermögende Oberschicht in ihren Häusern betrieb.

decken. Das erstaunt insofern, als etwa der bedeutende belgische Architekt und Designer Henry van de Velde (1863–1957) Berlin nach nur zweijährigem Aufenthalt 1902 wieder verließ, ohne nennenswerte Spuren zu hinterlassen, und der Jugendstil durch die Nähe zur Sezessionsbewegung per se nicht auf das Wohlwollen des Herrscherhauses stieß. Gleichwohl ist Jugendstildekor omnipräsent und lässt sich nicht nur an Wohnhäusern und Villen, sondern sogar an fast allen späten Staatsbauten der Epoche finden. Bei genauerer Untersuchung findet man, unabhängig vom eigentlichen Baustil der jeweiligen Gebäude, fast überall Dekorformen, die sich eindeutig dem Jugendstil zuordnen lassen. Auch an Neorenaissancebauten im „altdeutschen Styl“ oder – besonders häufig – an neoromanischen Monumentalbauten mit

Kreuzberg, Volksbad, Baerwaldstraße 64–67
Originale Umkleidekabinen im 1898–1901 von Ludwig Hoffmann in italienischer Renaissance errichteten Volksbad.

Neukölln, Stadtbad, Ganghofer Straße 3–5
Die Große Schwimmhalle des 1912–14 nach Plänen des Neuköllner Stadtbaurats Reinhold Kiehl errichteten Baues.

Mitte, Museumsinsel
Blick von der Domkuppel auf die Museumsinsel mit (von links nach rechts) Neuem Museum, Bode-Museum (Kuppelbau im Hintergrund), Pergamon-Museum und Alter Nationalgalerie.

schwerem bossierten Mauerwerk entdeckt man floral verspielten Stuck, Putten oder abstrakten Zierrat. Um 1910 wurden die Formen allmählich kantiger und geometrischer und gingen ins Art Déco über. Doch obwohl Berlin keine Jugendstilstadt im eigentlichen Sinne ist, gibt es eine Reihe von Bauten, die in ihrer Gesamterscheinung nicht anders denn als Jugendstilbauten anzusprechen sind, wie etwa die Bahnhöfe Mexikoplatz und Bülowstraße, das Charlottenburger Rathaus, das Theater des Westens oder das Löwenpalais in Grunewald.

Der bevorzugte Baustil der letzten Jahre vor dem Ende des Kaiserreichs war ein durch die Baumeister der Ära König Friedrich Wilhelms II. – Langhans, Gilly und Gontard – inspirierter Klassizismus. Dieser als Zopfstil, Barockklassizismus oder Louis-seize bezeichnete, letztlich auf Andrea Palladio zurückgehende Bau- und Dekorationsstil im letzten Drittel des 18. Jahrhunderts war einer der schöpferischsten und aristokratischsten in Preußen und insofern ein würdiger Abschluss der Kaiserzeit. In jener Spätzeit erfolgte tendenziell eine Abkehr vom wilhelminisch-neobarocken Prunk hin zu klareren, nüchterneren Formen. Doch findet man auch bei den Exponenten dieser Gattung durchaus sowohl Bauten von exorbitanter Prachtentfaltung wie etwa das Kammergericht am Kleistpark oder das Spandauer Rathaus, als auch solche wie das Pergamonmuseum oder das Reichsmarinehauptamt am Landwehrkanal, die mit ihren klaren antikisierenden Formen auf den Neoklassizismus der 1920er und 1930er Jahre vorausweisen. Die geometrische Tektonik dieser Architektur verstand sich auch als Antithese zur floralen Verspieltheit des Jugendstils, obwohl selbst an solchen Bauten fast immer stilisierter später Jugendstildekor anzutreffen ist. Es ist kein Zufall, dass im Möbelstil dieser Zeit neben den Schöpfungen des Werkbunds, der Münchener und der Dresdener Werkstätten, auch das Biedermeier wieder in Mode kam.

Obwohl bei kaiserzeitlichen Spätbauten von Architekten wie Bruno Paul, Peter Behrens oder Paul Mebes eine Formenreduktion konstatiert werden kann, stehen sie unverkennbar in der Tradition – eine wirkliche Zäsur kam erst mit dem kommenden Weltkrieg, übrigens in ganz Europa. Gleichwohl wurden noch bis in die 1920er Jahre Gebäude in den Formen der späten Kaiserzeit errichtet: Teilweise handelt es sich um Bauten, die kriegsbedingt erst verspätet vollendet oder ausgeführt werden konnten, vor allem in der Villenarchitektur war es jedoch meist dem konservativen Geschmack der Bauherren geschuldet.

Mitte, Stadthaus
Der Turm des 1902–11 errichteten Stadthauses am Molkenmarkt von Stadtbaurat Ludwig Hoffmann zitiert die Gontardschen Türme des Deutschen und Französischen Doms am Gendarmenmarkt. Die 3,25 Meter große Fortuna stammt von Ignatius Tascher.

Regierungs- und Verwaltungsgebäude

Berlin war seit 1871 nicht nur die Hauptstadt des Deutsches Reiches, sondern weiterhin auch Hauptstadt Preußens und bis 1875 Hauptstadt der Provinz Brandenburg. Entsprechend den neu errungenen administrativen Aufgaben bestand in dem lawinenartig wachsenden Ballungsraum ein erheblicher Bedarf an repräsentativen Regierungs- und Verwaltungsgebäuden, die in möglichst kurzer Frist errichtet werden mussten. Obwohl die Bauten im vormaligen Regierungsviertel beiderseits der Wilhelmstraße fast zur Gänze in Krieg und Nachkriegszeit untergingen, vermitteln die erhaltenen staatlichen Repräsentations- und Verwaltungsgebäude noch immer einen Eindruck von der einstigen Pracht.

Das Berliner Stadtschloss, das wie kein anderer Bau die preußische Monarchie verkörperte und unter seinen zahlreichen historischen Schichten auch zahlreiche Spuren des zweiten deutschen Kaiserreichs in sich trug, verschwand 1951 aus dem Stadtbild.

Von den Regierungsbauten haben nur wenige überdauert. Ein Architekt wie Wilhelm Neumann gen. von Mörner (1828–1907), der immerhin die Münze, das Preußische Finanzministerium, das Reichsschatzamt sowie die Vorläuferbauten von Reichskanzlei und Reichstag errichtet hat, taucht heute nicht einmal mehr im Dehio auf. Etwas besser ist es um die Bauten am Landwehrkanal, in der Invalidenstraße und in der Leipziger Straße bestellt.

Das Erscheinungsbild der Regierungsbauten blieb noch bis weit in die Epoche Wilhelms II. von aufwändigen Neorenaissancefassaden mit Barockelementen geprägt. Das Preußische Abgeordnetenhaus (1892–99) und das Preußische Herrenhaus (1899–1904) von Friedrich Schulze-Colditz sowie das Patentamt (1887–91) und das Reichsversicherungsamt (1891–94) von August Busse zeigen eine ähnliche Formensprache wie der 1884–92 von Paul Wallot errichtete Reichstag. Aufwändige Natursteinverkleidungen aus Sandstein, Muschelkalk oder Travertin betonen den repräsentativen Charakter der Gebäude. Andere Staatsbauten der ersten Generation wie das Postfuhramt, das Karl Schwatlo und Wilhelm Tuckermann 1875–81 in der Oranienburger Straße errichteten, wurden mit Klinkerfassaden ausgestattet. Über die stilistische Zuordnung ist sich die Fachliteratur nicht immer einig. Einige Gebäude werden der italienischen oder französischen Renaissance oder auch dem französischen Barock zugeordnet. Für „echte" deutsche oder märkische Renaissancefassaden, wie man sie in Mitte noch am Ribbeck-Haus findet, sind sie meist zu opulent. Gleichwohl gab es damals eine anhaltende Diskussion über einen „nationalen Stil", in der es einflussreiche Verfechter eines deutschen Renaissancestils gab, die sich indes nicht nachhaltig durchzusetzen vermochten. Der Sehnsucht nach nationaler und regionaler Identität entsprang letztlich auch der sogenannte Heimatstil.

Von den Berliner Bauten dieser Gruppe ist der 1894 vollendete Reichstag als bekanntester Vertreter des Genres und als emblematisches architektonisches Sinnbild der Epoche schlechthin zumindest äußerlich großenteils erhalten. Dies ist insofern erstaunlich, als das aufwändige Gebäude bekanntlich als Symbol des verhassten Parlamentarismus vom Kaiser auch in seiner Architektur abgelehnt wurde („Gipfel der Geschmacklosigkeit") und es eine jahrzehntelange Geschichte von Zerstörungen und großenteils entstellenden Umbauten erlebte. Die Liste reicht vom Reichstagsbrand 1933 über die Zerstörungen des Zweiten Weltkriegs und die Sprengung der ausgebrannten Kuppelkonstruktion (1954), den Umbau durch Paul Baumgarten d. J. (1961–1973) bis zur neuerlichen „Entkernung" des Gebäudes und dem Aufsetzen der aktuellen Kuppel durch Norman Foster in den Jahren 1995–99. Wenige Bauten der Epoche hatten eine derart langwierige und kompli-

zierte Planungs- und Entstehungsgeschichte wie das Reichstagsgebäude, das seit 1999 den Plenarbereich des Deutschen Bundestages beherbergt.

Der Vorläufer des deutschen Reichstages, der nach dem Preußisch-Österreichischen oder Deutschen Krieg von 1866 gegründete Reichstag des Norddeutschen Bundes, tagte ab 1867 im ehemaligen Gebäude der kurz zuvor an den Tiergarten umgezogenen Königlichen Porzellanmanufaktur, dem späteren Standort des Preußischen Herrenhauses an der Leipziger Straße (heute Bundesrat). Nach der Reichsgründung begann die Standortsuche für den neuen Reichstag und ein Architektenwettbewerb wurde ausgeschrieben – beides erwies sich als schwierig. Der frühzeitig bevorzugte Standort am Königsplatz war bereits durch das Palais des Grafen Raczynski besetzt, der zunächst wenig Neigung zeigte, sein Refugium aufzugeben. Nachdem der teure Baugrund schließlich erworben werden konnte – wodurch einige Grundbesitzer über Nacht zu Millionären wurden – obsiegte bei der zweiten Ausschreibung 1882 der in Oppenheim geborene und in Hannover und Berlin ausgebildete Paul Wallot (1841–1912) unter 189 Teilnehmern. Wallot hatte in seiner Heimat bereits Erfahrungen mit repräsentativen Neorenaissancebauten gesammelt, etwa bei der Vollendung des Frankfurter Opernhauses. Der Entwurf des entsprechend der Wettbewerbsvorgabe 138 mal 96 Meter messenden Gebäudes wurde noch mehrfach verändert. Das Haus orientiert sich nicht zur Stadt, sondern zum gleichfalls neu gestalteten Königsplatz (heute Platz der Republik) am Rande des Tiergartens. Zu dessen Dominante – der 1864–73 nach Plänen von Johann Heinrich Strack errichteten Siegessäule – sollte es nach einer Vorgabe Kaiser Wilhelms I. einen Abstand von 170 Meter halten. Während Bismarck, der sich stets mehr für Realpolitik als für Architektur interessierte, nicht in die Gestaltung des Gebäudes eingriff,

Tiergarten, Reichstag
Blick vom Platz der Republik, dem ehemaligen Königsplatz, auf die der Stadt abgewandte Hauptfassade des 1884–94 nach Plänen von Paul Wallot errichteten Parlamentsgebäudes.

Tiergarten, Reichstag
Von der reichen bauplastischen Ausstattung haben sich trotz der Zerstörungen große Teile wie hier das Giebelrelief von Fritz Schaper erhalten. Die berühmte Inschrift wurde erst 1916 angebracht.

Mitte, Reichstag
Blick von Osten über die Spree zum Reichstag. Links davon das ebenfalls von Paul Wallot entworfene Reichspräsidentenpalais (1899–1904).

nahm sein Dienstherr regen Anteil an den anhaltenden Auseinandersetzungen zwischen Wallot und der Akademie des Bauwesens. Diese gipfelten im Streit um den Standort des Plenarsaals und die Positionierung und Größe der Kuppel, der 1889 durch den jungen Kaiser Wilhelm II. schließlich im Sinne des Architekten entschieden wurde. Die Kuppel wurde wie ursprünglich geplant über dem Plenarsaal errichtet, wenn auch nicht als steinerne, sondern als gegenüber der ursprünglichen Planung niedriger ausgeführte stählerne Konstruktion. Als Abschluss erhielt die verglaste und goldgebänderte Kuppel eine sandsteinerne Laterne, die in der Kaiserkrone gipfelte.

Die Einweihung des über 23 Millionen Reichsmark teuren Gebäudes erfolgte am 15. Dezember 1894 in Gegenwart des Kaisers. Die Baukosten wurden aus dem französischen Reparationsfond bestritten. Die Fassaden des stilistisch zwischen Neorenaissance und Neobarock stehenden dreigeschossigen, mit verschiedenen Sandsteinsorten verkleidete Baus mit den markanten Ecktürmen zeigten eine üppige bauplastische Ausstattung, von der sich einiges erhalten hat. An der Ausführung waren bedeutende deutsche Bildhauer der Epoche wie Reinhold Begas, Fritz Schaper, Gustav Eberlein oder Rudolf Siemering beteiligt. Zum Programm gehörten die Wappen der deutschen Länder und viel Allegorisches – darunter Darstellungen von Staatsfunktionen Berufen und Wirtschaftsbranchen –, wobei die inhaltliche Aussage laut Wallot der dekorativen Funktion stets untergeordnet war. Hauptblickfang ist heute, nach dem Verlust der Germaniagruppe von Begas, das Relief mit den germanischen Kriegern von Fritz Schaper im Portikusgiebel. Der berühmte Spruch DEM DEUTSCHEN VOLKE wurde dort aus unbekannten Gründen erst 1916 angebracht.

Das Interieur zeigte den aus der Perspektive der Moderne als paradox empfundenen Gegensatz zwischen verschwenderisch reichem historistischen Zierrat und einer für damalige Verhältnisse hypermodernen Haustechnik mit automatisierter Temperaturregelung, fahrbaren Garderobenständern, automatischen Zigarettenanzündern, Aufzügen und einem eigenen Kraftwerk. Die in den meisten Räumen anstelle von Naturstein anzutreffenden geschnitzten Holzverkleidungen sind wohl aus Ersparnisgründen gewählt worden (Godehard Hoffmann). Der unter der verglasten Kuppel gelegene Plenarsaal war üppig mit plastischem Dekor versehen, der Er-

frischungssaal mit reichen Deckenmalereien als rustikaler Bräukeller gestaltet. Bei der Neugestaltung in den 1990er Jahren wurde mehr Wert auf die Erhaltung der Graffitis der Rotarmisten gelegt als auf die Wiederherstellung des ursprünglichen Zustands.

An der prominenten Adresse Unter den Linden 1 befand sich nördlich des 1995/96 abgerissenen DDR-Außenministeriums mehr als ein halbes Jahrhundert lang eine Baulücke. Seit November 2001 steht dort wieder ein Gebäude, dem seine Erbauungszeit auch bei genauerer Betrachtung – zumindest auf der Straßenseite – nicht anzusehen ist. Die sogenannte Kommandantur der Berliner Garnison, der Amtssitz des Berliner Stadtkommandanten, hat eine ins 17. Jahrhundert zurückreichende Historie. Der architektonische Kern der Kommandantur wurde 1795/96 durch Wilhelm Konrad Titel errichtet. In den Jahren 1873/74 wurde das Gebäude im Stil der florentinischen Neorenaissance mit Putzquaderung und Attika grundlegend umgestaltet. In den 1950er Jahren wurde die Kriegsruine abgetragen und die Grundfläche teilweise vom DDR-Außenministerium genutzt. 1999 erwarb der Medienkonzern Bertelsmann das Grundstück unter der Vorgabe, seine Hauptstadt-Repräsentanz in der äußeren Gestalt der Kommandantur zu errichten. Der 2002/03 errichtete Neubau ist im Inneren ein modern-funktionales Bürogebäude, nach außen präsentiert er sich auf drei Seiten als erstaunlich detailgetreue Kopie des Vorgängerbaus. Auf der den Linden abgewandten Südseite wurde der Fassade ein zweigeschossiger gläserner Vorbau angefügt. Der Bau wurde im Vorfeld kontrovers diskutiert, weil die Fürsprecher moderner Architektur befürchteten, dass mit dem „Sündenfall" einer solchen Rekonstruktion auch der etwaige spätere Wiederaufbau des Stadtschlosses präjudiziert werden könnte.

Von den Bauten der beiden heutigen Bundesministerien in der Invalidenstraße hatte das östlicher

Mitte, Kommandantur
Nordfassade unter den Linden – der einzige, im Jahre 2003 eingeweihte Neubau in dieser Aufstellung, ist, zumindest auf der Straßenseite, eine detailgetreue Rekonstruktion der 1873/74 entstandenen Fassaden des Kommandantenpalais der Berliner Garnison.

Mitte, Geologische Landesanstalt
Blick von Süden auf den 1875–78 von August Tiede im italienischen Renaissancestil errichteten Vierflügelbau (oben) in der Invalidenstraße. Heute ist das Gebäude Bundesministerium für Verkehr, Bau und Stadtwicklung. Herzstück des Interieurs ist ein zweigeschossiger verglaster Lichthof (unten).

gelegene in der Kaiserzeit zwar keine Regierungs-, zumindest aber administrative Funktion. Das Gebäude der 1873 gegründeten Geologischen Landesanstalt und der seit 1770 bestehenden Bergakademie in der Invalidenstraße 42 wird seit Januar 2001 von der Berliner Dependance des Bundesministeriums für Verkehr, Bau und Stadtentwicklung genutzt, was seiner repräsentativen Erscheinung durchaus gemäß ist. Es wurde 1875–78 von August Tiede (1834–1911) erbaut. Tiede war bis 1890 Professor an der Bauakademie und entwarf auch das benachbarte Naturkundemuseum und die Landwirtschaftliche Hochschule. Die Geologische Landesanstalt ist ein vierflügeliger, dreigeschossiger, sandsteinverkleideter Bau im Stil der italienischen Hochrenaissance, dessen Fassaden durch die gleichförmige Reihung großer rundbogiger Fenster, turmartige Seitenrisalite und ein zentrales, gleichfalls rundbogiges Portal geprägt ist. Imposantes Zentrum des Gebäudeinneren ist der zweigeschossige, rechteckige Oberlichthof mit umlaufender Gale-

Mitte,
Postfuhramt
Der 1875–81 von Karl Schwatlo in der Oranienstraße errichtete mächtige Klinkerbau beherbergte einst ein Postamt, ein Telegraphenbüro, eine Post- und Telegraphenschule sowie 250 Pferde.

rie. Diese wird im Erdgeschoss von granitverkleideten und im Obergeschoss von gusseisernen Säulen getragen. Wirkungsvoll ist auch das Vestibül und die doppelläufige schwarze Marmortreppe. Vor der Wende war in dem schwer kriegsbeschädigten Gebäude das zentrale Geologische Institut der DDR untergebracht. Danach wurde das Haus denkmalgerecht saniert, auf der Nordseite um einen Bürotrakt ergänzt und mit aufwändiger Kommunikationstechnik ausgestattet um eine „reibungslose Zusammenarbeit“ mit dem Ministeriumsstandort in Bonn zu gewährleisten. Wie alle heutigen Regierungsgebäude kann es alljährlich im Sommer im Rahmen eines Tags der offenen Tür besichtigt werden.

Ein stilistisch noch zwischen der späten Schinkel-Schule und der frühen wilhelminischen Neorenaissance stehender, mehrfarbig verklinkerter Großbau befindet sich in der Oranienburger Straße 35/36. Das ehemalige Postfuhramt wurde 1875–81 nach Entwürfen des gebürtigen Ostpreußen Karl Schwatlo (1831–1884) im Stil der lombardischen Renaissance errichtet. Schwatlo war Absolvent der Berliner Bauakademie, wirkte unter anderem als Regierungs- und Baurat im Generalpostamt und ab 1877 auch als Professor. Als Architekt war er vornehmlich für die Post tätig. Das Postfuhramt ist der größte erhaltene Bau von Schwatlo. Das optische Dominante des Gebäudes befindet sich an der Straßenecke zur heutigen Tucholskystraße. Es enthält das in einer dreigeschossigen Rundbogennische platzierten Hauptportal und kulminiert in einer oktogonalen Kuppel, die von zwei Nebenkuppeln gerahmt wird. Hier befanden sich die Verwaltungs- und Repräsentationsräume. Das Gebäude ist reich mit figürlichem Schmuck – darunter 25 Terrakotta-Portraitmedaillons – ausgestattet. In den kriegszerstörten Hofstallungen waren die

Mitte, Kaiserliches Patentamt
Das 1887–91 errichtete Kaiserliche Patentamt (oben) in der Luisenstraße ist einer der wenigen erhaltenen Großbauten von August Busse. Die reich verzierten Sandsteinfassaden (unten) stammen von Otto Lessing.

Kutschen und die rund 250 Pferde untergebracht. Vom Interieur hat sich wenig Historisches erhalten. Die Wirkung der Eingangshalle wurde schon 1937 durch den Einzug einer Zwischendecke unter der bis heute strukturell erhaltene Kuppel zerstört. Seit 1996 wird das Haus als Ausstellungsgebäude für Fotoausstellungen und als Club genutzt.

Eines der prachtvollsten Gebäude in der Luisenstraße, das ehemalige Kaiserliche Patentamt, wurde 1887–91 nach Entwürfen des Geheimen Oberregierungsrats im Reichsamt des Inneren, August Busse (1839–1896), errichtet. Die reich mit plastischem Dekor von Otto Lessing (1849–1912) – allegorische Figuren und Löwen – gestaltete, lebhaft vor- und rückspringende, durch neun Fensterachsen und drei Risalite gegliederte Sandsteinfassade zeigt die üppige Formensprache der Staatsbauten des späten 19. Jahrhunderts. Die der Straße abgewandten Trakte des Vierflügelbaus sind schlichter gehalten. Das Patentamt findet man in der Literatur einer „fast manieristischen Neurenaissance" (Hoffmann) oder im Dehio dem französischen Barock zugeordnet. Der Dehio bezeichnet das Patentamt zu Recht als ein „besonders eindrucksvolles Beispiel wilhelminischer Baukunst". In der Kaiserzeit wurden hier im Durchschnitt dreißig bis vierzig Erfindungen täglich auf ihre Patentierbarkeit überprüft. Dementsprechend platzte der Bau bald aus allen Nähten, musste mehrfach erweitert werden und bezog schließlich 1905 einen größeren Neubau in der Gitschiner Straße, der noch immer seinen Zweck erfüllt. Heute wird das Gebäude in der Luisenstraße 32–34 vom Deutschen Bundestag genutzt.

Das ehemalige Reichsversicherungsamt am Landwehrkanal (Reichpietschufer 50–54) ist unter allen Berliner Großbauten der wilhelminischen Epoche, wohl derjenige, der dem Reichstag am ähnlichsten sieht. Auch dieser mit Sandstein verkleidete Neorenaissancebau entstand 1891–94 nach Plänen von August Busse, der ab 1879 für Staatsbauten verantwortlich war. Die deutlich hervortretenden erhöhten Seitenrisalite mit den von korinthischen Pilastern eingefassten Rundbogenfenstern des zweiten Obergeschosses ähneln in der Wirkung ein wenig den Ecktürmen des Reichstags. Auch einige andere Gliederungselemente wie das bossierte Sockelgeschoss, die Fensterrahmungen, das von Konsolen getragene Traufgesims, der zentrale, mit einem Wappenrelief geschmückten Dreiecksgiebel finden sich

Tiergarten, Reichsversicherungsamt

Das 1891–94 von August Busse errichtete vormalige Reichversicherungsamt (oben) am Reichspietschufer (heute Wissenschaftszentrum für Sozialforschung) ist ein typischer wilhelminischer Staatsbau mit reicher Sandsteinfassade in Neorenaissance- und Neobarockformen. Im Inneren des im Krieg stark zerstörten Gebäudes hat sich das prachtvolle Vestibül mit doppelläufiger Treppe (unten) erhalten.

Mitte, Reichspostamt
Das 1893–97 nach Plänen von Ernst Hake errichtete Reichspostamt in der Leipziger Straße besitzt einen der großartigsten Säle der Epoche in Berlin.

am Reichstag, aber ähnlich auch an vielen anderen administrativen Neorenaissancebauten der Epoche wieder. Das Reichsversicherungsamt fungierte als Aufsichtsbehörde der im Gefolge der Bismarckschen Sozialreformen entstandenen Kranken- und Sozialversicherungen. Heute dient der im Krieg schwer getroffene Bau, an dem noch immer Granatsplittereinschläge erkennbar sind, als Sitz des Wissenschaftszentrums für Sozialforschung. 1984–87 wurde es von dem britischen Architekten James Stirling rückwärtig um einige seltsam bunt gestreifte „postmoderne" Trakte ergänzt. Im Inneren hat sich kaum etwas von der ursprünglichen Gestaltung erhalten. Imposant ist das von dorischen Säulen getragene, kreuzgratgewölbte Vestibül mit geschwungener doppelläufiger Freitreppe.

Wenige Berliner Gebäude entsprechen so sehr der Vorstellung von einem Regierungsbau der Ära Wilhelms II. wie das heute als Museum für Kommunikation fungierende vormalige Reichspostamt an der

Mitte, Reichspostamt
Hinter der prachtvollen neobarocken Fassade befindet sich heute das Museum für Kommunikation als Nachfolgeeinrichtung des kaiserlichen und des DDR-Postmuseums.

Mitte,
Reichspostamt
Das im Zweiten Weltkrieg schwer getroffene, reich mit plastischem Schmuck ausgestattete Gebäude wurde von 1992 bis 2000 denkmalgerecht saniert.

Leipziger Straße, Ecke Mauerstraße. Obwohl der Bau durch den kriegsbedingten Verlust der den mächtigen halbrunden Portikus einst überragenden beiden Laternen an architektonischer Balance verloren hat, eignet den sandsteinverkleideten Neobarockfassaden noch immer die für die Epoche charakteristische große Geste staatlicher Repräsentationsarchitektur. Der bestehende Bau ist genau genommen die 1893–97 von Ernst Hake (1844–1925) errichtete Erweiterung des von Carl Schwatlo 1872 errichteten Ursprungsbau in der Leipziger Straße 15. Während sich von dem im Neorenaissancestil der Gründerjahre gehaltenen Ursprungsbau nur Rudimente erhalten haben, erstrahlt der Hakebau seit den 1990er Jahren wieder im alten Glanz. Das Gebäude hatte stets auch museale Funktion, die es bis heute erfüllt. Generalpostmeister Heinrich von Stephan stiftete seine Sammlung – Kern der Museumsbestände bis heute – 1872 dem neu gegründeten Postmuseum, dass damit eines der ältesten Technikmuseen weltweit ist.

Der geschwungene Mittelrisalit mit bossiertem Sockelgeschoss und reichem figürlichen Dekor hinter monumentalen korinthischen Säulen kann nur als majestätisch bezeichnet werden. Er kulminiert in den einen Globus tragenden Giganten über einem

Mitte,
Neuer Marstall
Das Giebelrelief und die Rossebändiger von Otto Lessing.

Reichsadlerrelief, flankiert von allegorischen Figuren. Die von diesem Entrée geweckte Erwartung wird im Inneren mehr als erfüllt. Hinter dem Vestibül gelangt der Besucher in eine grandiose trapezförmige, dreigeschossige Halle mit umlaufenden Säulengalerien unter einer hohen Glaskuppel. Dahinter verbirgt sich eine doppelläufige Treppe. Die Brüstungen, Marmorsorten und Säulenordnungen wechseln geschossweise. Die denkmalgerecht restaurierte Ausstattung mit Skulpturen und plastischen Reliefs ist opulent.

Seit der Sprengung des Stadtschlosses und dem Abriss des Palastes der Republik bildet der Neue Marstall mit seiner 176 Meter langen Wasserfront die architektonische Dominante am linken Spreeufer gegenüber dem Nikolaiviertel. Der mit Sandsteinplatten verkleidete Neobarockbau wurde 1897–1901 nach Entwürfen von Ernst von Ihne (1848–1917) errichtet. Der 1906 geadelte Ihne war der Einzige unter den mit großen Staatsbauten beschäftigten Architekten, der die Gunst des Kaisers erwerben konnte und zum Hofbaumeister avancierte. Bei Presse und Kulturkritik war er entsprechend unbeliebt. Fast alle Bauten des an der Pariser École des Beaux-Arts ausgebildeten Architekten (Bode-Museum, Staatsbibliothek, Kaiser-Wilhelm-Institut, Kaiserin-Friedrich-Haus) sind im aufwändigen preußischen Neobarockstil gehalten, den Wilhelm II. bei höfischen Großbauten favorisierte. So nimmt der Marstall – ebenso wie der gegenüberliegende Raschdorff-Dom – deutlichen Bezug auf das königliche Schloss und korrespondiert mit der Kolossalgliederung der Schlüterschen Fassaden. Im Marstall waren die 134 Pferde und die Kutschen des Hofs untergebracht. Der Bau, der an den Alten Marstall und das Ribbeck-Haus in der Breiten

Mitte,
Neuer Marstall
Der sich aus der Spree erhebende Neue Marstall mit seiner 176 Meter langen Fassade entstand 1897–1901 nach Plänen des kaiserlichen Hofbaumeisters Ernst von Ihne.

Folgende Doppelseite:
Mitte,
Reichspostamt
Blick in die Kuppelhalle.

Mitte, Preußischer Landtag
Das ebenso attraktive wie medienpräsente Herzstück des ehemaligen Preußischen Landtags, heute Berliner Abgeordnetenhaus, ist die große Treppenhalle (oben). Der 1892–99 von Friedrich Schulze-Colbitz in der heutigen Niederkirchner Straße errichtete Neorenaissancebau (unten) verfügt über eine reich gegliederte Sandsteinfassade.

Straße anschließt, verlor im Zweiten Weltkrieg den größten Teil seiner bauplastischen Ausstattung. Auf der Spreeseite finden sich noch zwei Rossebändiger und das Giebelrelief von Otto Lessing (1849–1912). Heute sind hier neben anderem die Stadtbibliothek und das Stadtarchiv untergebracht.

In der heutigen Niederkirchner Straße 5 befindet sich gegenüber dem Martin-Gropius-Bau der seit 1993 wieder parlamentarisch genutzte Sitz der zweiten Kammer des Preußischen Abgeordnetenhauses. Das unter dem Namen Preußischer Landtag bekannte Gebäude ist heute Sitz des Berliner Abgeordnetenhaus. Es wurde 1892–1899 von Friedrich Schulze-Colditz (1843–1912) im Renaissancestil errichtet. Die Fassaden des hoheitliche Bedeutung ausstrahlenden Baus wurden mit Sandstein verkleidet, das Erdgeschoss zeigt die übliche Quaderung, und den Obergeschossen ist eine korinthische Säulenreihe vorgeblendet. Von den zahlreichen Skulpturen und Reliefs, mit denen das Haus geschmückt war, ist nichts erhalten. Während die Büros und Sitzungssäle als nüchterne Funktionsräume gestaltet wurden, hat man das eigentliche Schaustück des Inneren, die dreigeschossige, von einer Glasdecke erleuchtete zentrale Halle nebst angeschlossenen Treppenläufen, umlaufenden Galerien und zuführenden Gängen mit Kassettendecken, in den Grundformen wiederhergestellt. Der Vergleich mit historischen Fotos zeigt jedoch, dass fast alle schmückenden Details dabei vereinfacht oder weggelassen wurden. Auch die ursprüngliche Farbigkeit der Glaskuppel wurde nicht wiederhergestellt.

Von den Regierungsbauten in der Wilhelmstraße ist heute nur noch eines erhalten, das nach wie vor als solches fungiert. Im ehemaligen Geheimen Civilkabinett in der Wilhelmstraße 54 (vormals 64) ist seit

Mitte,
Preußischer Landtag
Mit Ausnahme der bauplastischen Ausstattung konnte das Gebäude in den 1990er Jahren äußerlich weitgehend wiedehergestellt werden.

Januar 2000 die Berliner Dependance des Bundesministeriums für Ernährung, Verbraucherschutz und Landwirtschaft untergebracht. Der mit Sandstein verkleidete Neobarockbau wurde 1898/99 von Carl Vohl errichtet. Das Geheime Civilkabinett war für die Geschäftsbeziehungen zwischen Kaiser und Regierung zuständig. Vom einst prunkvollen Interieur des Gebäudes, das nach dem Ersten Weltkrieg wechselnde Nutzungen erfuhr (Reichsministerium für Ernährung und Landwirtschaft, Reichsleitung der NSDAP, Staatsverlag der DDR), haben sich nur Rudimente erhalten, vor allem im Treppenhaus. Das Gebäude wurde in den letzten Kriegstagen 1945 bombardiert und später notdürftig instand gesetzt. Historische Fotos zeigen, dass nicht nur die reiche Gestaltung des Mansarddachs mit Zwerchhäusern, Balustraden und Vasen, sondern auch die plastischen Fensterrahmun-

Mitte, Geheimes Civilkabinett
Das 1899 seiner Bestimmung übergebene Gebäude ist der letzte erhaltene Staatsbau an der Wilhelmstraße, heute Ministerium für Ernährung, Landwirtschaft und Verbraucherschutz.

Mitte, Preußisches Herrenhaus
Seit September 2000 ist das 1899–1904 von Friedrich Schulze-Colbitz errichtete ehemalige Preußische Herrenhaus mit dem eindrucksvollen Ehrenhof an der Leipziger Straße Sitz des Bundesrates.

gen und die Balkone der Seitenrisalite moderner Umgestaltungen und „Purifizierungen“ zum Opfer gefallen sind. Einzig das prachtvolle Hauptportal sieht noch aus wie vor hundert Jahren.

An den Preußischen Landtag schließt sich im Norden dessen vormals erste Kammer, das gleichfalls von Friedrich Schulze-Colditz errichtete Preußische Herrenhaus an, das seit September 2000 als Sitz des Bundesrates fungiert. Der eindrucksvolle Monumentalbau mit weitläufigem Ehrenhof, den der Dehio der Renaissance zuordnet, der jedoch mit guten Gründen auch als neoklassizistisch bezeichnet werden könnte, wurde 1899–1904 in der Leipziger Straße 3–4 am Standort der 1867 in den Tiergarten umgezogenen KPM errichtet. Den Blickfang bildet der fünfachsige Mittelrisalit mit seinen monumentalen korinthischen Säulen unter dem Borussia-Relief von Otto Lessing im Dreiecksgiebel. In der Zeit des Nationalsozialismus wurde das Haus von Hermann Göring genutzt, nach dem Zweiten Weltkrieg war es Sitz der Akademie der Wissenschaften. Nach der Wiedervereinigung wurde der schwer kriegsbeschädigte Bau für seine neue Funktion durchgreifend erneuert. Einzig im Vestibül und in der Wandelhalle ist vom ursprünglichen, prachtvollen Interieur mit dorischen Säulen, doppelläufiger Treppe, Reliefs und Marmorverkleidungen noch etwas zu erkennen. Der Plenarsaal und die Büros sind Neugestaltungen.

Berlin verfügt neben dem Roten Rathaus noch über ein zweites, nicht minder wirkungsvolles städtisches Verwaltungsgebäude: Das 1902–11 errichtete Stadthaus am Molkenmarkt ist zweifellos das Stadtbild

Mitte, Stadthaus
Aufgrund des enormen Bevölkerungswachstums genügte das Rote Rathaus um die Jahrhundertwende nicht mehr. Der neue Stadtbaurat Ludwig Hoffmann durfte daher 1902–11 mit dem Stadthaus am Molkenmarkt etwas weiter östlich ein neues, größeres kommunales Verwaltungsgebäude errichten.

Mitte, Stadthaus
Der Blick vom Fernsehturm zeigt die Dimensionen des vier Innenhöfe umschließenden, aufwändig gestalteten Gebäudekomplexes mit der markanten Kuppel.

Mitte, Landesversicherungsanstalt
Die als typischer historistischer Verwaltungsbau erscheinende ehemalige Landesversicherungsanstalt am Köllnischen Markt verdankt ihre Statik einem System aus Metallstreben. Der mit Ludwig Hoffmann befreundete Alfred Messel errichtete das Gebäude 1903/04.

prägendste Gebäude, das der Architekt Ludwig Hoffmann (1852–1932) errichtet hat. Der Bau der das seit dem zweiten Weltkrieg meist Altes Stadthaus genannt wird und das Rote Rathaus in den Dimensionen noch übertrifft, war notwendig geworden, weil sich die Zuwanderung auch nach der Jahrhundertwende ungebremst fortsetzte und sich die Einwohnerzahl Berlins durchschnittlich um 50000 pro Jahr erhöhte. Der 1852 in Darmstadt geborene Hoffmann hatte gemeinsam mit Alfred Messel an der Kunstakademie Kassel und an der Berliner Bauakademie bei Strack, Adler und Lucae studiert und wurde 1885 durch die gewonnen Ausschreibung für das Leipziger Reichsgericht schlagartig bekannt. 1896 wurde er – als Nachfolger Hermann Blankensteins – zum Stadtbaurat Berlins ernannt und blieb dies bis 1924. Mehr als dreihundert Gebäude in Berlin gehen auf seine Entwürfe zurück. Obwohl Hoffmann das Baugeschehen in der Reichshauptstadt in der Ära Wilhelms II. an entscheidender Stelle mitgeprägt hat und er kaum je im Ruf stand, in Opposition zur herrschenden Kulturideologie zu stehen, traf sein Werk das Eklektizismus-Verdikt der Nachgeborenen kaum. Selbst Protagonisten der Avantgarde wie Mies van der Rohe oder Adolf Behne äußerten sich respektvoll über den Geheimen Baurat und Ehrenbürger Berlins. Offenkundig ist es Hoffmann gelungen, seinem eigenen Anspruch, „es kommt eben nur auf die Qualität der Architektur an", gerecht zu werden. Er strebte nach ausgewogenen Proportionen, baute je nach Bauaufgabe „nicht immer in derselben Sprache" und vermied im Regelfall „jegliche Überladenheit dekorativer Elemente". Hoffmann hatte den Bau politisch mit initiiert und den Auftrag ohne Ausschreibung erhalten. Der Berliner Magistrat war an einem repräsentativen Gebäude interessiert und machte seinem Stadtbaurat keinerlei budgetären Vorgaben. Berlin war damals eine sehr reiche Stadt. Hoffmann konnte den durch die Kuppeln am Gendarmenmarkt inspirierten achtzig Meter hohen Turm mit der Fortuna von Ignatius Taschner (1871–1913) errichten und den gesamten Bau gemäß dem von ihm favorisierten „Materialstil" der Reformarchitektur mit bossierten Muschelkalk-Platten verkleiden. Der mächtige Bau steht auf einem trapezförmigen Grundriss und umschließt vier Innenhöfe. Die unteren Geschosse erhielten eine rustizierte Fassade, die oberen Geschosse wurden durch eine palladianische Monumentalordnung mit dorischen Säulen und Pilastern zusammengefasst. Die beiden Hauptfronten

zur Jüdenstraße und zur Klosterstraße sind jeweils durch einen Mittel- und zwei Seitenrisalite gegliedert. Die Schaustücke des in ruhigen Jugendstilformen gehaltenen Interieurs sind das Vestibül auf der Ostseite mit einem Wandbrunnen von Franz Naager und Ignatius Taschner und der tonnengewölbte Fest- oder Bärensaal im Zentrum des Gebäudes. Anstelle des kriegszerstörten Mansarddachs erhielt das Gebäude 1961 ein einfaches Satteldach, das im Rahmen der Gebäudesanierung von 1999 wieder durch ein Mansarddach ersetzt wurde.

Am Köllnischen Park 2a, vis-à-vis dem gleichfalls von Hoffmann entworfenen Märkischen Museums befindet sich ein Bau nach Entwurf des eng mit ihm befreundeten Alfred Messel. Die vormalige Landesversicherungsanstalt schuf Messel 1903/04 im Wesentlichen nach dem gleichen Konstruktionsprinzip wie sein Kaufhaus Wertheim am Potsdamer Platz. Die schlanken Backsteinpfeiler, die dem Bau strenge Vertikalität verleihen, bilden zugleich den statischen Rahmen, in den die Zwischendecken eingehängt sind. Trotz dieser technischen Modernität zeigt sich das Gebäude als gemäßigt historistischer Bau mit Elementen des flämischen Barocks. Die Kuppel über dem Mittelrisalit wurde im Krieg zerstört.

Ein paar hundert Meter östlich des U-Bahnhofs Hallesches Tor steht gegenüber der Hochbahntrasse der 1903–05 vom Architekturbüro Hermann Solf (1856–1909) & Franz Wichards (1856–1919) errichtete riesige Nachfolgebau des notorisch überlasteten Kaiserlichen Patentamts in der Luisenstraße. Die großenteils mit Sandstein verkleidete Schauseite des rund 250 Meter langen, elf Innenhöfe umschließenden Reichspatentamts besetzt wirkungsvoll die Straßenecke Gitschiner Straße, Alte Jacobstraße. Die Fassaden sind im Stil der deutschen Renaissance gehalten und unterscheiden sich deutlich von der Neorenaissance der Gründerjahre. Das Gebäude ruht auf

Kreuzberg, Reichspatentamt
Als Ersatz für das überlastete Patentamt in der Luisenstraße wurde 1903–05 vom Architekturbüro Solf & Wichards das weitaus größere Reichspatentamt am Kreuzberger Landwehrkanal errichtet. Die Büroräume erschließen sich über die zweigeschossige Verkehrshalle.

Tiergarten, Reichsmarinehauptamt
Der sachliche neoklassizistische Bau am Reichspietschufer wurde 1911–14 von der Sozietät Reinhardt & Süßenguth errichtet, die auch einige der Berliner Vorstadtrathäuser errichtete. Heute residiert hier das Bundesverteidigungsministerium.

einem bossierten Sockelgeschoss und verfügt über zwei eindrucksvoll gestaltete sandsteinerne Hauptrisalite mit von überkuppelten Türmchen flankierten Schweifgiebeln an der spitzwinkligen Straßenecke und an der Gitschiner Straße. Letzterer umschließt den Haupteingang. Das repräsentative Zentrum des Inneren ist die langgestreckte, zweigeschossige, stichkappengewölbte Verkehrshalle mit der von ionischen Säulen getragenen umlaufenden Galerie. Heute ist das Gebäude, das nach schweren Kriegszerstörungen seit 1951 wieder genutzt werden konnte, neben München und Jena einer von drei Standorten des Deutschen Patent- und Markenamts.

Das zu dieser Zeit bereits über 300 000 Einwohner zählende Charlottenburg, die „reichste Stadt Preußens", demonstrierte sein kommunales Selbstbewusstsein mit zahlreichen eindrucksvollen Gebäuden. Neben einem monumentalen Rathaus und vier großen Gerichtsgebäuden gönnte sich die Stadt auch eine eindrucksvolle Polizeiinspektion, die 1906–10 nach Plänen von Oskar Launer (1843–1912) und Otto Kloeppel (1873–1942) erbaut wurde. Der um zwei Innenhöfe errichtete neobarocke Bau hat eine lebhaft gestaltete Sandsteinfassade. Der bei solchen Bauten übliche Dachreiter wurde 1953/54 beseitigt. Das Innere wird über eine zweigeschossige große Pfeilerhalle erschlossen. Heute sind hier der Polizeiabschnitt 24 und das Referat Umweltkriminalität des Landeskriminalamts untergebracht.

An der Königin-Augusta-Straße am Landwehrkanal (heute Reichpietschufer 72–76) errichtete das Architekturbüro Reinhardt & Süßenguth 1911–14 das Reichsmarinehauptamt, das ab 1935 als Oberkommando der Wehrmacht fungierte und seit 1993 das

Polizeiinspektion Charlottenburg
Die prosperierende Stadt Charlottenburg schmückte sich während der Kaiserzeit mit einer Vielzahl aufwändiger Verwaltungsgebäude, darunter die sandsteinverkleidete neobarocke Polizeiinspektion am Kaiserdamm, errichtet von Oskar Launer und Otto Kloeppel 1906–10.

Mitte, Preußischer Landtag
Blick von der Niederkirchnerstraße.

Bundesverteidigungsministerium beherbergt. Heinrich Reinhardt (1868–1947) und Georg Süßenguth (1862–1947) waren auf öffentliche Großprojekte spezialisiert und errichteten in Berlin unter anderem einige der früheren Vorstadt- und heutigen Bezirksrathäuser (Charlottenburg, Spandau, Steglitz, Treptow). Das Reichsmarinehauptamt ist ein monumentaler, rund 180 Meter langer, verschachtelter Gebäudekomplex, der seine kühle Noblesse ausstrahlende Südfassade dem Wasser zuwendet und sich, sieben Höfe umschließend, nach Norden hin ausdehnt. Das Gebäude wird heute meist Bendlerblock genannt, obwohl damit ursprünglich nur die 1938 angefügten nordöstlichen Trakte an der Stauffenbergstraße 11–13 gemeint waren. Wenn man die wenige hundert Meter östlich gelegene Reichsversicherungsanstalt als das steinerne Symbol Bismarckscher Sozialpolitik bezeichnen kann, ist das Reichsmarinehauptamt so etwas wie der Architektur gewordene Ausdruck der Flottenpolitik Wilhelms II. Bis 1916 amtierte hier Großadmiral Alfred von Tirpitz als Staatssekretär des Reichsmarineamts. Die ursprünglich von

Dahlem, Preußisches Geheimes Staatsarchiv
Der von Eduard Fürstenau errichtete Dreiflügelbau in der Dahlemer Archivstraße konnte kriegsbedingt erst 1924 vollendet werden. Sein Dekor ist verglichen mit älteren kaiserlichen Staatsbauten deutlich reduziert.

Wohnhäusern gerahmte, mit hellem Muschelkalk verkleidete fünfgeschossige Hauptfassade ist in frühklassizistischen Formen gehalten. Mit ihren Kolossalpilastern ähnelt sie dem Spandauer Rathaus. Der Dreiecksgiebel des Mittelrisalits ist mit dem Wappen Wilhelms II. geschmückt. Die Fassaden der begrünten Innenhöfe sind vergleichsweise schmucklos. Das Hauptschaustück des Inneren ist ein viergeschossiger Lichthof mit von toskanischen Säulen getragenen Galerien und angeschlossenem Treppenhaus. Im Innenhof des eigentlichen Bendlerblocks wurden am 20. Juli 1944 die Hauptbeteiligten am gescheiterten Stauffenberg-Attentat erschossen. Das Gebäude wurde im Krieg schwer beschädigt und verlor einige Seitenflügel sowie die angrenzende Bebauung.

Der jüngste Bau dieser Gruppe entstand ab 1914 in einer versteckten Dahlemer Nebenstraße (Archivstr. 12–14) gegenüber der abgesenkten U-Bahntrasse. Kriegsbedingt kamen die Bauarbeiten am Geheimen Staatsarchiv nur schleppend voran, so dass der Bau erst 1924 vollendet werden konnte. Die Pläne stammen von Eduard Fürstenau (1862–1938), der unter anderem auch am Bau des Verwaltungsgerichts in der Hardenbergstraße beteiligt war. Obgleich das Geheime Staatsarchiv mit Ehrenhof und Portikus mit preußischem Adler im Giebel auf den ersten Blick in der Tradition preußischer Staatsbauten steht, erkennt man doch gegenüber den Bauten der Jahrhundertwende eine deutliche Formenreduktion. Die ionischen Pilaster sind nicht kanneliert, und anstelle eines Mansarddachs besitzt das Gebäude ein steiles Satteldach. Auch das Interieur zeigt eine vergleichsweise ruhige Formensprache mit klassizistischen und barocken Stilanleihen.

Gerichtsgebäude

Zu den aufwändigsten Bauaufgaben der Kaiserzeit zählten die Bauten der dritten Staatsgewalt. Die Berliner Gerichtsgebäude. kann man ohne Übertreibung nur als Justizpaläste bezeichnen. Obwohl einige von ihnen zum architektonisch Eindrucksvollsten zählen, was die Stadt zu bieten hat, sind sie doch vielfach unbekannt. Das hat maßgeblich auch damit zu tun, dass sie fast ausnahmslos nach wie vor ihrer ursprünglichen Zweckbestimmung dienen und wohl auch weitgehend genügen, – und entsprechend der Diskretion und dem Sicherheitsbedürfnis des dort tätigen Berufsstandes kaum touristisch vermarktet werden. Auch die große Zahl repräsentativer Gerichtsgebäude erklärt sich einerseits dadurch, dass die, teils über Großstadtdimensionen verfügenden Vorstädte, ebenfalls

derartige Bauten benötigten. Manche übergeordnete Einrichtungen wie das Reichsmilitärgericht, das Kammer- oder das Verwaltungsgericht wurden aber auch von vornherein in die Vorstädte verlegt.

Für die einheitliche architektonische Grundstruktur und die an den einzelnen Bauten immer wieder auftauchenden Stilelemente gibt es eine einfache Erklärung. Fast alle Berliner Gerichtsgebäude wurden von denselben Architekten geplant. Die beiden beamteten und bei der Ministerial-Baukommision im Bereich Justizbauten tätigen Architekten Rudolf Mönnich (1854–1922) und Paul Thoemer (1851–1918) errichten die meisten Berliner Justizpaläste nebst den teilweise dazugehörenden Gefängnissen zwischen 1896 und 1913 fast gleichzeitig.

Das architektonische Schaustück all dieser Gebäude ist die ins Monumentale gesteigerte Eingangshalle mit mehreren, in verwirrenden Konstruktionen über sämtliche Gebäudeebenen geführten offenen Treppenläufen von überwältigender Wirkung – so beim Berliner Landgericht (1896–1904) in der Littenstraße oder dem Weddinger Amtsgericht (1901–06) am Brunnenplatz 1. Abgesehen von dieser ausschließlich auf Wirkung zielenden Raumverschwendung handelt es sich um funktionale Verwaltungsgebäude, an deren langen Gängen sich die Sitzungssäle und Büroräume aneinanderreihen. Die Gebäude verfügten einst über repräsentativ gestaltete, große Gerichtspräsidentenwohnungen – im Kammergericht mit einer Grundfläche von 550 Quadratmetern – mit eigenen Aufgängen, die wie beim Reichsmilitärgericht teilweise in separaten Gebäudetrakten untergebracht waren und heute meist als Büros genutzt werden.

Zu den wenigen großen, nicht von Thoemer & Mönnich errichteten Gerichtsgebäuden zählen das Reichsmilitärgericht am Witzlebenplatz 1–2 (1908–10) vom Architekturbüro sowie das Oberverwaltungsgericht in der Hardenbergstraße 31, das 1905–07 nach Plänen

Mitte,
Landgericht Berlin
Der gewaltige Gebäudekomplex (links) in der Littenstraße galt bei seiner Einweihung 1905 als größtes Gerichtsgebäude Europas. In den 1960er Jahren wurde der Flügel an der Grunerstraße einer Straßenverbreiterung geopfert. Blick in die Kuppelhalle (oben) des 1896–1905 von Thoemer & Mönnich errichteten Monumentalbaus. Der gewaltige Raum verbindet Elemente von Jugendstil, Neobarock und Neugotik.

Mitte, Landgericht Berlin
Die Struktur des 28 Meter hohen Saals mit den verschlungenen Treppenläufen ist von verwirrender Komplexität.

von Paul Kieschke (1851–1905) und Eduard Fürstenau (1862–1938) erbaut wurde.

Das Spektrum der rezipierten architektonischen Stilrichtungen reicht von der Romanik über Spätgotik und Renaissance bis zum Frühklassizismus, jeweils angereichert mit zeittypischen Jugendstilelementen. Die in der Justizhierarchie wichtigsten Bauten wie das Kriminalgericht Moabit, das Oberverwaltungsgericht, das Kammergericht und das Amtsgericht Mitte wurden im wilhelminischen Barockstil errichtet.

Das nach dem Stadtschloss einst zweitgrößte Gebäude Berlins und der vielleicht auch heute noch immer eindrucksvollste Justizbau ist das Landgericht Mitte in der Littenstraße. Dem ehemaligen Berliner Stadtgerichtsgebäude merkt man erst auf den zweiten Blick an, dass ihm wesentliche Teile abhanden gekommen sind. Die fehlende Symmetrie der Westfassade verrät jedoch, dass sich am nördlichen Ende des einst 207 Meter langen Gebäudekomplexes ein weiterer Flügel befand, der 1968/69 der Verbreiterung der Grunerstraße geopfert wurde. Immerhin wurde der von zwei mächtigen durchbrochenen Türmen überragte Bauteil so „fachgerecht" abgetrennt, dass sein Fehlen dem verbliebenen Gebäude nicht auf Anhieb anzusehen ist. Dieses verfügt noch immer über den zur Littenstraße gerichteten Mittelrisalit mit dem Hauptportal des vormaligen Amtsgerichts I, dem die im Krieg zerstörten Türmchen 2010 als abstrahierte gläserne Nachbildungen wieder aufgesetzt wurden. Das Gebäude wird im Dehio als neobarock bezeichnet, was seiner Vielgestaltigkeit jedoch kaum gerecht wird. Enthalten die Fassaden in der Tat vornehmlich barocke Zierformen, so fällt es schwer, die aberwitzige, 28 Meter hohe Treppenhalle stilistisch überhaupt einzuordnen. Die mit einem Sterngewölbe schließende ovale Pfeilerhalle mit zwei doppel-

Schöneberg, Kammergericht Kleistpark
Bei dem wie ein überdimensioniertes Schloss erscheinenden, 1909–13 errichteten Kammergerichtsgebäude (oben) entschieden sich Thoemer & Mönnich für einen wohlproportionierten Barockklassizismus. Das Louis-seize oder der Zopfstil beherrschte auch das Gebäudeinnere, das sich über eine eindrucksvolle ovale Kuppelhalle (links) mit markanter Freitreppe erschließt.

Schöneberg, Kammergericht Kleistpark
Der prachtvolle große Sitzungssaal, der durch die Schauprozesse des sog. Volksgerichtshofs der Nationalsozialisten traurige Berühmtheit erlangte.

läufigen Freitreppen und geschossweise umlaufenden Galerien zeigt neben gotischen, barocken und neoklassizistischen auch reine Jugendstilformen, die sich gleichwohl zu einem harmonischen, äußerst faszinierenden Stilkonglomerat vereinen.

Eindeutiger als Barockbau zeigt sich das 1909–13 ebenfalls von Thoemer & Mönnich errichtete Kammergericht am Kleistpark. Mit sieben Innenhöfen und einer Fassadenlänge von 135 Metern ist das über 540 Räume verfügende, fünfgeschossige Gebäude ebenfalls kaum anders als monumental zu bezeichnen. Es bildet den Blickfang und westlichen Abschluss des Kleistparks, auf dessen Gelände sich der 1909 nach Steglitz verlegte Botanische Garten befand. Das Haus erlangte vor allem aufgrund eines düsteren Kapitels seiner Geschichte Berühmtheit: Hier fanden die Schauprozesse des sogenannten Volksgerichtshofs unter Roland Freisler statt. Nachdem das Gebäude 1945 bis 1990 unter der Hoheit des Alliierten Kontrollrats stand, wird es seit der Wiedervereinigung unter anderem vom Berliner Kammergericht, dem Verfassungsgerichtshof und der Generalbundesanwaltschaft Berlin genutzt. Schaustücke sind die Mittelrisalite zur Elßholzstraße und zum Kleistpark. Der eindrucksvolle Letztere befindet sich in der Sichtachse der Gontardschen Königskolonnaden an der Potsdamer Straße. Er ist reich mit ionischen Säulen, Pilastern sowie halb- und vollplastischem Skulpturen aus schlesischem Sandstein gestaltet. Das den Bau ursprünglich bekrönende, mit

einer Laterne schließende Türmchen wurde nach einem Bombentreffer abgerissen. Die bossierten Sockelgeschosse sind ebenso wie die Fensterrahmen, Pilaster, Balkone und anderen plastisch gestalteten Partien mit Sandstein verkleidet. Auch das Kammergerichtsgebäude verfügt über eine beeindruckende mehrgeschossige Treppenhalle. Der überkuppelte ovale Saal mit geschwungener Freitreppe zeigt Stilelemente des Barockklassizismus wie Girlanden, dorische Säulen und Thermenfenster. Von den großenteils erhaltenen historischen Sitzungssälen ist der acht Meter hohe Plenarsaal mit Jugendstil-Freskomalereien von Albert Maennichen (1873–1935), Stuckmarmor-Säulen und reich gestaltetem Kaiserbalkon – von Wilhelm II. indessen niemals betreten – der prachtvollste. Wie alle Berliner Gerichtsgebäude verfügte auch das Kammergericht über die seinerzeit fortschrittlichste technische Ausstattung mit Telefonanlagen, eingebauten Staubsaugereinrichtungen, leistungsfähigen Heiz- und Lüftungsanlagen und anderem.

Die größte Medienpräsenz unter den Berliner Justizpalästen hat das ehemalige Königliche Criminal-Gericht Moabit, heute Amts- und Landgericht Moabit. Die Entwürfe für dieses größte europäische Gerichtsgebäude – mit der 210 Meter langen Sandsteinfassade, zwölf Innenhöfen und zwei sechzig Meter hohen Türmen – stammen wiederum von Thoemer & Mönnich sowie dem Geheimen Baurat Carl Vohl. Das 1902–06 errichtete Gebäude, in dem heute 2600 Menschen arbeiten, war zu seiner Entstehungszeit ungeachtet der friderizianischen Formensprache ein hochmoderner Bau mit elektrischer Beleuchtung, einem ausgeklügelten

Moabit, Kriminalgericht
Der 1902–06 von Thoemer & Mönnich errichtete Neobarockbau (oben) mit der 210 Meter langen Natursteinfassade an der Turmstraße. Die Moabiter Treppenhalle (folgende Doppelseite) erfreut sich wegen spektakulärer Prozesse stärkerer Medienpräsenz als ihr Pendant in Mitte. Sie zeigt überwiegend barocke Stilelemente unter einem gotisierenden Kuppelgewölbe.

Schöneberg, Amtsgericht
Auch das etwas bescheidener dimensionierte, 1901–06 erichtete Amtsgericht Schöneberg besitzt eine mehrgeschossige Kuppelhalle mit Barock- und Jugendstilelementen.

Belüftungssystem, mit Kraftwerk, Wasserturm, Aufzügen sowie einem Geflecht versteckter Gänge und Treppenhäuser.

Repräsentatives Herzstück des Baus ist jedoch nicht die reich gestaltete Barockfassade mit dem feinziselierten schmiedeeisernen Portal unter Adlern und Schlangen, sondern die neunundzwanzig Meter hohe Eingangshalle mit der bombastischen, sandsteinernen Prunktreppe, die jede echte Barocktreppe in den Schatten stellt. Neben barocken Formanleihen wie den durchbrochenen Brüstungen oder den allegorischen Skulpturen (Gerechtigkeit, Religion, Streitsucht, Friedfertigkeit, Lüge und Wahrheit) finden sich auch hier gotisierende Elemente wie das von schlanken Pfeilern getragene, verschlungene Netzgewölbe oder Maßwerkfenster, vor allem aber viel Jugendstil: Stuck, Kandelaber und Kapitelle. Die einundzwanzig teils holzvertäfelten, teils stuckverkleideten Gerichtssäle sind fast ununterbrochen in Betrieb. Auf der Südseite schließt sich das Jugend- und Untersuchungsgefängnis Moabit an.

Eine etwas bescheidener dimensionierte, gleichwohl eindrucksvolle und originelle Variante eines barocken Amtsgerichts gönnte sich 1901–06 das „Millionärsdorf" Schöneberg, wiederum nach Plänen von Thoemer & Mönnich. Stilistisch dominieren hier geschwungene Rokokoformen. Die Putzfassaden weisen nur punktuell Sandsteinverkleidungen auf. Auch das Schöneberger Gebäude hat eine streng symmetrische, zur Grunewaldstraße gerichtete Fassade mit einem als gerundeter Risalit ausgebildeten Mitteltrakt unter einer von Grünspan überzogenen Laterne. Hinter den hohen Rundbogenfenstern be-

Charlottenburg, Reichsmilitärgericht
Das am Nordende des Lietzensees gelegene, 1908–10 von Kayser & von Großheim errichtete ehemalige Reichsmilitärgericht dient heute Wohnzwecken. Im Bild der einstige Wohntrakt des Gerichtspräsidenten.

Charlottenburg, Preußisches Oberverwaltungsgericht
Den zweigeschossigen großen Sitzungssaal des Oberverwaltungsgerichts zieren die Porträts früherer Gerichtspräsidenten.

Charlottenburg, Preußisches Oberverwaltungsgericht
Der neobarocke Gebäudekomplex an der Hardenbergstraße wurde 1905–07 von Kieschke & Fürstenau errichtet. Heute befindet sich hier das Oberverwaltungsgericht Berlin-Brandenburg. An die Stelle der großen Treppenhallen ist hier ein reich mit Marmor ausgestattetes, schlossartiges Vestibül getreten.

Lichtenberg, Amtsgericht
Den architektonischen Höhepunkt des 1904–06 von Thoemer & Mönnich errichteten Amtsgerichts am Rodeliusplatz bildet die repräsentative doppelläufige Treppe.

findet sich die runde, dreigeschossige Kuppelhalle mit verwinkelter Haupttreppe. In den Details zeigt sich auch hier deutlich mehr Jugendstil als Barock.

Ein anderer neobarocker Gerichtsbau hat nach 2006 eine interessante Umnutzung erfahren. Das 1908–10 von Heinrich Joseph Kayser (1842–1917) und Karl von Großheim (1841–1911) – errichtete Reichsmilitärgericht, hat nach dem Zweiten Weltkrieg einige Jahrzehnte als Kammergericht gedient, diese Funktion jedoch nach der Wiedervereinigung verloren. Während der NS-Herrschaft wurden hier 1400 Todesurteile gefällt. Nach mehrjährigem Leerstand fand sich 2006 eine Investorengemeinschaft, die das repräsentative Großobjekt am Nordostende des Lietzensees in einer der exklusivsten innerstädtischen Wohnlagen Berlins in ein Wohnhaus mit hochwertigen und entsprechend hochpreisigen Mietwohnungen umwandelte. Zu diesem Zweck wurden im Inneren des Gebäudes allerdings teilweise gravierende Veränderungen vorgenommen.

Der mit Natursteinfassaden verkleidete, im Stil des französischen Louis-seize errichtete Bau unterscheidet sich strukturell und im Detail deutlich von des Gerichtsbauten Thoemers & Mönnichs. Äußerlich gliedert sich der Komplex in drei heterogene Abschnitte: einen lang gezogenen 23-achsigen Hauptflügel mit übergiebeltem Mittelrisalit entlang der Witzlebenstraße, der am ehesten den Erwartungen an ein Berliner Gerichtsgebäude entspricht, einen intimen Hof mit Turm an der Straßenecke und den an ein französisches Palais erinnernden Flügel des Gerichtspräsidenten am Witzlebenplatz. Im Inneren fehlt hier die bauhohe Treppenhalle, dafür gibt es prachtvolle Vestibüle, Sitzungs-, Repräsentations- und Festsäle.

In der Hardenbergstraße unweit des Bahnhofs Zoo trifft man auf ein neobarockes Gerichtsgebäude, das gleichfalls nach der Wiedervereinigung seine vormalige Funktion verloren hat. Im Gebäude des heutigen Oberverwaltungsgerichts Berlin-Brandenburg residierte bis 2002 das Bundesverwaltungsgericht, das sich nunmehr im ehemaligen Reichsgerichtsgebäude von Ludwig Hoffmann in Leipzig befindet. Das repräsentative, gut erhaltene Gebäu-

Wedding, Amtsgericht
Die dreigeschossige Treppenhalle des Amtsgerichts zeigt die ins Monumentale gesteigerten filigranen Maßwerkformen der sächsischen Spätgotik.

de wurde 1905–07 von Paul Kieschke und Eduard Fürstenau als Preußisches Oberverwaltungsgericht erbaut. Die mit Sandsteinplatten verkleidete Fassade scheint von sächsichen Vorbildern inspiriert zu sein. Auf der Attika über dem Mittelrisalit befinden sich vier Skulpturen: die streitenden Parteien sowie Pallas und Justitia, über dem von Säulen gerahmten Portikus befinden sich Weisheit und Wahrheit. Die Innenaustattung des drei Höfe umschließenden Baus ist schlossartig prachtvoll. Anstelle einer Treppenhalle findet man ein mit Wetzlarer Marmor ausgestaltetes opulentes Vestibül, von dem beiderseits Wendeltreppen in die Obergeschosse zum großen und zu drei kleinen Sitzungssälen sowie einem Konferenzraum führen. Im zweiten Obergeschoss befindet sich hinter einem mit Marmorkamin und -säulen ausge-

statteten Foyer der helle große Sitzungssaal mit grünen Oberwänden, die die Portraits der sechs Präsidenten des Preußischen Oberverwaltungsgerichts zeigen. Die kleinen Sitzungssäle zeigen die üblichen Holzvertäfelungen.

Am Roedeliusplatz in Lichtenberg steht ein verglichen mit den vorgenannten kleiner, jedoch immer noch stattlicher Bau im Stil des süddeutschen Hochbarock, errichtet von Thoemer & Mönnich: das Amtsgericht Lichtenberg. Den einflügeligen, viergeschossigen Putzbau mit bekrönender Laterne von 1904–06 betritt man durch ein Kalksteinportal im geschwungenen Mittelrisalit. Auch hier vermisst man die wohl aus Platzgründen fehlende Treppenhalle, doch fanden Thoemer & Mönnich eine beeindruckende Ersatzlösung in Gestalt einer doppelläufigen Prunktreppe, wie man sie in Wiener Stadtpalais antrifft. Die heute weiß getünchten Decken und Wände trugen ursprünglich symbolistische Jugendstilmalereien mit Justitia im Zentrum.

Die Vertreter des am zweithäufigsten anzutreffenden spätgotischen Baustils zeigen vornehmlich Stilelemente sächsischer Provenienz. Netz- und Zellengewölbe, Vorhangbogenfenster und gekehlte Achteckpfeiler mit überstabten Kapitellen kennt man von den Bauten des Leipziger Baumeisters Arnold von Westfalen aus dem frühen 16. Jahrhundert wie der Albrechtsburg Meißen. Der aufwändigste Bau dieses Typus – das Amts-

Wedding, Amtsgericht
Am Brunnenplatz in Gesundbrunnen schufen Thoemer & Mönnich 1901–06 einen mächtigen neogotischen Justizpalast im Stil der Meißener Albrechtsburg.

Weißensee, Amtsgericht
Die Fassaden des 1902–06 von Thoemer & Mönnich errichteten Gerichtsgebäudes in der Parkstraße zeigen Formen der deutschen Renaissance.

Weißensee, Amtsgericht
Der holzgetäfelte große Sitzungssaal besitzt ein spätgotisches Schlingrippengewölbe.

gericht Wedding am Brunnenplatz 1 – verfügt über einen hundertzwanzig Meter langen, dreiflügeligen Haupttrakt, dessen reich verzierte Fassade mit übergiebeltem Mittelrisalit mit dreigeschossigen Maßwerkfenstern, zwei Wendeltreppen und vorgesetztem Portal mit einer Justitia von Bernhard Hertel (1862–1927) wie ein prachtvolles spätgotisches Schloss aus dem Weddinger Häusermeer hervortritt. Die sich über vier Ebenen erstreckende Eingangshalle ist in ihrer atemberaubenden Monumentalität mit den Treppenhallen in Mitte und Moabit vergleichbar. Die Wirkung der von einem feinmaschigen Netzgewölbe mit abgehängtem Schlussstein im parlerschen Stil überfangenen Halle mit zwei verschlungenen offenen Treppen, vor- und rückspringenden umlaufenden Galerien mit durchbrochenem Maßwerkgeländer, figürlichen Darstellungen von Güte und Wahrheit und anderem ist schlicht überwältigend.

Weniger repräsentativ, doch nicht minder kunstvoll begegnen diese Gestaltungselemente am Amtsgericht Weißensee in der Parkstraße 71, errichtet 1902–06, hinter einer Renaissancefassade. Das Amtsgericht Weißensee verfügt neben der Haupttreppe in der Halle noch über eine Wendeltreppe nach dem Vorbild des Meißener Wendelsteins. Eine bescheidenere, dennoch nicht weniger stimmungsvolle Variante dieses Stils bietet das Amtsgericht Lichterfelde in der Ringstraße 9, errichtet 1902–06. Anstelle einer mehrgeschossigen Haupthalle finden sich wie in Weißensee sakral anmutende separate Vorhallen in den einzelnen Geschossen, die durch ein großzügiges offenes Treppenhaus verbunden sind. Die Netz- und Zellengewölbe der von Thoemer & Mönnich errichteten beiden Bauten sind von sächsischen und böhmischen Vorbildern inspiriert.

Am Spreeufer nördlich vom Schlosspark Charlottenburg befindet sich das wohl ungewöhnlichste Justizgebäude, das Thoemer & Mönnich verwirklicht haben. Das Landgericht am Tegeler Weg, errichtet 1901–06, verfügt trotz des unregelmäßig geschnittenen Grundstücks über eine streng symmetrische Hauptfassade mit dem bei seinen Erbau-

Weißensee, Amtsgericht
Die durch die Haupttreppe verbundenen Vorhallen schließen mit Netz- oder Zellengewölben.

Charlottenburg, Landgericht Berlin
Am Ufer der Spree gegenüber vom Schlosspark Charlottenburg errichteten Thoemer & Mönnich 1901–15 einen erstaunlich schnörkellosen neoromanischen Palas.

ern üblichen Mittelrisalit, der schon von außen die Existenz einer monumentalen Eingangshalle vermuten lässt. Der Bau unterscheidet sich jedoch insofern von den oben beschriebenen, als sich die Architekten für eine neoromanische Variante entschieden, die vergleichsweise geradezu minimalistisch erscheint. Während der mächtige Außenbau sich wie ein kubischer mittelalterlicher Palas über dem Spreeufer erhebt, überrascht das Interieur mit einem aus der romanischem Formensprache abgeleitetem phantasievollen Jugendstildekor, dessen archaisierender Duktus auf das Art déco vorauszudeuten scheint.

Eines der größten öffentlichen Gebäude des Bezirks Köpenick ist gleichwohl eines der kleinsten Gerichtsgebäude im heutigen Berlin. Das 1899–1901 von Paul Thoemer am Mandrellaplatz 5–6 errichtete Amtsgericht Köpenick vertritt eine reich gestaltete deutsche Renaissance. Das Volumen des repräsentativen Putzbaus mit angewinkeltem, dem Platz zugewandtem, triumphierend übergiebelten Kopfbau reichte zwar für ein doppelläufiges Treppenhaus mit zieseliertem schmiedeeisernen Geländer, jedoch nicht für die grandiose Raumverschwendung einer Kuppelhalle nach dem Muster der großen Berliner Justizpaläste.

Lichterfelde, Amtsgericht
Auch das 1905 von Rudolf Mönnich errichtete Amtsgericht Lichterfelde an der Ringstraße zeigt eine dem Amtsgericht Weißensee vergleichbare Stilmischung aus Spätgotik und Renaissance.

Charlottenburg, Landgericht Berlin
Blick in die Treppenhalle.

Rathäuser

Zu den wichtigsten Bauaufgaben einer Kommune gehörte die repräsentative architektonische Selbstdarstellung. Auch die teils mehr als hunderttausend Einwohner zählenden Vororte, die zum Teil noch gar kein Stadtrecht besaßen oder es erst kurz zuvor erworben hatten, ließen sich aufwendige Verwaltungsbauten errichten. Von den seit den späten 1890er Jahren errichteten Rathäusern haben sich in Berlin schöne Beispiele erhalten, die fast die ganze Bandbreite wilhelminischen Bauens vertreten. Da sich die Zahl der kommunalen Verwaltungseinheiten durch Eingemeindungen und Bezirksfusionen seither beständig verringert hat, gab es auf dem Berliner Stadtgebiet von 1920 weitaus mehr Rathäuser als heute. Einige der kleineren Bauten erfuhren späterhin Umnutzungen.

Wie bei anderen wichtigen Architekturgattungen der Kaiserzeit stellt man auch bei den Berliner Rathäusern fest, dass die Namen bestimmter Architekten immer wieder genannt werden. So wurden die Rathäuser in Steglitz, Charlottenburg, Spandau und Treptow allesamt zwischen 1897 und 1913 von der Sozietät Reinhardt & Süßenguth – Heinrich Reinhardt (1868–1947) aus Offenbach und Georg Süßenguth (1862–1940) aus Göttingen – erbaut. Die beiden hatten sich während des Studiums an der Charlottenburger Technischen Hochschule (heute Technische Universität Berlin) kennengelernt und bildeten bis zum Tod Süßenguths eine erfolgreiche Architektengemeinschaft – ein in dieser Zeit verbreitetes Phänomen. Reinhardt & Süßenguth rezipierten in ihrem Œuvre historistische Stilrichtungen von der Gotik bis zum Klassizismus in Verbindung mit dem zeitgenössischen Jugendstil und bewiesen damit das für die Epoche charakteristische Maß an Vielseitigkeit. Ihr Architekturbüro errichtete in der Kaiserzeit auch außerhalb Berlins prestigeträchtige Großbauten wie etwa die Rathäuser in Dessau und Köthen oder den Hamburger Hauptbahnhof.

Obwohl die Berliner Rathäuser gewisse architektonische Übereinstimmungen aufweisen wie etwa die häufig anzutreffenden, von den flämischen und nordfranzösischen Belfrieden abgeleiteten Türme, so kann von einem verbindlichen Prototyp nicht gesprochen werden. Die Rathäuser sind allein schon wegen ihrer unterschiedlichen Größe und der wirtschaftlichen Leistungsfähigkeit der jeweiligen Gemeinde außerordentlich vielgestaltig. In der kursorischen Betrachtung fällt auf, dass die um die Jahrhundertwende vollendeten Bauten fast durchweg in Backsteingotik errichtet wurden – wohl mit der Intention, so ein identitätsstiftendes märkisches Heimatgefühl zu befördern. Die Backsteingotik begann sich verstärkt seit der Berliner Gewerbeausstellung 1896 zu etablieren und beeinflusste zunächst vor allem die Industriearchitektur (Borsig-, AEG-Werke). Im Kirchenbau hatte sie allerdings bereits Ende den 1860er Jahre Einzug gehalten (Eisenacher Regulativ). Exponenten dieser Stilrichtung sind die Rathäuser in Steglitz, Lichtenberg, Wannsee, Köpenick und Schmargendorf.

Die in den Folgejahren bis zum Ersten Weltkrieg entstandenen Rathäuser Schöneberg, Spandau, Pankow, Treptow oder Nikolassee zeigen vor allem barocke Formen, entziehen sich jedoch einer eindeutigen Zuordnung. Sie stehen stilistisch dem Zopfstil nahe und zeigen eher Girlanden und ionische Pilaster als Voluten und Rocaillen. Einen höfischen Neobarock in der Art Ernst von Ihnes, wie man ihn auch an Gerichtsgebäuden findet, hat es im Rathausbau nicht gegeben. Neben einigen kleineren Neorenaissancebauten wie in Johannisthal, Friedrichshagen oder Lankwitz gibt es eine Reihe Solitäre, die sich trotz ihrer beachtlichen Dimensionen und ihres repräsentativen Anspruchs von den üblichen Staatsbauten deutlich unterscheiden wie die Rathäuser in Charlottenburg, Wittenau (Reinickendorf) oder Neukölln.

Rathaus Steglitz
Der 1897/98 von Reinhardt & Süßenguth errichtete neogotische Bau an der Kreuzung Schlossstraße/Grunewaldstraße bildete mit seinem mächtigen Eckturm lange die Dominante im Zentrum von Steglitz.

30
ZONE

Begünstigt durch die am Rathaus vorbeiführende Reichsstraße 1 war Steglitz am Ende des Ersten Weltkriegs mit 83 000 Einwohnern die größte preußische Landgemeinde – Stadtrecht erhielt der prosperierende Ort bis zu seiner Eingemeindung allerdings nie. Gleichwohl ließen sich die Steglitzer 1897/98 von Reinhardt & Süßenguth ein geradezu großstädtisches Rathaus errichten. Das heutzutage beiderseits von Einkaufszentren gerahmte Gebäude ist seit Errichtung des berüchtigten Steglitzer Kreisels Ende der 1970er Jahre nicht mehr die städtebauliche Dominante der Kreuzung Schlossstraße/Grunewaldstraße. Das Rathaus Steglitz war einer der ersten bedeutenden Vertreter des preußischen Heimatstils in der Profanarchitektur, was in dieser Phase zumeist norddeutsche Backsteingotik bedeutete. Wie die meisten Berliner Rathäuser wird auch das Steglitzer durch einen mächtigen gestaffelten Turm mit Eckbastionen, Altanen, Erkern und Balkonen geprägt, der noch immer über seinen ursprünglichen Dachreiter verfügt. Die beiden Schaufassaden zeigen eindrucksvolle Staffelgiebel mit Krabben, Wimpergen und Spitzbogenblenden. Im heute weiß getünchten Inneren mit Netzgewölben haben sich aufwändige gusseiserne Treppenläufe erhalten. Der Bau wurde von der zeitgenössischen Kritik gelobt.

Lichtenberg hat eines der wenigen turmlosen Rathäuser. Der 1897/98 von Ernst Knipping unter der vermuteten Beteiligung von Max Hasak errichtete stattliche Bau besetzt wirkungsvoll die Ecke Möllendorffstraße/Rathausstraße. Stadtrecht erhielt Lichtenberg erst neun Jahre später. Der im Grundriss einem Dreieck angenäherte Bau mit gerundeter Rückseite wendet seine dreiachsige Schauseite mit Portal und fialenbekröntem Giebel der Straßenecke zu. Die streng symmetrische Konstruktion zeigt die üblichen Elemente backsteingotischer Dekorationskunst und kulminiert in einem steilen Dachreiter mit offener Laterne. Der im Krieg stark beschädigte Bau wurde von den 1950er Jahren bis 2007 in mehreren Etappen weitgehend denkmalgerecht wiederhergestellt.

An dem markanten zweiflügeligen Backsteinbau an der König-, Ecke Chausseestraße mit wehrhaftem Eckturm und Portikus sowie dem Altan unter einem Staffelgiebel sind vermutlich die meisten Berliner auf dem Weg nach Potsdam schon einmal vorbeigefahren, ohne zu ahnen, dass es sich um eines der alten Berliner Rathäuser handelt. Der neugotische Klinkerbau

des Rathauses Wannsee, in dem sich heute eine Jugendeinrichtung befindet, wurde 1899–1901 nach Plänen von Otto Stahn (1859–1930) errichtet. Die Ähnlichkeit mit den Türmen der Oberbaumbrücke ist nicht zufällig – diese stammt gleichfalls von Stahn. Die Gemeinde Wannsee blieb bis 1920 selbständig und ging erst bei der Gründung von Groß-Berlin im Bezirk Zehlendorf auf.

Die Silhouette der Altstadt von Köpenick prägt noch immer der Turm des durch Carl Zuckmayers Stück „Der Hauptmann von Köpenick" zu literarischer Berühmtheit gelangten neogotischen Rathauses. Der 1907–19 als Köpenicker Stadtbaurat fungierende Hugo Kinzer (1874–1929) und der königliche Regierungsbaumeister Hans Schütte aus Bonn errichteten den eindrucksvollen Bau 1901/02 gegenüber einer parkartig gestalteten Freifläche in einer Sichtachse zur Dahme. Der räumlich nicht mehr ausreichende Vorgängerbau von 1763 war während der in zwei Etappen erfolgenden Bauarbeiten schrittweise abgerissen worden. Die Gesamtkosten beliefen

Rathaus Wannsee
Im ehemaligen Rathaus von Wannsee ist heute eine Jugendeinrichtung untergebracht. Der Bau entstand 1899–1901 nach Plänen von Otto Stahn, dem Architekten der Oberbaumbrücke.

Rathaus Lichtenberg
Das Rathaus Lichtenberg wurde 1897/98 von Ernst Knipping im Stil der Backsteingotik erbaut. Anstelle eines Turmes besitz der Bau einen eindrucksvollen Schaugiebel und einen schlanken Dachreiter.

Rathaus Köpenick
Obgleich von eindrucksvoller Gestalt, verdankt das reizvoll am Ufer der Dahme gelegene Rathaus Köpenick seine Bekanntheit dem „Hauptmann von Köpenick“.

sich seinerzeit auf 635 000 Mark. Die Fassaden des dreiflügeligen Baus sind reich mit Maßwerkfenstern, Formziegelmaßwerk, Blenden und Glasursteinen geschmückt. Die durchbrochenen Maßwerkgiebel sind von den Bauten des spätgotischen Baumeisters Hinrich Brunsberg in Brandenburg, Tangermünde und Königsberg/Neumark inspiriert, die auch bei Ludwig Hoffmanns zeitgleich vollendetem Märkischen Museum Pate standen. Der vierundfünfzig Meter aufragende, von zwei niedrigeren Seitentürmen flankierte Hauptturm an der nördlichen Gebäudeecke fungiert nicht nur als Uhrenturm, in seinem Sockelgeschoss befindet sich auch das Hauptportal. Die eindrucksvollsten Bereiche des nach 1990 größtenteils denkmalgerecht restaurierten Interieurs sind die mehrläufige, teilweise freitragende Haupttreppe und der Bürgersaal. Neben neogotischen, teilweise auch neoromanischen Pfeilern, Portalen und Gewölben gibt es Jugendstil-Buntglasfenster und florale Jugendstilwandmalerei, die in den letzten Jahren freigelegt und rekonstruiert wurde. Im Jahre 1905 erfolgte die Einweihung des stimmungsvollen gewölbten, heute gleichfalls restaurierten Ratskellers. Ein Jahr später verschaffte sich der Schuster Wilhelm Voigt alias „Hauptmann von Köpenick“ mit zehn seinem „Befehl“ unterstellten Soldaten Zutritt zum Köpenicker

Rathaus Köpenick
Die faszinierende Treppenkonstruktion verrät, dass der Bau in nachmittelalterlicher Zeit entstanden sein muss. Das Rathaus wurde 1901/02 vom Köpenicker Stadtbaurat Hugo Kinzer errichtet.

Rathaus Köpenick
Blick in den Bürgersaal.

Rathaus. Im Erdgeschoss befindet sich eine kleine Ausstellung über diese Begebenheit sowie ein historischer Tresor.

Wenn es unter den Berliner Rathäusern so etwas wie einen Prototyp märkischer Backsteingotik gibt, so gebührt dieses Prädikat dem perfekt erhaltenen Rathaus im gutbürgerlichen Schmargendorf. Otto Kerwien (1860–1907) – der neben anderen auch die Entwürfe für das Babelsberger Rathaus lieferte – errichtete den stattlichen Bau am Berkaer Platz 1900–02. Das reich verzierte Gebäude ist ein schönes Beispiel für den Stilpluralismus des frühen 20. Jahrhunderts. Obgleich im burgenartigen Heimatstil errichtet, zeigen auch hier etliche Details, das der Bau in die Zeit des Jugendstils gehört. Kerwien ließ sich vor allem von altmärkischen Profanbauten in Stendal und Tangermünde, aber auch von anderen Städten im norddeutschen Backsteingebiet wie Brandenburg und Neubrandenburg inspirieren. Die Wappenmosaiken mit dem märkischen Adler sind vom Neustädter Tor in Tangermünde beeinflusst, der Hauptturm wirkt wie eine überhöhte Variante des Uenglinger Torturms in Stendal. Hinter den rundbogigen, doppelgeschossigen Renaissancefenstern verbirgt sich der rustikale Ratssaal. Stärker als im übrigen Gebäude hat hier der Jugendstil Eingang gefunden. Die Wandvertäfelungen und der reich geschmückte Kamin mit der Walküre-Szene im Dreipass über der Feuerstelle erweisen den Bau als eine Schöpfung des frühen 20. Jahrhunderts. Der beliebte Ratskeller präsentiert sich mit den von Rundpfeilern getragenen Sterngewölben ganz im spätgotischen Stil. Auch Schmargendorf konnte seine Eigenständigkeit bis 1920 bewahren und wurde dann dem Stadtbezirk Wilmersdorf eingegliedert. Seither

ist als einzige hoheitliche Funktion die als Standesamt geblieben – der Ratssaal wurde zu einem der beliebtesten Berliner Trausäle.

Die bei der Gründung von Groß-Berlin 1920 mit 323 000 Einwohnern bei weitem größte der eingemeindeten Städte hatte im Jahr der Reichsgründung noch keine 20 000 Einwohner. Trotzdem war Charlottenburg – ursprünglich Alt-Lietzow – alles andere als eine kaiserzeitliche Retortenstadt, es konnte vielmehr auf zweihundert Jahre Geschichte als brandenburgisch-preußische Residenz zurückblicken. In diesem späteren Stadtteil Berlins wurde eines der größten Barockschlösser überhaupt errichtet, heute das größte erhaltene Hohenzollernschloss. An der Berliner Straße – heute Otto-Suhr-Allee – konnten Reinhardt & Süßenguth 1899–1905 beweisen, dass sie auch eine ganz andere architektonische Formensprache beherrschten. Nach ihren Entwür-

Rathaus Schmargendorf
Viele Schmuckelemente des 1900–02 errichteten Gebäudes zitieren bekannte Motive von mittelalterlichen Bauten in der Mark Brandenburg.

fen entstand in Charlottenburg der künstlerisch und räumlich bedeutendste Jugendstil-Großbau Berlins. Das Charlottenburger Rathaus mit seinem neunundachtzig Meter hohen Turm entstand 1899–1905. Es ist bereits Charlottenburgs drittes Rathaus. Die Vorgängerbauten fielen dem rasanten Bevölkerungswachstum der Stadt zum Opfer – das letzte war erst 1860 eingeweiht worden. Reinhardt & Süßenguth waren aus einem 1897 ausgeschriebenen Wettbewerb als Sieger hervorgegangen. Der Magistrat der Stadt Charlottenburg hatte zunächst ein neogotisches Rathaus gewünscht, entschied sich dann aber doch für den „Sezessionsstil". Die Gesamtkosten beliefen sich auf 4,1 Millionen Goldmark – ein Drittel mehr als ursprünglich budgetiert. Bereits 1910 musste der Bau für weitere drei Millionen Mark um einen

Rathaus Schmargendorf
Den rustikalen Ratskeller (oben) prägen die von Rundpfeilern getragenen Sterngewölbe.
Der ehemalige Ratssaal (unten) bildet die stimmungsvolle Kulisse für eines der beliebtesten Berliner Standesämter.

Trakt nach Plänen des Stadtbaurats Heinrich Seeling (1852–1932) erweitert werden.

Einige der Gründe für die exorbitant hohen Baukosten lassen sich bereits außen erkennen: Das Haus ist nicht nur monumental und reich mit Bauplastik ausgestattet, die Straßenfassade ist auch vollständig mit Wünschelburger Sandstein verkleidet. Das viergeschossige, fünfflügelige Gebäude ist rund siebzig Meter breit und hundertdreißig Meter tief, er umfasst fünf Innenhöfe. Neben reicher Jugendstilornamentik finden sich auch archaisierende neoromanische und neoklassizistische Elemente. Eine Kombination aus Neoromanik und Jugendstil weisen zahlreiche Berliner Großbauten jener Zeit auf, so etwa das Landgericht am Tegeler Weg in Charlottenburg oder das Hebbeltheater. Zum ikonographischen Programm gehören unter anderem Pallas Athene, Justitia, Figurationen von Gerechtigkeit und Weisheit, Kunst und Wissenschaft. Die Figuren stammen von namhaften Bildhauern wie Wilhelm Haverkamp, Johannes Götz, Heinrich Günther und August Vogel. Das Hauptportal befindet sich im übergiebelten Mittelrisalit – dem Turmsockel – unter der Bürgermeisterwohnung.

Rathaus Charlottenburg
Der Monumentalbau an der Otto-Suhr-Allee wurde 1899–1905 von Reinhardt & Süßenguth im neoromanischen Stil mit reichem Jugendstildekor errichtet.

Rathaus Charlottenburg
Der räumlich-gestalterische Höhepunkt im Inneren des im Krieg schwer getroffenen Gebäudes ist heute die Kuppelhalle über der Haupttreppe im Foyer des dritten Obergeschosses.

Rathaus Charlottenburg Jugendstil-Stuckdekor an der Haupttreppe (oben). Die ehemalige Brunnenhalle (unten) von Heinrich Seeling, dem Architekten des Erweiterungsbaus von 1910, wurde später in eine Ehrenhalle für die Opfer von Krieg und Gewaltherrschaft umgestaltet.

Bereits im Vestibül, von dem eine geschwungene Freitreppe ins Hochparterre führt, zeigt sich der enorme Materialaufwand mit in Sandstein geformten Portalrahmungen, Zierfriesen (Darstellungen von Kunst, Wissenschaft, Schulwesen, Hochbau, Tiefbau, Krankenpflege) und Brüstungen. Im Inneren beeindruckt vor allem die spektakuläre Haupttreppe, die im dritten Obergeschoss in die 2009 restaurierte Kuppelhalle mündet. Aufwändige Natursteingestaltungen mit reichem symbolistischen Jugendstildekor überwiegend von Hermann Giesecke – Skulpturen, Maskarons, Reliefs und anderes – durchziehen das ganze Gebäude und erzeugen eine Wirkung, der man sich kaum entziehen kann. Es ist unmöglich, hier alle gestalterischen Details aufzuzählen – jedem an

Rathaus Pankow
Das 1901–03 von Wilhelm Johow erbaute Rathaus Pankow zeigt eine Mischung unterschiedlichster Stilformen.

Rathaus Pankow
Das reich mit Stuck, geschnitzten Holzverkleidungen, Blattgold und aufwändigen Leuchtern gestaltete Interieur (oben) demonstriert bürgerliche Prosperität. Das Foyer im ersten Obergeschoss (unten).

Rathaus Pankow
Blick in den Bürgersaal.

Rathaus Wittenau
Das 1911 von Friedrich Beyer im niederländischen Renaissancestil errichtete Rathaus Wittenau am Eichborndamm 215 bildet heute den Nordflügel des nach dem Krieg erweiterten Rathauses Reinickendorf.

Architektur Interessierten sei geraten, sich auf Entdeckungsreise durch die verwinkelten Gänge und Treppenhäuser zu begeben. Selbst die Treppengeländer sind fast durchgehend mit floralen oder figürlichen, meist steinernen (Siegfried mit dem Drachen kämpfend), teilweise aber auch schmiedeeisernen Verzierungen versehen. Das Dekor zeigt eine für Berlin untypische, eher belgisch-niederländisch anmutende verspielte Variante des Jugendstils.

Deutlich ruhiger und statischer wirkt der Seelingsche Erweiterungsbau, der heute als Bibliothek dient. Seeling schuf auch die stimmungsvolle Jugendstil-Ehrenhalle für die Toten des Ersten Weltkriegs im zweiten Obergeschoss, ursprünglich Brunnenhalle. Da das Charlottenburger Rathaus im Krieg schwer beschädigt wurde, ist die ursprüngliche Ausstattung nur bruchstückhaft erhalten. Viele Skulpturen, Wandmalereien und Buntglasfenster sind verloren. Das Gebäude ist über die Jahrzehnte immer wieder mehr oder weniger denkmalgerecht saniert worden. Im zweiten Obergeschoss sind der reich mit geschnitzten Wandvertäfelungen und vielen Sinnsprüchen ausgestattete Magistratssitzungssaal (Minna-Cauer-Saal) und zwei angrenzende Sitzungssäle teilweise erhalten. Außerordentlich reizvoll ist der im Erdgeschoss gelegene, heute als Trausaal genutzte Intarsiensaal von 1914, den der Hofkunsttischler Wilhelm Kimbel (1868–1965) geschaffen hat.

Der 1901–03 von Wilhelm Johow (1874–1960) errichtete monumentale Klinkerbau des Rathauses Pankow lässt sich stilistisch schwer einordnen. Pankow war zur Kaiserzeit ein Konglomerat aus verschiedenen Gemeinden (Pankow, Niederschönhausen, Heinersdorf, Rosenthal, Wilhelmsruh, Buch, Karow),

die erst 1920 zum Stadtbezirk Pankow zusammengeschlossen wurden. Der Mindener Wilhelm Johow hatte im Jahr 1900 den ausgeschriebenen Architekturwettbewerb gewonnen und siedelte in der Folge nach Pankow über. Der wuchtige Bau mit gerundeten Ecken wird von einem fünfzig Meter hohen Eckturm beherrscht, der in einer Laterne kulminiert. Die beiden Turmbalkone im zweiten Obergeschoss gehören zur Bürgermeisterwohnung. Der von zwei Türmchen begrenzte, in einer steilen Haube gipfelnde Mittelrisalit an der Breiten Straße enthält das Hauptportal und hinter den hohen Fenstern den Ratssaal. In den Nischen der Türmchen befinden sich allegorische Figuren die vier Bürgertugenden. Johow gelang es, mit einer Stilmelange aus Renaissance- und Barockelementen, aber auch rundbogigen Phantasieformen ein stimmiges Ganzes zu schaffen. Im sorgfältig restaurierten, an den Stuckdecken und den korinthischen Pilastern mit viel Blattgold versehenen Inneren imponieren das Vestibül, das doppelläufige Treppenhaus und der holzgetäfelte Ratssaal.

Stilistisch einzigartig ist das 1909–11 in stimmungsvoller Lage am südlichen Rand von Alt-Wittenau, Eichborndamm 215, von Friedrich Beyer errichtete ehemalige Rathaus Wittenau, heute Rathaus Reinickendorf, in Formen der holländischen Spätrenaissance. Wittenaus Keimzelle ist das Angerdorf Dalldorf, das erst durch die Errichtung der Irrenanstalt Dalldorf ab 1880 und später durch die Ansiedlung der Borsig-Werke Bedeutung erlangte. Da die Existenz der erstgenannten Einrichtung nicht sonderlich imagefördernd war, benannte sich der Ort 1905 in Wittenau um mit dem Ergebnis, dass sich zwar der Name, nicht aber der Ruf als Standort einer Nervenheilanstalt änderte. 1920 ging

Rathaus Wittenau
Der farbenprächtige tonnengewölbte Bürgersaal zählt zu den schönsten in Berlin.

Rathaus Schöneberg
Das 1911–14 von Jürgensen & Bachmann errichtete Bau ist bereits das dritte Schöneberger Rathaus. Der Bau zeigt die sachliche, zwischen Neobarock und Neoklassizismus stehende Formensprache der späten Kaiserzeit.

Wittenau mit etlichen anderen Gemeinden im neugegründeten Berliner Stadtbezirk Reinickendorf auf und stellte fortan, da es über einen geeigneten Bau verfügte, das Reinickendorfer Rathaus.

Ein Zeitungsartikel aus der Entstehungszeit spricht von barocken Formen – die Einschätzung des Dehio als Neorenaissancebau erscheint jedoch plausibler, wenn es sich auch im Ganzen um eine vom Heimat- und Jugendstil beeinflusste Phantasiearchitektur handelt. Hervorgehobene Partien des in einem fünfundfünfzig Meter hohen Turm gipfelnden Klinkerbaus wie der eindrucksvolle Muschelkalk-Portikus oder der Nordosterker wurden von Julius Wolff gefertigt und sollen Bürgerwerte symbolisieren. Die zweite Dominante ist der Schweifgiebel über den hohen Fenstern des Sitzungssaals. Auch im teilweise mit spätgotischen Phantasiegewölben ausgestatteten Gebäudeinneren wurde viel plastisch gestalteter Naturstein verbaut. Nachdem die meisten administrativen Aufgaben in den 1950–55 erbauten, südlich angrenzenden Neubau übergegangen sind, dient der Altbau heute vornehmlich als Standesamt und Sitz der Bezirksverordnetenversammlung. Das noch über die Originalausstattung verfügende einstige Amtsvorsteherzimmer mit Buntglasfenstern und Kassettendecke fungiert heute als Trausaal. Sehenswert sind die Haupttreppe mit figürlichen Kapitellen, steinernen Traillen und Handläufen sowie der tonnengewölbte Bürgersaal mit großen Buntglasfens-

tern im zweiten Obergeschoss, der zu den schönsten seiner Art gehört.

Der Sitz des Regierenden Bürgermeisters der westlichen Halbstadt in den Jahrzehnten der Teilung Berlins ist bereits das dritte Rathaus im seinerzeit prosperierenden Schöneberg. Das zuvor unbedeutende Dorf hat erst 1898 Stadtrecht erhalten. Auch Schöneberg hatte sich, begünstigt durch seine Lage an der Reichsstraße 1, an zwei Eisenbahnlinien, vor allem aber an der Strecke von der Metropole Berlin nach Potsdam im späten 19. Jahrhundert explosionsartig entwickelt. Die Schöneberger „Millionenbauern" veräußerten ihr Land zu Phantasiepreisen an die Eisenbahngesellschaften. Das erste Rathaus war 1874 am Kaiser-Wilhelm-Platz errichtet und bereits 1891 abgebrochen worden. An gleicher Stelle entstand ein größeres Gebäude, das zu Beginn des 20. Jahrhunderts wiederum nicht mehr ausreichte. Den ausgeschriebenen Wettbewerb, dessen Jury neben anderen Ludwig Hoffmann und Paul Wallot angehörten, gewann im Jahre 1910 das Architekturbüro Jürgensen & Bachmann – Peter Jürgensen (1873–1954) und Jürgen Bachmann (1872–1951). Errichtete wurde das Schöneberger Rathaus 1911–14. Hinter der dreiundneunzig Meter langen symmetrischen Hauptfassade zum John-F.-Kennedy-Platz mit dem siebzig Meter hohen Turm, dem heute sein spitzer Aufsatz fehlt, verbirgt sich ein monumentaler unregelmäßi-

Rathaus Schöneberg
Die 63 Meter lange Eingangshalle prägen die Terrakottaverkleidungen aus der Großherzoglichen Majolikamanufaktur Karlsruhe.

Rathaus Treptow
Das 1909/10 errichtete Rathaus Treptow ist das kleinste unter den von der Sozietät Reinhardt & Süßenguth errichteten Rathäusern im heutigen Berlin.

ger Gebäudekomplex, der insgesamt fünf Innenhöfe umschließt. Stilistisch steht der Bau zwischen Zopfstil – kurz vor dem Ersten Weltkrieg sehr beliebt –, Neobarock und stilisiertem späten Jugendstil. Die vergleichsweise sachlich gestalteten Fassaden des im Krieg schwer beschädigten Baus sind weitgehend wiederhergestellt worden. Die glatten Wandflächen sind verputzt, die ornamental gestalteten Partien – der Gebäudesockel, die Fensterzonen, Vasen und anderes – bestehen aus Wünschelburger Sandstein. Der aus Kalkstein gefertigte Relief- und Figurenschmuck stammt überwiegend von Ludwig Isenbeck und zeigt Handel und Handwerk sowie Bürgertugenden. Dominante des Interieurs ist die dreiundsechzig Meter lange zweigeschossige Eingangshalle mit umlaufender Galerie, an der die wichtigsten Amts- und Repräsentationsräume wie der Goldene Saal, der Bürgersaal (Willy-Brandt-Saal) und das Amtszimmer des Bürgermeisters aufgereiht sind. Treppengeländer, Pfeiler, Tür- und Fensterfassungen in der Eingangshalle sind mit Terrakotta in frühklassizistischen Formen aus der Großherzoglichen Majolika-Manufaktur in Karlsruhe verkleidet und geben dem Raum seinen unverwechselbaren Charakter. In der Brandenburghalle finden sich noch Wandmalereien von Eugen Bracht. Die meisten Räume wurden nach dem Krieg in vereinfachter Form wiederhergestellt. Der Ratskeller präsentiert sich in späten Jugendstilformen mit Art déco-Anklängen. Um das Gebäude mit der Freiheitsglocke, vor dem Kennedy 1963 sein berühmtes Bekenntnis zu Berlin ablegte, ist es nach der Wiedervereinigung ruhiger geworden.

An der Neuen Krugallee in Treptow steht das einzige turmlose Rathaus von Reinhardt & Süßenguth, sofern man den Dachreiter mit kleiner Kuppel auf dem Satteldach des Hauptgebäudes nicht als Turm rechnet. Auch der südliche Berliner Vorort sah sich seit der Reichsgründung aufgrund des rasanten Bevölkerungswachstums in kurzer Folge genötigt, größere Verwaltungsbauten zu errichten. Der 1909/10 errichtete L-förmige Bau hat den Zweiten Weltkrieg nahezu unbeschädigt überstanden. Der Bau ist nicht nur deutlich kleiner dimensioniert als die anderen Berliner Rathäuser der Architektengemeinschaft, er ist auch sehr viel sparsamer dekoriert, was der Tatsache geschuldet ist, das die Gemeinde Treptow zum Zeitpunkt der Erbauung nur rund 25 000 Einwohner hatte. Das dreigeschossige Rathaus zeigt überwiegend Neorenaissance-Formen, aber auch solche aus Barock und Klassizismus. Blickfang der Hauptfassade zur Neuen Krugallee ist der halbkreisförmige Portalvorbau mit allegorischen Figuren und dem zur Bürgermeisterwohnung gehörenden Altan. Das Interieur ist weitgehend in historischer Gestalt erhalten. Bemerkenswert sind das Foyer und der Saal der Bezirksverordnetenversammlung mit Stuck sowie neoklassizistischen und Jugendstil-Holzvertäfelungen und -Einbauten.

Der jüngste Berliner Rathausbau des Architekturbüros Reinhardt & Süßenguth zeigt wiederum einen anderen Architekturstil und er kann mit Fug und Recht als Monumentalbau bezeichnet werden. Im Segmentgiebel des Mittelrisalit befindet sich das Stadtwappen, flankiert von der Inschrift: „Erbaut un-

Rathaus Spandau
Der achtzig Meter hohe Turm des 1910–13 von Reinhardt & Süßenguth erbauten Rathauses ist das höchste Bauwerk Spandaus.

Rathaus Spandau
Die Wandmalereien der Verkehrshalle (oben) zeigen die Formensprache des Louisseize. In der durch eine überdachte Brücke mit dem Rathaus verbundenen Polizeistation existieren noch die vormaligen kaiserzeitlichen Arrestzellen (rechts), heute als Büros genutzt.

ter der Regierung Kaiser Wilhelms des Zweiten von der Bürgerschaft in den Jahren 1910–1913". Wie in Charlottenburg und Schöneberg oder auch in Brüssel und Brügge ist die Dominante des freistehenden Rathauses Spandau ein streng symmetrischer, 116 Meter langer Hauptflügel mit einem achtzig Meter hohen Turm im Zentrum, dem höchsten Bauwerk Spandaus. Anders als in Charlottenburg und Schöneberg verbirgt sich hinter der Fassade tatsächlich ein symmetrischer Gebäudekomplex, der sich um drei Binnenhöfe gruppiert. Der Stil des Rathauses ist ähnlich wie in Schöneberg ein Neoklassizismus, der vor allem auf Stilelemente des Louis-seize (Zopfstil) wie Girlanden, ionische Pilaster, Gesimskonsolen, Dreiecks- oder Segmentgiebel zurückgreift. Hier wie dort sind die bauplastischen Partien im „Materialstil"aus Naturstein (Muschelkalk) gefertigt.

Das Rathaus hat im Zweiten Weltkrieg schwere Bombentreffer vor allem im Nordtrakt hinnehmen müssen und ist seit den 1950er Jahren in mehreren Etappen restauriert worden, wobei etliche Details vereinfacht wiederhergestellt wurden. Die Türmchen beiderseits des zentralen Segmentgiebels wurden abgetragen. Auch die Turmhaube ist heute schlichter als das Original. Im Turmschaft steckt noch der bei der Bombardierung abgestürzte Aufzug. Im Inneren beeindruckt vor allem die großzügige zweigeschossige Eingangshalle mit doppelläufiger Treppe und umlaufender Galerie. Die reichen neoklassizistischen Wandmalereien wurden 1987/88 restauriert. Der Bürgersaal ist zwar in den Details etwas vereinfacht, jedoch strukturell wiederhergestellt und noch immer wirkungsvoll. Im zweiten Obergeschoss des Südflügels hat sich die heute für Büros genutzte vormalige Dienstwohnung des Bürgermeisters mit Holzvertäfelungen, die über ein separates Treppenhaus verfügt, erhalten. Vom Nordflügel aus führt eine gedeckte Brücke über zwei Bögen zur benachbarten ehemaligen Polizeistation, in der die Arrestzellen erhalten sind, so dass auch unbescholtene Bürger

Rathaus Spandau
Der im Krieg beschädigte Bürgersaal wurde in vereinfachter Form wiederhergestellt.

einen Eindruck von der Wirkung eines Gefängnisses der Kaiserzeit bekommen können.

Im beschaulichen, gutbürgerlichen Nikolassee befindet sich schräg gegenüber vom S-Bahnhof ein gut in die vom Heimat- und Landhausstil geprägte Umgebung eingepasstes, zwischen Neobarock und Jugendstil changierendes Gebäude. Bruno Möhring (1863–1929) errichtete das ehemalige Rathaus der reizvollen Villenkolonie im Jahre 1912. Die gliedernden und plastisch hervortretenden Partien des zweiflügeligen, zweigeschossigen Baus mit markantem Türmchen bestehen aus Natursteinplatten. Blickfang des Gebäudes ist der zugleich als Portikus mit doppelläufiger Freitreppe fungierende Mittelrisalit unter dem mit einer verglasten Laterne schießenden Dachreiter.

Die Einwohnerzahl von Neukölln wuchs zwischen 1871 und 1905 von 8125 auf 153 513; 1920 waren es bereits 263 000 Einwohner. 1899 erhielt der aus Deutsch- und Böhmisch-Rixdorf sowie Britz bestehende Ort das Stadtrecht. Dementsprechend sahen sich die Stadtväter immer wieder genötigt, die Verwaltungsgebäude zu vergrößern. Nachdem das 1874 erbaute Amtshaus an der Bergstraße – seit 1947 Karl-Marx-Straße – aus allen Nähten platzte, begann der 1905 zum Neuköllner Stadtbaurat berufene Reinhold Kiehl (1874–1913) mit den Planungen für ein neues Rathaus. Kiehl erlebte die vorläufige Vollendung des 1906–14 errichteten Baus nicht mehr – fertig wurde das Gebäude erst in den 1950er Jahren. Das Rathaus entstand in mehreren Etappen nördlich und östlich des weiterhin genutzten gründerzeitlichen Amtshauses, das nach schweren Bombentreffern in der Nachkriegszeit beseitigt wurde. Dieser ursprünglich ohnehin vorgesehene Abriss, der in Verbindung mit den Ergänzungsbauten von 1953 zu dem bestehenden Gebäudekomplex führte, war dem Gesamterscheinungsbild letztlich zuträglich. Der Altbau passte stilistisch nicht zur Neuschöpfung Kiehls, der den freien Platz an der Karl-Marx-Straße von vornherein vorgesehen hatte, und der Fassadenaufriss der Nachkriegstrakte orientiert sich zumindest in den Grundzügen an dem spätwilhelminischen Bau. Stilistisch lassen sich für das Neuköllner Rathaus Neo-

Rathaus Nikolassee
Das ehemalige Rathaus Nikolassee am Hohenzollernplatz wurde 1912 von Bruno Möhring errichtet.

Rathaus Neukölln
Das 1905–09 erbaute Rathaus (oben) mit dem stadtbildprägenden Turm und der Fortuna von Josef Rauch ist das Hauptwerk des Neuköllner Stadtbaurats Reinhold Kiehl. Unten die Haupttreppe.

renaissance oder Neoklassizismus nennen, im eigentlichen Sinne historistisch kann man das eindrucksvolle Gebäude jedoch kaum nennen. Dominante des asymmetrischen Baus ist der viergeschossige Haupttrakt Ecke Schönstedtstraße mit dem siebenundsechzig Meter hohen, mit einem kupferverkleideten hölzernen Pyramidendach schließenden Turm, auf dem sich die vergoldete Fortuna von Josef Rauch (1868–1921) mit dem Wind dreht. Obwohl viele Gliederungselemente von den Rathäusern in Charlottenburg und Schöneberg bekannt sind, wirkt das Gebäude insgesamt sachlicher. Die Fassaden sind mit Natursteinplatten verkleidet. Neuartig ist die funktionale Teilung in Repräsentations- und Bürobereiche. Im Inneren dominieren neben dem Neoklassizismus später Jugendstil und Symbolismus. Eindrucksvoll ist das die drei Vestibüle und eine Galerie verbindende Treppenhaus. Die in den Nachkriegsjahren stark vereinfachten Decken-, Wand- und Bodengestaltungen sind in den letzten Jahren weitgehend denkmalgerecht wiederhergestellt worden.

Bauten für Bildung und Wissenschaft

Die preußische Kapitale und ihre Trabanten beanspruchten während der Kaiserzeit naturgemäß auch den Rang als geistiges Zentrum des Deutschen Reiches. Entsprechend wurde sie mit Schul- und Universitätsbauten und diversen anderen Bildungs- und Forschungseinrichtungen ausgestattet, die zumeist von den prominentesten Berliner Baumeistern entworfen wurden und teilweise mit dem Repräsentationsanspruch von Staatsbauten auftreten. Kaiser Wilhelm II. engagierte sich leidenschaftlich für das Bildungswesen, und hinter den von tradiertem Formenrepertoire geprägten Fassaden verbargen sich die hochkarätigsten technischen und intellektuellen Kaderschmieden ihrer Epoche. Die Menschen dieser Zeit haben zwischen dem historisierenden Erscheinungsbild der Gebäude und der darin stattfindenden Forschungs- und Entwicklungsarbeit noch keinen Widerspruch gesehen.

Wie der Krankenhausbau wurde auch der Schulbau unter Wilhelm I. von Hermann Blankenstein

Wilmersdorf, Joachimsthalsches Gymnasium
Der markante Schulbau an der Bundesallee 1–2 wurde 1876–80 nach Plänen von Johann Heinrich Strack errichtet und vertritt noch die späte Schinkel-Schule.

und unter Wilhelm II. von Ludwig Hoffmann dominiert. Blankenstein errichtete etwa einhundertzwanzig Berliner Schulen, aus Hoffmanns Architekturbüro entstammten neunundsechzig. Im Unterschied zu Blankensteins Schulen, die dem gründerzeitlichen Formenkanon relativ schematisch folgen, erscheinen jene Hoffmanns variantenreicher.

Eines der bekanntesten Berliner Schulgebäude, das heute von der Universität der Künste genutzte ehemalige Joachimsthalsche Gymnasium in Wilmersdorf, geht noch auf Pläne von Johann Heinrich Strack (1805–1880) zurück, zeigt entsprechend die Stilelemente der Schinkelschule und weist dennoch in die kommende Epoche. Das Joachimsthalsche Gymnasium hat eine lange zurückeichende Tradition als kurfürstliche Eliteschule, gegründet 1607 in Joachimsthal bei Templin. 1636 zog sie nach Berlin um, und nach diversen Ortswechseln erhielt sie 1880 das bestehende Gebäude in der Kaiseralle 1–12, die heute Bundesallee heißt. Das Haus wurde 1876–80 von Oberbaurat Ludwig Giersberg nach Entwürfen von Strack erbaut und in Gegenwart des beeindruckten Kaisers Wilhelm I. eingeweiht. Der prachtvolle Bau besteht aus einem langen Hauptflügel mit einem Mittel- und zwei Seitenrisaliten sowie fünf kurzen parkseitigen Nebenflügeln. Dem Mitteltrakt ist auf der Straßenseite Arkadenhalle vorgelagert, die einen breiten Altan bildet. Typisch für die Schinkel-Schule sind die großen Rundbogenfenster und -arkaden, die gelblichen Ziegelwände und die reiche plastische Sandsteingliederung. Neben den Fenstern der Aula finden sich zwei Figurennischen mit Darstellungen von Platon und Aristoteles sowie Gedenktafeln für Kurfürst Joachim Friedrich und Kaiser Wilhelm I. Diese stammen wie das Relief im Giebel von Max Klein. Das Innere des im Krieg schwerst beschädigten Gebäudes wurde vereinfacht wiederhergestellt. Noch immer eindrucksvoll, wenn auch der ursprünglichen Farbigkeit beraubt sind das von kräftigen Säulen getragene Vestibül und das Treppenhaus.

Wilmersdorf, Joachimsthalsches Gymnasium
Fassadendetail.

Schöneberg, Luise-und-Wilhelm-Teske-Schule
Die Geschlechtertrennung im wilhelminischen Schulwesen bildet sich auch an der Fassade der 1906–08 von Paul Egeling errichteten ehemaligen Fritz-Haber-Schule in Schöneberg ab.

Treptow, Schule an der Feuerwache
Bei der Treptower Schule an der Feuerwache entschied sich Paul Egeling 1898 für ein Stilmischung aus Gotik und Renaissance.

Die Grundstruktur des Joachimsthalschen Gymnasiums hat Hermann Blankenstein in reduzierter Form für viele seiner Schulgebäude übernommen. Da eine ausführliche Darstellung von Blankensteins Schulen allein ein ganzes Buch füllen würde, seien hier nur einige exemplarische Bauten vorgestellt. In der Gotenburger Straße im Wedding besteht die einzigartige Gelegenheit, Schulen von Hermann Blankenstein und Ludwig Hoffmann im direkten Vergleich zu sehen: Auf der nördlichen Straßenseite befindet sich ein roter Klinkerbau, der unverkennbar die gleiche Handschrift zeigt wie die Markthallen und Krankenhäuser Blankensteins. Die Wilhelm-Hauff-Grundschule vollendete er 1896, jenem Jahr, in dem er aus dem Amt des Stadtbaurats ausschied. Stilistisch ist der viergeschossige, im Klinker-Neorenaissancestil gehaltene Bau ein Anachronismus, doch Blankenstein hielt am Gründerzeitstil fest. Vom Joachimsthalschen Gymnasium hat er den gestreckten Korpus mit straßenseitigen Risaliten und das der Fassade vorgelagerte Erdgeschoss übernommen. Östlich befindet sich das einzeln stehende dreigeschossige ehemalige Rektorenhaus im gleichen Stil. Die Fassade beleben Formziegelmaßwerk – teilweise auch in gotischen Formen – und Glasursteine. Das Gebäude ist wie fast alle Berliner Schulen heute leider nur noch eine Hülle. Das Interieur bestimmen die Modernisierungen der Nachkriegsjahrzehnte, die wohl teils die Strenge der wilhelminischen Architektur abmildern, teils moderne Kontrapunkte setzen und wohl auch Energie sparen sollten. Es zeigt sich in deprimierendem Zustand.

In der Levetzowstraße 26 in Moabit in Sichtweite der Gotzkowskybrücke befindet sich mit der Gotzkowsky-Grundschule eine etwas schlichtere Variante. Blickfang der viergeschossigen Dreiflügelanlage von

1894/95 sind die großen Rundbogenfenster der Aula im obersten Geschoss des Mitteltrakts unter einem Glasurziegelfries und einem auf Konsolen ruhenden Traufgesims. Aufschlussreich ist der Vergleich mit dem zwanzig Jahre älteren Askanischen Gymnasium in Kreuzberg, das heute als Kammermusikschule dient. Es zeigt sich, dass Blankenstein seinem Stil zeitlebens in erstaunlichem Maße treu geblieben ist.

Ludwig Hoffmann bevorzugte bei seinen Schulgebäuden meist verputzte Fassaden wie bei der 1912/1913 errichteten ehemaligen Schwartzkopff-Oberschule (heute Hauptschule) in der Gotenburger 7–9, wählte gelegentlich aber auch verklinkerte oder werksteinverkleidete Fassaden. Dabei wechselte er zwischen unterschiedlichen Stilrichtungen und garnierte die Bauten mit gotischem, barockem, klassizistischem oder anderem Dekor und hatte doch stets eine erkennbare Handschrift. Manche seiner Schulen, so die Heinrich-Hertz-Schule (Rigaer Str. 81) im Friedrichshain, verkörpern nahezu den Repräsentationsanspruch von Schlössern, die Heinrich-Zille-Schule (Waldemarstr. 118) in Kreuzberg präsentiert sich hingegen als holländisches Renaissance-Patrizierhaus. Das Interieur der Schulen ist leider besonders häufig von entstellenden Eingriffen wie abgehängten Decken, Neon-Lichtleisten oder übergestrichenen Wandvertäfelungen etc. geprägt.

Neben den beiden Stadtbauräten betätigten sich auch einige weniger bekannte Architekten im Schulbau. Die ehemalige Fritz-Haber-Schule am Tempelhofer Weg 62 in Schöneberg errichtete Paul Egeling 1906–08. Die heutige Luise-und-Wilhelm-Teske-Oberschule schmückt eine vergleichsweise verspielte Jugendstilvariante verklinkerter Neorenaissance. Von Paul Egeling stammt auch der 1898 errichtete eindrucksvolle rote Klinkerbau der Schule an der alten Feuerwache in der Schnellerstraße 31 in Niederschönhausen (Treptow). Das zweiflügelige Gebäude mit den hohen Staffelgiebeln zeigt Stilelemente aus Gotik und Renaissance.

Unter den Berliner Gymnasien finden sich Beispiele von außerordentlicher Prachtentfaltung.

Der größte und vielleicht auch aufwändigste Bau steht in der Görschstraße 42/44 in Pankow. Das ehemalige Pankower Oberlyceum mit der angeschlossenen höheren Mädchenschule und einem Lehrerinnenseminar, das heutige Carl-von-Ossietzky-Gymnasium, war bei seiner Fertigstellung der größte Schulkomplex auf dem Gebiet des späteren Groß-Berlin. Der sechsflügelige

Pankow, Carl-von-Ossietzky-Schule
Das von Carl Fenten errichtete heutige Carl-von-Ossietzky-Gymnasium galt bei seiner Errichtung 1911 als größter wilhelminischer Schulkomplex in Berlin.

Wedding, Schulen in der Gotenburger Straße
In der Gotenburger Straße im Wedding stehen sich Gemeindeschulen der beiden Berliner Stadtbaudirektoren gegenüber. Links die Wilhelm-Busch-Schule von Ludwig Hoffman, rechts die Wilhelm-Hauff-Schule von Herrmann Blankenstein.

Bau mit hundertfünfzig Schulräumen, einer Aula, in der 770 Personen Platz fanden, und einem eigenen Heiz- und Elektrizitätswerk wurde 1909–11 nach Plänen des Gemeindebaurats Carl Fenten (1877–1964) errichtet. Die aufwändigen Fassaden sind teils in den Formen der deutschen Renaissance – garniert mit verspielten Jugendstilelementen und zahlreichen der Märchenwelt und der Mythologie entlehnten Skulpturen und Putten –, teils in schwerem Barock gestaltet. Das vermeintliche Natursteinmauerwerk der reich gegliederten Fassaden besteht ebenso wie die Säulen und Balustraden im Treppenhaus in Wahrheit aus gefärbtem grobporigen Beton. Der Schaugiebel mit Minerva-Figur ist zur Görschstraße gerichtet. Die doppelläufige, geradezu schlossartige Haupttreppe ist im Turm im Schnittpunkt der beiden Haupttrakte untergebracht. Die in unterschiedlichen Stilen gestalteten Gänge sind ebenso wie die meisten Klassenräume und die große Aula im dritten Obergeschoss weitgehend erhalten.

Wenn schon im Schulbau derart repräsentative Formen und Gestaltungen gewählt wurden, überrascht es wenig, dass der betriebene Aufwand bei Universitäten und Hochschulen noch um einiges größer war.

Während der Zentralbau der Berliner Humboldt-Universität, das vormalige Prinz-Heinrich-Palais, noch ins 18. Jahrhundert datiert, sind wichtige Universitätsinstitute erst im späten 19. Jahrhundert entstanden. Der größte zusammenhängende Gebäudekomplex, die Naturwissenschaftlichen und technischen Institutsgebäude, wurde 1873–83 von dem am Kultusministerium angestellten Architekten Paul Spieker (1826–1896) in der Dorotheenstraße 94–96 errichtet. Der mit zweifarbig gestreiften Ziegeln verkleidete Bau ist im zeittypischen Neorenaissancestil gehalten, repräsentiert aber noch die ausklingende Schinkel-Schule. Die Fenster sind überwiegend segmentbogig, zur Verzierung wurden vorwiegend Terrakotta-Formziegel, aber auch Natursteinelemente verwendet. Originalgetreu erhalten ist neben den gusseisernen Treppenanlagen und den gefliesten Gängen vor allem der große Hörsaal (Robert-Koch-Saal) mit umlaufender rundbogiger Galerie.

Schon die Liste der beteiligten Architekten verrät einiges über die Bedeutung, die dem gewaltigen Neubau der Königlichen Technischen Hochschule, hervorgegangen aus der Bauakademie und der Technischen Schule, beigemessen wurde. Die Errichtung des 1879–84 entstandenen Hauptgebäudekomplexes an der Berliner Straße (Straße des 17. Juni) lei-

Pankow, Carl-von-Ossietzky-Schule
Die für einen Schulbau außergewöhnliche Prachtentfaltung zeigt sich im Inneren am eindrucksvollsten an der Haupttreppe.

Mitte, Naturwissenschaftliches und technisches Institutsgebäude der Humboldt-Universität
Der 1873–83 von Paul Spieker in der Dorotheenstraße errichtete Bau (oben) besitzt eine aufwändige Klinkerfassade im Neorenaissancestil der Gründerjahre. Der große Hörsaal (Robert-Koch-Saal; unten) mit umlaufender Galerie.

tete zunächst der Berliner Richard Lucae (1829–1877), Direktor der Bauakademie, nach dessen Tod der Schinkel-Schüler Friedrich Hitzig (1811–1881). Als auch Hitzig vor Bauvollendung starb, wurde der Berliner Dombaumeister Julius Raschdorff (1823–1914) mit dem Projekt betraut. Unter seiner Regie entstand vor allem das Interieur. Das östlich vorgelagerte Institut für Chemie geht auch äußerlich wesentlich auf Raschdorffs Pläne zurück. Das Hauptgebäude der Technischen Universität war ein gewaltiger, fünf Innenhöfe umschließender Neorenaissancebau, der zur Straße hin einen breiten Ehrenhof bildete. Die Fassaden wurden auffallend prachtvoll gestaltet und mit einer Natursteinbossierung versehen. Die Dominante bildete der deutlich hervortretende zentrale Säulenportikus. Wie bei Hitzigs Börse bildete eine Attika den oberen Abschluss.

Wie die gesamte Umgebung erlitt auch die Technische Universität im Zweiten Weltkrieg schwere Bombenschäden. Während sich die Straßenfassade des 1961–65 neu errichteten zehngeschossigen Hauptgebäudes mit rasterförmiger weißer Fassade denkbar unattraktiv präsentiert, wurden die nach Süden gerichtete Hofseite und die Seitenflügel glücklicher-

Charlottenburg, Technische Hochschule, Hauptgebäude
Während die 1961–65 entstandene Nordfassade der TU von ausgesuchter Hässlichkeit ist, präsentiert sich der 1878–84 von Richard Lucae und Friedrich Hitzig errichtete Hauptbau nach Süden hin noch so, wie man es von einem kaiserzeitlichen Prestigeprojekt erwartet.

weise rekonstruiert. Gleiches gilt für den dreigeschossigen Lichthof, den man hinter der grotesken, funktionalistischen Nachkriegsarchitektur kaum erwartet. Wenn auch seiner vormals reichen Wandmalereien beraubt, zählt er noch immer zu den eindrucksvollsten Sälen der Stadt. Das ebenfalls mit einer rustizierten Sandsteinfassade ausgestattete, nicht minder großartige Wallotsche Institutsgebäude der chemischen Fakultät ist auch äußerlich gut erhalten und bildet – frisch restauriert – zusammen mit dem Charlottenburger Tor und dessen 2010 rekonstruierten Jugendstilkandelabern ein reizvolles Ensemble.

Die ehemalige Königlich-Landwirtschaftliche Hochschule in der Invalidenstraße 42 bildet den östlichen Abschluss eines Gebäudekomplexes, dessen westlichen Abschluss, früher die Bergakademie, heute das Verkehrsministerium beherbergt und dessen zentraler Bau damals wie heute Naturkundemuseum ist. Alle Gebäude wurden 1876–80 nach Plänen August Tiedes (1834–1911), Mitglieds der Ministerialbaukommision, im toskanischen Renaissancestil errichtet. Wie die beiden benachbarten Gebäude erschließt sich auch die Landwirtschaftliche Hochschule über eine zentrale, 43 mal 19 Meter messende zweigeschossige Halle von imponierender Wirkung. An deren östlichem Ende befindet sich ein von

Charlottenburg,
Technische Hochschule

Chemische Fakultät (oben)
Das Gebäude wurde von Dombaumeister Julius Raschdorff errichtet.

Hauptgebäude (links)
Von Raschdorff stammen vermutlich auch die Entwürfe für den heute seiner ursprünglichen Farbigkeit beraubten, aber noch immer großartigen Lichthof des Hauptgebäudes.

Mitte, Königlich Landwirtschaftliche Hochschule
Wie bei den ebenfalls von August Tiede errichteten beiden Nachbarbauten bildet ein zweigeschossiger Lichthof das Kernstück des Gebäudes in der Invalidenstraße.

Folgende Doppelseite:
Mitte, Königlich Landwirtschaftliche Hochschule
Im Treppenhaus haben sich Wandmalereien von Heinrich Gärner erhalten.

Mitte, Kaiserin-Friedrich-Haus
Am Robert-Koch-Platz 7 unweit der Charité erbaute der kaiserliche Hofarchitekt Ernst von Ihne 1904/05 das Kaiserin-Friedrich-Haus für ärztliche Fortbildung. Die Sandsteinfassade zeigt den charakteristischen Neobarockstil des Baumeisters.

Christian Daniel Rauch (1777–1857) geschaffenes Standbild von Albrecht Daniel Thaer, dem Begründer der preußischen Agrarwissenschaft und der hier untergebrachten Lehranstalt. Nicht minder imposant ist die zum ersten Obergeschoss führende zweiflügelige Marmortreppe mit farbenprächtigen romantischen Wandmalereien von Heinrich Gärtner (1828–1909). Zum zweiten Obergeschoss gelangt man über eine schmiedeeiserne Treppe im Nordwesten des Gebäudes. Das gut erhaltene Gebäude wird als Hauptsitz der Landwirtschaftlich-Gärtnerischen Fakultät der Humboldt-Universität adäquat genutzt.

Wenige hundert Meter südlich der Technischen Universität befinden sich weitere Universitätsgebäude aus der Kaiserzeit. Die ehemalige Hochschule für bildende Künste an der Hardenbergstraße 33 und die Hochschule für Musik und darstellende Kunst in der Fasanenstraße 1b – beide entstanden 1898–1902 – zeigen so offensichtliche stilistische Übereinstimmungen, dass es nicht überrascht, dass beide in demselben Architekturbüro entworfen wurden. Die Sozietät Heinrich Joseph Kayser (1842–1917) & Karl von Großheim (1841–1911) zählte zu den meistbeschäftigten und vielseitigsten der Epoche. Ihr Œuvre reichte von Villen, Geschäfts- und Wohnhäusern über Gerichtsgebäude bis hin zu Hochschulkomplexen. Den äußerlich intakt scheinenden Gebäuden ist kaum anzusehen, dass sie im Krieg schwer getroffen wurden und ihre Fassaden nur noch teilweise vereinfachte Hüllen sind. Der vormals an der Ecke Hardenberg-Straße/Fasanenstraße gelegene prachtvolle Konzertsaal wurde so schwer beschädigt, dass an seiner Stelle heute ein 1953 errichteter Neubau von Paul Baumgarten d. J. steht. Die bei-

den Fakultätsgebäude der heutigen Universität der Künste sind im triumphierenden Neobarock der Ära Wilhelms II. errichtet und ihrer Bedeutung entsprechend mit Naturstein verkleidet. Das Hauptgeschoss ist durch die großen Rundbogenfenster gekennzeichnet, die Seitenrisalite sind turmartig hervorgehoben. Der Mittelrisalit-Giebel des Hauses an der Hardenbergstraße trägt Richard Manzels Relief „Die Künste unter dem Schutz des Friedens". Dessen einst in einer schlanken Laterne gipfelndes Dach wurde nach dem Krieg stark vereinfacht. Von den zwei Seitenpavillons ist nur der nördliche erhalten. Die Musikhochschule in der Fasanenstraße ist strukturell ähnlich, jedoch etwas kleiner und äußerlich besser erhalten. Beide Gebäude haben ihre Innenausstattung im Zweiten Weltkrieg weitgehend verloren und dienen noch heute ihrer ursprünglichen Zweckbestimmung.

Das Kaiserin-Friedrich-Haus für ärztliche Fortbildung am heutigen Robert-Koch-Platz 7 zeigt auch äußerlich, das der ärztliche Berufsstand schon in der Kaiserzeit über ein nach standesgemäßer Außendarstellung verlangendes ausgeprägtes Selbstbewusstsein verfügte. Das mit Sandstein verkleidete Gebäude an der Westseite des Platzes wurde 1904–06 vom kaiserlichen Hofarchitekten Ernst von Ihne in neobarocken Formen erbaut. Die Fassaden werden vom Karyatidenportal und einem reich reliefierten Segmentgiebel beherrscht. Im Inneren haben sich unter anderem die imponierende Treppenanlage und der amphitheatralische Hörsaal erhalten. Nach sorgfältiger Sanierung dient das Haus seit 1993 unter seinem alten Namen wieder seiner ursprünglichen Zweckbestimmung.

Eine nicht minder repräsentative und noch weitaus größer dimensionierte militärisch-medizinische

Charlottenburg, Kunsthochschule
Die vormalige Hochschule für bildende Künste in der Hardenbergstraße 33 wurde 1898–1902 von Kayser & von Großheim im typischen Neobarock der Ära Wilhelms II. errichtet.

Mitte, Kaiserin-Friedrich-Haus
Treppenhaus.

Bildungseinrichtung wurde nur wenige hundert Meter entfernt in der Invalidenstraße 47–48 errichtet. Für die seit 1795 bestehende Militärärztliche Akademie (ab 1904 Kaiser-Wilhelm-Akademie) – deren Aufgabe ihrem Namen entsprechend in der Ausbildung von Militärärzten bestand – errichtete die Sozietät Cremer & Wolffenstein – Wilhelm Cremer (1854–1919) und Richard Wolffenstein (1846–1919) – 1905–1910 einen ihrer größten und aufwändigsten Gebäudekomplexe. Der unmittelbar am Berlin-Spandauer Schifffahrtskanal zwischen Humboldthafen und Nordhafen gelegene Bau setzt den vielleicht eindrucksvollsten Akzent in einer der wenigen strukturell erhaltenen preußischen Prachtstraßen. Die um einen großen und elf kleine Innenhöfe gruppierte, etwa 155 mal 127 Meter messende Anlage wendet ihre sandsteinverkleidete Schauseite, die von einem deutlich herausfluchtenden, triumphierend überkuppelten Mittelrisalit beherrscht wird, der Invalidenstraße zu. Die Architektur ist wiederum Neobarock. Die einst überwältigende Wirkung des Inneren ist nach den Restaurierungsarbeiten der 1990er Jahre teilweise wieder erlebbar. Neben dem vereinfacht wiederhergestellten Vestibül mit monumentaler Treppenanlage beeindruckt vor allem der eichengetäfelte Festsaal, in dem heute gelegentlich Konzerte stattfinden. Zu DDR-Zeiten beherbergte das unmittelbar an der Mauer gelegene Gebäude unter anderem das Gesundheitsministerium und das Oberste Gericht. Seit 1994 fungiert es als Berliner Standort des Ministeriums für Wirtschaft und Technologie. Wie die meisten Ministerien kann es an einem Wochenende im Jahr am Tag der offenen Tür besichtigt werden.

In der Thielallee 63 im großbürgerlich-beschaulichen Dahlem befindet sich das 1911 bis 1916 von Ernst von Ihne errichtete ehemalige Hauptgebäude der Kaiser-Wilhelm-Institute. Die 1911 gegründete elitäre

Mitte, Kaiserin-Friedrich-Haus
Der Große Hörsaal wird seit 1993 wieder für die Fortbildung von Ärzten genutzt.

Mitte, Militärärztliche Akademie
Der eindrucksvollste und besterhaltene Raum der 1905–10 von Cremer & Wolffenstein an der Invalidenstraße errichteten „Akademie für das militärärztliche Bildungswesen“ ist der holzgetäfelte Festaal.

Einrichtung, entstand primär auf Initiative des preußischen Ministerialdirektors Friedrich Althoff. Die seinerzeit weitab der Metropole, von Feldern umgebene Wissenschaftssiedlung, an der etliche spätere Nobelpreisträger forschten, sollte zu einem deutschen Oxford werden. Sie bildete nach dem zweiten Weltkrieg die Keimzelle der Max-Planck-Gesellschaft. Otto Hahn und Fritz Straßmann führten hier im Dezember 1938 die erste Kernspaltung der Welt durch. Der sogenannte Otto-Hahn-Bau gehört seit 1989 zum Institut für Biochemie der Freien Universität. Die Architektur ist für einen Bau Ihnes vergleichsweise schlicht geraten. Statt der üblichen Natursteinverkleidung findet sich hier Putzdekor im für Ihne charakteristischen Neobarock mit dorischen Säulen in Monumentalordnung und trutzigem Eckturm.

Ein Forschungs- und Bildungsstandort ganz anderer Art findet sich im Treptower Park, unweit des Treptower Rathauses. Die Archenhold-Sternwarte ist das letzte verbliebene Relikt der Berliner Gewerbeausstellung von 1896. Das bestehende zweigeschossige Gebäude wurde allerdings erst 1908/09 nach dem Abriss eines hölzernen Vorgängers von der überwiegend mit Gewerbe- und Industriearchitektur beschäftigten Sozietät Reimer & Körte – Konrad Reimer (1853–1915) und Friedrich Körte (1854–1934) – in einem schlichten neoklassizistischen Stil errichtet. Die Besonderheit der Treptower Sternwarte liegt aber natürlich nicht in der Architektur, sondern in der Tatsache, dass sich hier das nach wie vor längste Linsenfernrohr der Welt befindet. Es wurde von dem Astronom Friedrich Simon Archenhold (1861–1939) entwickelt, der auch die dazu gehörenden Einrichtung – mangels öffentlicher Förderung – als erste private Volkssternwarte der Welt betrieb. Albert Einstein hielt hier 1915 seinen ersten öffentlichen Vortrag über die Allgemeine Relativitätstheorie.

Mitte, Militärärztliche Akademie
In der monumentalen Militärärztlichen Akademie ist seit 1994 das Ministerium für Wirtschaft und Technologie untergebracht.

Kaiser-Wilhelm-Institut
Herzstück der Dahlemer Bildungslandschaft war der Otto-Hahn-Bau des ehemaligen Kaiser-Wilhelm-Instituts, heute Teil des Instituts für Biochemie an der Freien Universität. Ernst Eberhard von Ihne errichtete den neobarocken Putzbau 1911–16.

Treptow, Archenhold-Sternwarte
Die Attraktion der Archenhold-Sternwarte im Treptower Park ist weniger die neoklassizistische Architektur des 1908/09 von Reimer & Körte erbauten Gebäudes als das noch immer längste optische Fernrohr der Welt.

Verkehrs- und Infrastrukturbauten

Der innerhalb weniger Jahrzehnte erfolgte Umbau einer provinziellen Residenzstadt zu einer der größten Städte der Welt mit einer Agglomeration von mehreren Millionen Menschen erforderte einen ungeheuren logistischen Aufwand. Eines der wichtigsten Infrastrukturprojekte, die Entwicklung einer leistungsfähigen Trinkwasserversorgung und Kanalisation, wurde bereits von den Pionieren unter den Berliner Stadtplanern angegangen. Es galt die hygienischen Zustände zu verbessern und die immer wiederkehrenden Typhus- und Choleraepidemien unter Kontrolle zu bekommen. Der letzte große Ausbruch der Cholera traf Berlin 1832. Das zwischen 1873 und 1895 entstandene, in zwölf Segmente gegliederte Radialsystem geht auf den Ingenieur James Hobrecht (1825–1902) zurück. Das Leitungssystem erfüllt großenteils noch heute seinen Zweck. Auch die Grundwasserförderung hat sich technisch nicht grundlegend verändert. An die Stelle der Rieselfelder sind allerdings Klärwerke getreten, und das Wasser wird aus größerer Tiefe hochgepumpt. Die über das ganze Stadtgebiet verteilten Wasserwerke, Pumpstationen und Wassertürme zählen zu den eindrucksvollsten Technikdenkmälern der

Grunewald, Wasserwerk Teufelssee
Das Wasserwerk Teufelssee wurde 1871/72 zur Versorgung des Charlottenburger Westens errichtet. Die Architektur der 1969 stillgelegten Anlage konnte dank einer Bürgerinitiative ebenso wie die technischen Einrichtungen vor dem Abriss bewahrt werden.

Kreuzberg, Pumpstation III (Radialwerk)
Die ehemalige Pumpstation III am Halleschen Ufer wurde 1873–76 von James Hobrecht als Teil des Berliner Entwässerungssystems – des sogenannten Radialsystems – errichtet.

Epoche. Die meisten der ab 1872 errichteten Gebäude sind im Stil der Backsteingotik oder der Renaissance gestaltet – auch technische Anlagen wurden im Gewand von Burgen oder Sakralbauten errichtet, was ihrer Funktionsfähigkeit offenbar nicht abträglich war.

Bemerkenswerte Anlagen sind das seit 1872 betriebene Wasserwerk Teufelssee, das der Versorgung Westends und Charlottenburgs diente und heute als Naturschutzzentrum Ökowerk Berlin e.V. (Teufelsseechaussee 22–24) mit angeschlossenem ökologischem und wasserwirtschaftlichem Museum fungiert, das im Stil der märkischen Backsteingotik errichtete Wasserwerk Friedrichshagen (Henry Gill, 1889–93, Müggelseedamm 301–08) – architektonisch imponierend und landschaftlich reizvoll am Ostufer des Müggelsees gelegen und mit Museum „Im Wasserwerk" –, das Wasserwerk Beelitzhof (1888) oder die Pumpwerke in Lichtenberg (Schulze & Gill, 1890–93, Landsberger Allee 230) und Wilmersdorf (1903–06, Hohenzollerndamm 208). Ansehnliche, heutzutage jedoch funktionslose Wassertürme findet man unter anderem noch in Prenzlauer Berg (1877, Henry Gill, Knaakstr 23), Kreuzberg (1888, Hugo Hartung, Fidizinstr. 32), Westend (1881 und 1910, B. Salbach, Heinrich Seeling, Akazienstr. 35–39) und Steglitz (1915 – 1919), Hans Heinrich Müller, Friedhof Bergstr.). Letzterer weist stilistisch bereits auf den in Berlin reich vertretenen Backstein-Expressionismus der 1920er Jahre voraus. Die meisten anderen sind gotischen Wehrtürmen nachgebildet. Einer der ältesten Wassertürme, der mächtige „Dicke Her-

mann" im Prenzlauer Berg, der von Anfang an auch für Wohnzwecke genutzt wurde, hat gründerzeitliche Neorenaissancefassaden. Während viele dieser Bauten dem Verfall preisgegeben sind, konnten für einige neue Nutzungen gefunden werden. So beherbergt der Steglitzer Wasserturm heute die Redaktion einer Wissenschaftszeitung, und der jüngere der beiden Westender Türme wurde 2010–12 zum Wohnturm ausgebaut. Viele kleinere Wassertürme – wie die im Wenckebach-Krankenhaus oder im Kriminalgericht Moabit – sind so geschickt in die zugehörigen Gebäudekomplexe integriert, das sie äußerlich kaum in Erscheinung treten.

Der Bereich der städtischen Infrastruktur, der den größten planerischen und finanziellen Aufwand erforderte, war die Entwicklung des Verkehrswegenetzes. Seit Eröffnung der Berlin-Potsdamer Eisenbahn am 29. Oktober 1838 entstanden in kurzer Folge neue Bahnverbindungen, die von Investorengesellschaften finanziert wurden und ihren Ausgangspunkt in einem nach dem Zielort benannten Bahnhof hatten: 1841 wurde die Berlin-Anhalter-Eisenbahn eingeweiht, 1842 die Berlin-Stettiner- und die Berlin-Frankfurter-Eisenbahn, 1846 die Berlin-Hamburger-Eisenbahn; weitere folgten. Von den imposanten Kopfbahnhöfen steht nur noch der 1846 im spätklassizistischen Stil erbaute Hamburger Bahnhof, der in den 1990er Jahren restauriert wurde und seit 1996 als Museum für Gegenwart genutzt wird. Vom 1874–80 von Franz Schwechten und Heinrich Seidel entworfenen Anhalter Bahnhof existiert nur noch ein Teil des Portikus; die übrige Kriegsruine wurde 1961 gesprengt. Die großen Bahnhofshallen traten zumeist im Neorenaissancestil in Erscheinung, waren

Friedrichshagen, Wasserwerk
Die eindrucksvollsten wasserwirtschaftlichen Anlagen Berlins finden sich am Müggelsee in Friedrichshagen. Henry Gill entwarf die weiträumig verteilten Bauten 1889–93 im Stil der märkischen Backsteingotik. Links die Maschinenhalle.

Prenzlauer Berg, Wasserturm
Henry Gill erbaute 1877 auch den bekannten Wasserturm in der Knaakstraße 23 mit integrierten Maschinenarbeiterwohnungen.

aber als historisch gewandete Bauten zugleich ingenieurstechnische Großtaten ihrer Zeit. Die Eisenbinderkonstruktion des Anhalter Bahnhofs überwölbte in 34 Metern Höhe ein 62 Meter breites und 170 Meter langes Areal und war damit die seinerzeit Größte ihrer Art in Europa. Ähnlich dimensioniert, aber noch prachtvoller war der 1957/58 abgerissene Lehrter Bahnhof, an dessen vormaligem Standort sich heute der Hauptbahnhof befindet.

Die Eisenbahngesellschaften verfügten natürlich auch über repräsentative Verwaltungsgebäude wie das 1875 von Friedrich Neuhaus errichtete Verwaltungsgebäude der Berlin-Hamburger-Eisenbahngesellschaft in der Invalidenstraße, heute Sozialgericht, oder das 1892–95 von Arnim Wegner errichtete Dienstgebäude der Königlichen Eisenbahndirektion Berlin. Ist ersterer Bau noch dem Rundbogenstil der 1860er Jahre verpflichtet, ist das überaus effektvoll am Landwehrkanal gegenüber dem 1960 zugeschütteten Schöneberger Hafenbecken nahe dem Gleisdreick errichtete Hauptquartier der Eisenbahndirektion ein Klinkerbau, der der deutschen oder der französischen Renaissance zugeordnet wird und mit seinen Eckbastionen ein wenig an die Conciergerie in Paris erinnert. Natursteinpartien finden sich vor allem an dem prunkvoll gestalteten Mittelrisalit unter dem Schweifgiebel, hinter dem sich Vestibül und Haupttreppe verbergen. Dem Monumentalbau, heute von der Firma Bombardier genutzt, ist nicht anzusehen, dass Wegner unter striktem Kostendiktat zu bauen hatte und dabei nach eige-

Steglitz, Wasserturm
Der 1915–19 von Hans Heinrich Müller errichtete Steglitzer Wasserturm weist stilistisch bereits in die 1920er Jahre.

nen Aussagen „innerhalb der gebotenen Grenzen“ die „Anforderungen an Dauerhaftigkeit erfüllt[e]“ und doch „monumentales Gepräge erreicht[e]“.

Da die nicht miteinander verbundenen Fernbahnhöfe weit voneinander entfernt im Häusermeer der ungebremst wuchernden Metropole lagen, ergab sich die Notwendigkeit ein leistungsfähiges Nahverkehrsnetz zu entwickeln. Ab 1851 wurden die Bahnhöfe zunächst durch die einspurige Königliche Bahnhofs-Verbindungsbahn und ab 1872 durch ein sich rasch verdichtendes Netz von Stadt-, Ring- und Vorortbahnen auf eigenständigen Gleistrassen miteinander verbunden – die Vorläufer der späteren S-Bahn. 1877 war die aufgrund ihrer charakteristischen Form als „Hundekopf“ bezeichnete Ringbahn-Trasse geschlossen. 1874 wurde die alte und 1891 die neue Wannseebahn erbaut, um die neuen Vororte und die Villenkolonien an die Stadt anzubinden.

Im Unterschied zu den Fernbahnhöfen sind noch einige S-Bahn-Stationen der Kaiserzeit erhalten, vor allem in den Außenbezirken. Die aufwändigsten Beispiele finden sich im westlichen und südwestlichen Wohlstandsgürtel der Stadt. Auch hier trifft man auf die Namen spezialisierter Architekten: So entstanden etwa die Bahnhöfe in Grunewald, Buch Friedrichshagen und Pankow nach Plänen von Carl Cornelius, und die Jugendstilbahnhöfe in Frohnau und am heutigen Mexikoplatz – damals Zehlendorf-Beerenstr. – wurden vom Architekturbüro Gustav Hart & Alfred Lesser entworfen. Vor allem der 1904/05 errichtete Bahnhof Mexikoplatz mit der auffälligen Kuppel ist einer der schönsten Berlins und zugleich einer der wenigen größeren „reinen“ Jugendstilbauten der Stadt. Auch das noch immer von Ladengeschäften genutzte Interieur ist weitgehend erhalten. Sehenswert sind auch die harmonisch in die Villensiedlungen eingefügten

Kreuzberg, Anhalter Bahnhof
Von den großen kaiserzeitlichen Kopfbahnhöfen hat kein einziger die Zerstörungen von Krieg und Nachkriegszeit überstanden. Das Modell von Franz Schwechtens Anhalter Bahnhof befindet sich im ehemaligen Anhalter Güterbahnhof, dem heutigen Deutschen Technikmuseum Berlin.

Kreuzberg, ehem. Anhalter Güterbahnhof, Deutsches Technikmuseum Berlin
Blick in den Lokschuppen (oben) und auf die Drehscheibe (unten) der 1871–74 von Franz Schwechten errichteten Anlage, die heute das Deutsche Technikmuseum Berlin beherbergt.

Bahnhöfe Nikolassee – 1901 von Fritz Brühning und Paul Vogler erbaut oder der von Johann Anton Wilhelm von Carstenn, dem Begründer der Kolonie Lichterfelde, 1871/72 finanzierte Bahnhof Lichterfelde West, dem sein auffälliger Uhrturm den Charakter einer italienischen Turmvilla verleiht. Der älteste Bahnhof des innerstädtischen S-Bahn-Rings und zugleich einer der schönsten ist der 1882 als Bahnhof Börse eingeweihte heutige Bahnhof Hackescher Markt, den Johannes Vollmer (1845–1920) in phantasievollen Gründerzeitformen mit mehrfarbigen Klinkersteinen erbaute. Ein besonders aufwändiges spätes

Beispiel ist der 1908 von Heinrich Thiering entworfene Bahnhof Hohenzollerndamm. Das mit Muschelkalk verkleidete Empfangsgebäude ist auch Wohnhaus und präsentiert sich in der zeittypischen Stilmelange aus Neorenaissance und Jugendstil. Viele der größeren Bahnhöfe vor allem in Mitte – etwa Friedrichstraße, Jannowitzbrücke und Alexanderplatz – sind im Rahmen der „Großen Elektrisierung" in den 1920er Jahren umgestaltet worden.

Fast zeitgleich mit den Ring- und Vorortbahnen begannen die Planungen für die Berliner U-Bahn. Gegen dieses überaus aufwändige und kostenträchtige Vorhaben gab es erhebliche Widerstände nicht nur aus der Politik, sodass das erste Teilstück erst 1902 in Betrieb genommen werden konnte. Auch James Hobrecht und Rudolf Virchow hatten Bedenken, dass der U-Bahn-Bau die Berliner Kanalisation gefährden könnte. Der erste Abschnitt verlief vom Stralauer Tor zum Potsdamer Platz, und zwar zunächst überwiegend oberirdisch, wurde aber im Laufe des Jahres bis zum Knie, dem heutigen Ernst-Reuter-Platz, verlängert. Bis 1913 wuchs das U-Bahn-Streckennetz auf knapp 36 Kilometer Länge – heute sind es 146 Kilometer. Streckenneueröffnungen erfolgten dann erst wieder ab 1923. Neben dem technischen wurde auch beträchtlicher gestalterischer Aufwand getrieben. Obwohl die Mehrzahl der Stationen mit zentralen Stahlpfeilern und gekachelten Wänden einheitlich-funktional gestaltet ist, gibt es eine Reihe davon abweichender Beispiele, die den Gestaltungsreichtum des wilhelminischen Historismus widerspiegeln.

Der prominenteste auf den U-Bahn-Bau spezialisierte Architekt war der Schwede Alfred Grenander (1863–1931). Er betätigte sich vor allem in der Industrie- und Gewerbearchitektur und gehörte zu den wenigen Architekten, die ihre Tätigkeit nach dem Ersten Weltkrieg bruchlos fortsetzen konnten. Sein bekanntester Vorkriegsbau, der große Umsteigebahnhof Wittenbergplatz am Schnittpunkt dreier Linien, gehört noch immer zu den am stärksten frequentierten Bahnhöfen Berlin; mit seiner tempelartigen neoklassizistischen Eingangshalle im Zentrum des Platzes gelegen, zählt er auch zu den schönsten. Nach Entwürfen von Grenander entstanden neben weiteren auch die Bahnhöfe Schönhauser Allee und Bismarckstraße (Deutsche Oper Berlin). Einige der phantasievollsten Hochbahnstationen an der U 2 wie die Schlesisches Tor, Görlitzer Bahn-

Kreuzberg, ehem. Dienstgebäude der Königlichen Eisenbahndirektion
Am Ufer des Landwehrkanals erhebt sich das 1892–95 von Arnim Wegner im Neorenaissancestil errichtete Gebäude, das heute von der Firma Bombardier genutzt wird.

hof und Prinzenstraße entstammen der Hochbauabteilung von Siemens & Halske. Während die meisten dieser Bauten ein Stilgemisch aus Neorenaissance und Neobarock mit Elementen von Heimat- und Jugendstil zeigen, findet man „reinen" Jugendstil, wie er große Teile der Pariser Metro dominiert, an den Bahnhöfen Bülowstraße (1902) von Bruno Möhring oder Rathaus Schöneberg (1910) von Johann Emil Schaudt. Die Bahnhofsportale sind wie am Victoria-Luise-Platz oder am Rüdesheimer Platz häufig als Jugendstilentrees gestaltet.

Besonders aufwändige Stationen wurden an der vom Wittenbergplatz zum Thielplatz ins großbürgerliche Dahlem führenden Linie 2 gebaut. Bemerkenswert sind der 1913 von Wilhelm Leitgebel im Stil einer zweischiffigen Renaissancekirche mit hohen Kreuzgratgewölben erbaute Bahnhof Heidelberger Platz und der reetgedeckte Heimatstil-Fachwerkbau der 1913 von den Brüdern Friedrich und Wilhelm Hennings errichteten Station Dahlem-Dorf. Letzterer ist in die umgebende Villenbebauung eingepasst und mit skandinavischen Jugendstilelementen angereichert. Der für sechzehn Jahre als Endstation der Strecke fungierende Bahnhof Thielplatz, 1912/13 von Heinrich Straumer erbaut, ist weitgehend im späten Jugendstil mit expressionistischen und Landhausstil-

Mitte, S-Bahnhof Hackescher Markt
Einer der ältesten und schönsten innerstädtischen S-Bahnhöfe ist der 1882 von Johannes Vollmer erbaute Bahnhof Hackescher Markt (Bahnhof Börse).

Anklängen erbaut. Straumer ließ sich von Hermann Muthesius' Haus Freudenberg inspirieren.

Zu den besonders aufwändig gestalteten öffentlichen Bauten gehören auch die Postämter der Berliner Bezirke und Vororte. Die meisten sind in Backsteinrenaissance, einige aber auch im Barockstil errichtet. Zur Renaissancefraktion zählen die 1907–09 von Wilhelm Walter errichtete ehemalige Steglitzer Hauptpost in der Bergstraße 1, die Alte Post Neukölln (1906, Herrmann Struve, Karl-Marx-Str. 97–99) und das Postamt Schöneberg (1901–03, Otto Wilhelm Spalding, Hauptstraße 27). Neobarocke Postämter findet man in Tempelhof (1915–17, Otto Wilhelm Spalding, Tempelhofer Damm 171–173) und Dahlem (1917, Otto Wilhelm Spalding, Königin-Luise-Str. 31). Spalding (1863–1945) arbeitete seit 1896 mit Alfred Grenander zusammen, wurde 1901 zum Postbaurat ernannt und errichtete in dieser Funktion eine Vielzahl von Postämtern, von denen sieben noch existieren. Die meisten von ihnen haben allerdings in den letzten Jahren ihre ursprüngliche Funktion verloren.

S-Bahnhof Nikolassee
Einige der repräsentativsten S-Bahn-Stationen befinden sich in den Villenkolonien im Südwesten Berlins, hier der 1901 von Fritz Brühning und Paul Vogler erbaute Bahnhof Nikolassee.

Berlin zählt zu den wasserreichsten Großstädten der Welt. Während die Versorgung auf dem Wasserweg in heutiger Zeit an Bedeutung verliert, war die Spree, an der die Stadt gegründet wurde, noch um die Wende zum 20. Jahrhundert eine wichtige Lebensader. Neben Spree, Havel und Dahme durchzieht Berlin auch ein Netz von Kanälen wie der Landwehrkanal, der Teltowkanal, der Spandauer Schifffahrtskanal, der Charlottenburger Verbindungskanal und anderen, welche die Versorgung mit von Rohstoffen und Fertigwaren sicherten. Heute wird das Wasserstraßennetz überwiegend touristisch genutzt – einschlägige Prospekte behaupten gern, Berlin sei brückenreicher als Venedig. Unter den mehr als zweitausend Brücken gibt es einige schöne Beispiele aus wilhelminischer Zeit. Viele davon wurden in den Abwehrkämpfen der letzten Kriegswochen aus sogenannten strategischen Gründen gesprengt und besitzen heute nur noch die historischen Brückenköpfe. Von den erhaltenen kaiserzeitlichen Bauten seien hier einige Beispiele genannt.

Nikolassee

Den Kreuzberger Landwehrkanal quert östlich des Urbankrankenhauses die Admiralstraße über die gusseiserne Admiralbrücke. Diese zog in den letzten Jahren die Aufmerksamkeit der Medien auf sich, weil trinkfeste Touristen dort gern die Sommernächte verbringen. Der feinziselierte Fachwerkbogenbau wurde 1880–82 nach Plänen von Georg Pinkenburg errichtet und ist somit der älteste erhaltene eiserne Brückenbau am Landwehrkanal.

Zu den eindrucksvollsten erhaltenen Brückenbauten im alten Zentrum Berlins gehört die Moltkebrücke im Regierungsviertel. Die 78 Meter lange, reich mit figürlichem Schmuck und gusseisernen Gaskandelabern verzierte und mit rötlichem Sandstein verkleidete Spreequerung wurde 1886–91 von Otto Stahn (1859–1930) errichtet. Stahn entwarf neben einer Reihe kommunaler und privater Bauprojekte wie dem Rathaus Wannsee oder der Dahlemer Andreaskirche vor allem zahlreiche Brücken in den unterschiedlichsten historischen Stilen. Sein bekanntester Bau ist die Oberbaumbrücke, die er für die Firma Siemens & Halske 1894–96 als kombinierte Hochbahn- und Straßenbrücke im backsteingotischen Stil errichtete. Die markanten Türme auf der hundertfünfzig Meter langen, siebenbogigen Brücke sind dem Mitteltorturm der Stadtbefestigung von Prenzlau nachgebildet. Der nach den Kriegszerstörungen zunächst nur notdürftig reparierte Bau ist

Schlachtensee, S-Bahnhof Mexikoplatz
Elegante Jugendstilformen zeigt der 1904/05 von Hart & Lesser errichtete heutige S-Bahnhof Mexikoplatz (links). Die Bahnhofshalle (rechts) hat geradezu festlichen Charakter.

Folgende Doppelseite:
Schöneberg, U-Bahnhof Bülowstraße
Klassische Jugendstilformen findet man an der 1902 von Bruno Möhring errichteten Hochbahnstation Bülowstraße.

D2
U
U2

30
30

bis zur Wiedereröffnung der Hochbahnlinie nach Warschauer Brücke 1994 aufwändig wiederhergestellt worden und zählt heute wieder zu den Wahrzeichen der Stadt.

Auch eine der meistabgebildeten Berliner Brücken wurde zwischenzeitlich wiederhergestellt, wenn auch in veränderter Form. Die Nordhälfte der Monbijoubrücke Ernst von Ihnes an der Nordwestspitze der Museumsinsel wurde in den letzten Kriegstagen von der Wehrmacht gesprengt und zu DDR-Zeiten durch ein stählernes Provisorium ersetzt. Seit 2006 kann das Bodemuseum wieder von beiden Spreeufern aus über sandsteinverkleidete Brücken erreicht werden. Der Neubau wurde allerdings nicht mehr zwei-, sondern nur einbogig durchgeführt, trotzdem fügt er sich gut in die prachtvolle neubarocke Kulisse ein. Der ursprünglich auf der Inselspitze platzier-

Wilmersdorf,
S-Bahnhof
Hohenzollerndamm

Der 1908 nach Entwürfen von Heinrich Thiering erbaute Bahnhof zeigt eine Stilmischung aus Neorenaissance und rustikalem Jugendstil.

Kreuzberg,
U-Bahnhof
Schlesisches Tor

Der Entwurf für den Hochbahnhof in Formen von Gotik und Renaissance stammt von Hans Grisebach und August Dinklage. Für die Bauausführung war die Firma Siemens & Halske verantwortlich.

Schöneberg,
U-Bahnhof
Wittenbergplatz

Einer der meistfrequentierten Umsteigebahnhöfe der Stadt, der am Schnittpunkt dreier Linien gelegene Bahnhof Wittenbergplatz (unten), wurde 1910–13 von Alfred Grenander als neoklassizistischer Tempel errichtet. Ebenso weiträumig wie reizvoll: die Eingangshalle (oben).

Kreuzberg,
U-Bahnhof
Hallesches Tor

Auch der von Solf & Wichards 1902 errichtete Hochbahnhof Hallesches Tor liegt an der die Stadt in Ost-West-Richtung durchquerenden U 1.

te Abguss des Großen Kurfürsten von Andreas Schlüter, ist nach dem Krieg in die große Kuppelhalle des Museums versetzt worden.

Vielleicht nicht die spektakulärste, gewiss aber die bekannteste und wegen ihrer Einbettung in die Berlin-Potsdamer Schlösser- und Gartenlandschaft auch eine der meistbesuchten Brücken Berlins ist die Glienicker Brücke. Die Eröffnung des Teltowkanals 1906 erforderte eine höhere und weiter gespannte Brücke, als der von Schinkel errichtete backsteinerne Vorgängerbau von 1831 es war. Die 128 Meter lange Stahlbogenbrücke wurde 1907 von der Duisburger Firma Harkort errichtet. Die Brückenköpfe am Berliner Ufer sind mit Kentauren von Stephan Walter (1871–1937) geschmückt. Auf der Potsdamer

Prenzlauer Berg, U-Bahnhof Eberswalder Straße
Die Hochbahnstrecke in Prenzlauer Berg wurde 1911–13 von Alfred Grenander erbaut, der auch nach dem Ersten Weltkrieg für die Berliner U-Bahn tätig war.

Wilmersdorf, U-Bahnhof Heidelberger Platz
Einige der aufwändigsten U-Bahnstationen – hier der 1913 von Wilhelm Leitgebel entworfene Bahnhof Heidelberger Platz – wurden an der nach Dahlem führenden U 3 errichtet.

Dahlem, U-Bahnhof Dahlem Dorf
Die 1913 von Friedrich und Wilhelm Hennings im Heimatstil errichtete Station mit Reetdach fügt sich gut in die von Villen geprägte Umgebung ein.

Berlin
Dahlem

Postamt Neukölln
Die Alte Post an der Karl-Marx-Straße 97–99 in Neukölln wurde 1906 von Hermann Struve errichtet.

Steglitz, Hauptpostamt
Das 1907–09 von Wilhelm Walter erbaute Steglitzer Hauptpostamt an der Bergstraße vertritt die Neorenaissance-Variante dieses Architekturgenres.

Seite befinden sich sandsteinerne Kolonnaden von Eduard Fürstenau (1862–1938), die den Kolonnaden am Potsdamer Stadtschloss nachempfunden sind.

Eine der spätesten Brücken und zugleich die westlichste auf Alt-Berliner Stadtgebiet ist die 1910/11 vom Stadtbaurat für Tiefbau, Friedrich Krause (1856–1925), errichtete Gotzkowskybrücke, die heute die Bezirke Moabit und Charlottenburg verbindet. Die aus Muschelkalk gefertigten Brückenanfänger der neoklassizistischen Eisenbogenkonstruktion stammen von Alfred Grenander.

Berlin war bis zum Zweiten Weltkrieg nach Duisburg die zweitgrößte Binnenhafenstadt in Deutschland. Von den einst zahlreichen Hafenanlagen werden heute noch vier von der Berliner Hafen- und Lagerhausgesellschaft (BEHALA) betrieben, andere haben eine Umnutzung erfahren. Der mit Abstand größte Berliner Hafen war und ist der Westhafen im Nordwesten von Moabit. Er war nach seiner Vollendung in den 1920er Jahren kurzzeitig Deutschlands größter Binnenhafen und ist heute noch das wichtigste Berliner Logistikzentrum. Mit dem Bau ist nach langer Planungsphase 1914 begonnen worden – in Betrieb genommen wurde der Hafen kriegsbedingt erst 1923. Die neoklassizistischen Entwürfe stammen überwiegend aus dem Architekturbüro Wilhelm Cremer (1854–1919) und Richard Wolffenstein (1846–1919). Da die Pläne noch aus den letzten Vorkriegsjahren datieren, repräsentieren die Hafenbauten die spätwilhelminische neoklassizistische Industriearchitektur. Stilistisch scheinen die dunkelroten Klinkerbauten mit Thermenfenstern, Dreiecksgiebeln und Zwerchhäusern vom späten Carl Gotthard Langhans beeinflusst. Das weithin sichtbare Wahrzeichen des Ensembles ist der an der Stirnseite des ehemals mittleren Beckens platzierte Verwaltungsbau mit dem sich nach oben verjüngenden, in einem Pyramidendach kulminierenden Turm, der nicht nur als optische Landmarke, sondern auch als Wasserturm fungierte.

Der einst wichtigste Umschlagplatz am Teltowkanal, der 1901–08 erbaute Tempelhofer Hafen, hat nach jahrzehntelangem Dornröschenschlaf und wenig attraktiver Nachnutzung

als Schrottplatz 2009 eine neue Zweckbestimmung als Marina, Einkaufs- und Gewerbezentrum mit gastronomischen Angeboten erhalten. Das alte, im Fachwerk-Heimatstil gehaltene Hafengebäude wurde aufwendig „entkernt" und äußerlich denkmalgerecht rekonstruiert. Er bildet heute einen der meistfrequentierten Anziehungspunkte des Bezirks Tempelhof.

Auch das in der heutigen Zeit wichtigste innerstädtischen Verkehrsmittel verdankt sein Funktionieren natürlich im wesentlichen noch James Hobrecht. Das großzügig angelegte Netz der Boulevards, der Radial- und Ausfallstraßen war eines der Kernstücke des „Bebauungsplan(s) der Umgebungen Berlin" und prägt die Stadt bis heute entscheidend.

Zu den mit beträchtlichem Aufwand betriebenen kommunalen Bauaufgaben gehörten auch die Begräbnisstätten. Vielleicht erscheint die untergegangene Epoche an wenigen Orten so präsent wie gerade dort, wo sie ihre Verstorbenen beerdigt hat. Berlin besitzt eine große Zahl alter Friedhöfe, die zu erwandern sich lohnt. Angesichts der Bevölkerungsexplosion war die Stadt zeitweise sogar gezwungen, ihre Verstorbenen im Umland, in Friedrichsfelde, Ahrensfelde und Stanhsdorf zu bestatten. Einer der größten Friedhöfe Europas war der Südwestkirchhof in Stahnsdorf. Die Friedhöfe der Kaiserzeit sind in mehrfacher Hinsicht reizvoll und interessant: In den parkartig gestalteten Anlagen ist das gesamte gesellschaftliche Spektrum der Kaiserzeit vertreten, und die Grabsteine, Familiengräber, -grüfte und -kapellen aller Stilrichtungen sind Zeugnisse der zeitgenössischen Bildhauerkunst und Spiegel der Epoche. Nicht zuletzt gleichen die zahlreichen Grabstätten von Prominenten aus allen Bereichen einem aufgeschlagenen Geschichtsbuch. So sind auf den Friedhöfen am Halleschen Tor Mitglieder der Familie Mendelsson Bartholdy, Antoine Pesne, David Gilly, E. T. A. Hoffmann, Hermann Blankenstein und andere bestattet. Auf dem

Treptow/Kreuzberg, Oberbaumbrücke
Die Entwürfe für die berühmte Oberbaumbrücke stammen aus Otto Stahns Architekturbüro. Sie gilt als ein Schlüsselbau der Berliner Neogotik.

Folgende Doppelseite: Tiergarten, Moltkebrücke
Die aus rötlichem Sandstein verkleidete Moltkebrücke wurde 1886–91 von Otto Stahn erbaut.

Berlin-Wannsee/ Potsdam, Glienicker Brücke
Die Verbindung zwischen dem heutigen Berlin und Potsdam zählt zu den bekanntesten Bauten ihrer Art. Die 128 Meter lange Stahlbogenbrücke mit den von Stephan Walter geschaffenen Kentauren am Zehlendorfer Ufer wurde 1907 errichtet.

Dorotheenstädtischen Friedhof liegen Karl Friedrich Schinkel, Georg Wilhelm Friedrich Hegel, August Borsig und Johann Gottfried Schadow. Auf dem Südwestfriedhof befinden sich die Gruft der Familie Siemens und das Grab von Heinrich Zille, an der Rehwiese ruht Hermann Muthesius. Der besondere Reiz der alten Berliner Friedhöfe resultiert auch aus dem Nebeneinander frisch gepflegter und malerisch verwunschener und bemooster Grabstätten. Der Reiz des Pittoresken darf allerdings nicht darüber hinwegtäuschen, dass die Friedhofskultur akut vom Untergang bedroht ist. Für die Pflege der Familiengräber gibt es zumeist keine verantwortlichen Nachkommen mehr, und mit öffentlichen Geldern ist nicht zu rechnen.Obwohl militärische Einrichtungen im Stadtbild Berlin weniger präsent sind, als man es im „militaristischen“ Preußen erwarten würde, findet man noch einige Kasernen, die nach dem Zweiten Weltkrieg fast durchweg Umnutzungen erfahren haben. Die Bauten der heutigen Berliner Bundeswehrstandorte entstammen überwiegend der Zwischenkriegszeit. Umfangreiche Anlagen aus der Kaiserzeit findet man am Kreuzberger Columbiadamm, vis-à-vis dem stillgelegten Tempelhofer Flughafen, dem vormaligen Exerzierplatz auf dem Tempelhofer Feld. 1895–97 wurden dort nach Plänen von von Schönhals, Vetter und Müssigbrodt die Kasernen des Königin-Augusta-Garde-Grenadier-Regiments als Klinkerbauten im Neorenaissancestil errichtet. Heute sind in dem weitläufigen Gebäudekomplex Polizeidienststellen und das Kraftfahrzeugverkehrsamt untergebracht. Von den Bauten der Preußischen Hauptkadettenanstalt und der Gardeschützenkompanie, deren Grundfläche Johann Anton Wilhelm von Carstenn 1871 dem Staat kostenfrei überlassen hatte, ist trotz Kriegs- und Nachkriegszerstörungen einiges erhalten. Eindrucksvoll ist der zentrale, mit einem Turm schließende neogotische Verwaltungs-

Moabit, Westhafen
Der 1914–23 nach Entwürfen von Cremer & Wolffenstein entstandene Westhafen ist immer noch ein wichtiges Berliner Logistikzentrum.

Tempelhofer Hafen
Der 1901–08 erbaute Tempelhofer Hafen hat sich nach jahrzehntelanger Vernachlässigung zu einer der Attraktionen des Bezirks entwickelt.

Kreuzberg, Friedhöfe am Mehringdamm Die stimmungsvollen, teilweise aufwändig gestalteten kaiserzeitlichen Begräbnisplätze zeigen das gesamte Spektrum wilhelminischer Architektur und gleichen einem aufgeschlagenen Geschichtsbuch.

Weißensee, Jüdischer Friedhof Auf dem 42 Hektar großen Jüdischen Friedhof in Weißensee befinden sich rund 115 000 Grabstellen.

Mitte, Dorotheenstädtischer Friedhof
Auf wenigen Friedhöfen sind derart viele bekannte Persönlichkeiten bestattet wie auf dem Dorotheenstädtischen Friedhof in Mitte.

bau am Gardeschützenweg von 1881–84 (Schönhals). Die 1898–1902 gegenüber dem Bode-Museum am Kupfergraben von Josef Wieczorek und Julius Boethke im Neorenaissancestil errichtete Kaserne des Kaiser-Alexander-Garde-Grenadier-Regiments mit dem trutzigen Eckturm befindet sich heute im Besitz der Staatlichen Museen zu Berlin und wird vielleicht einmal als Ausstellungsgebäude genutzt. An der General-Pape-Straße unweit des Bahnhofs Südkreuz haben sich zwei Neorenaissance-Backsteinbauten erhalten, die einst das Bezirkskommando und die Landwehrinspektion beherbergten. Sie wurden 1895–98 vom Bauinspektor Böhmer als Teil eines teilweise erhaltenen Kasernengeländes errichtet und beherbergen heute Wohnungen und Forschungsinstitute. Die Nähe zu den Bahngleisen war kein Zufall: Die Eisenbahnregimenter sollten im Kriegsfall auf dem Schienenweg schnell zum Einsatzort gelangen. Der vormalige Aufmarschplatz wurde während des Ersten Weltkriegs zum Garten umgenutzt und ist bis heute Schrebergartenanlage. 1933 unterhielt die SA in den südlich davon gelegenen Kasernen ein berüchtigtes Foltergefängnis. In der Wrangelstraße 97/98 in Kreuzberg befindet sich der heute als Schule genutzte, 1874–78 von Schönhals und Heimerdinger errichtete, langgestreckte Klinkerbau des 3. Garderegiments zu Fuß mit den beiden zinnenbewehrten Türmen.

Zu den unverzichtbaren städtischen Versorgungsaufgaben gehörte damals wie heute die Energieversorgung. Während die moderne Gasversorgung architektonisch kaum in Erscheinung tritt, prägen die wenigen erhaltenen von einst 119 Gasometern aus der Kaiserzeit noch mancherorts das Stadtbild. Durch die in den 1990er Jahren erfolgte Umstellung von Stadt- auf Erdgas sind diese markanten Bauten zu Industriedenkmälern geworden. Der einzige erhaltene backsteinerne Bau dieser Art ist der Gasometer Fichtestraße in Kreuzberg. Der siebenundzwanzig Meter hohe Rundbau wurde 1874 von dem Geheimen Baurat Johann Wilhelm Schwedler (1823–94)

Moabit,
Blick über die Spree auf die 1910/11 von Friedrich Kraus und Alfred Grenander erbaute Gotzkowskybrücke, die 1894/95 von Hermann Blankenstein errichtete Gotzkowsky-Grundschule und die 1909–11 nach von Dinklage, Paulus & Lilloe entstandene Erlöserkirche.

Schöneberg, Gasometer
Das 1908–10 entstandene, 78 Meter hohe Stahlskelett des Schöneberger Gasometers ist eines der letzten Relikte seiner Art in Berlin.

Kreuzberg, Kasernen des Königin Augusta Garde-Grenadier-Regiment Nr. 4 und des Garde-Kürassier-Regiments
Auch Kasernen gehörten zum Bild der Reichshauptstadt, wenn auch nicht in der Häufung, die man im Militärstaat Preußen erwarten würde. In der 1895–97 erbauten Garde-Kürassier-Kaserne am Columbiadamm sind heute Behörden untergebracht.

Lichterfelde, Verwaltungsbau der Gardeschützenkompanie
Am Gardeschützenweg in Lichterfelde hat sich der 1881–84 von Schönhals erbaute backsteinerne Verwaltungsbau der Gardeschützenkompanie erhalten.

Kraftwerk Charlottenburg
Das 1899–1901 von Georg Klingenberg erbaute Kraftwerk Charlottenburg zeigt, dass auch technische Bauwerke ein dekoratives historisches Gewand erhielten.

errichtet. Die bereits 1922 stillgelegte Gründerzeitkonstruktion wurde wegen ihrer massiven Wände im Krieg als Luftschutzbunker genutzt, Berlinern als Fichtebunker bekannt. Heute befindet sich auf seinem Dach ein Lofthouse. Der größte erhaltene Gasometer befindet sich unweit des Stadtautobahndreiecks Schöneberg und ist den Berliner Autofahrern daher ein vertrauter Anblick. Der achtundsiebzig Meter hohe, 1908–10 entstandene Stahlskelettbau, der heute als Aussichtsturm und als Drehort von Talkshows genutzt wird, ist das Führungsgerüst des 1995 demontierten Teleskopgasbehälters. Eine ähnliche, einundfünfzig Meter hohe Konstruktion von 1901 steht am Teltowkanal in Mariendorf.

Das von Ludwig Hoffmann 1906–09 errichtete Hauptverwaltungsgebäude der GASAG in der Littenstraße erhebt sich repräsentativ am Spreeufer gegenüber Hoffmanns Märkischem Museum und in Sichtweite der Kuppel seines Stadthauses. Die Fassaden des mächtigen barockklassizistischen Baus mit ionischen Säulen und Pilastern in Monumentalordnung sind mit Muschelkalksteinplatten verkleidet.

Moabit, Umspannwerk
Bemerkenswert ist das als Wohnhaus inmitten von Moabiter Mietskasernen getarnte, 1901 von Franz Schwechten erbauten Umspannwerk in der Wilhelmshavener Straße 7.

Treptow,
Alte Feuerwache
Auch die zahlreichen erhaltenen Feuerwachen – hier die 1908 errichtete Feuerwache am Adlergestell in Treptow – sind äußerst vielgestaltig.

Auch von der kaiserzeitlichen Elektrizitätsversorgung sind architektonische Zeugnisse erhalten. Am Kraftwerk Moabit, das seine heutige Gestalt im Wesentlichen 1987 erhielt, sind noch Teile der Turbinenhalle von Franz Schwechten von 1899–1901 erhalten, und am gleichzeitig von Georg Klingenberg (1870–1925) errichteten Kraftwerk Charlottenburg existieren noch Montagehalle und Siemenssteg. Eingezwängt zwischen Moabiter Mietskasernen ist ein Bau von Franz Schwechten, den man auf den ersten Blick für ein Wohnhaus halten könnte. Hinter der reich verzierten dreigeschossigen Neorenaissancefassade mit großen Rundbogenfenstern im Erdgeschoss, Hermen, Schmuckfriesen, Pilastern, Konsolgesims und ähnlichem verbirgt sich ein Umspannwerk (Wilhelmshavener Straße 7) von 1901 –

Kreuzberg, Pissoir am Chamissoplatz
Die als „Café Achteck" bekannten, ab 1878 aufgestellten öffentlichen Bedürfnisanstalten gehörten zum unverwechselbaren Stadtbild Berlins in der Kaiserzeit.

ein typischer Funktionsbau der Kaiserzeit, dessen Architekten stets bestrebt waren, auch technischen Bauten ein dekoratives historisches Gewand zu verleihen.

Auch von den Berliner Feuerwachen, die häufig im Burgenstil mit Bergfried und Fachwerk-Elementen des Heimatstils errichtet wurden, haben sich einige erhalten. Dies erstaunt insofern, als sie ihre Funktion allesamt frühzeitig verloren, weil die Durchfahrten für die Löschfahrzeuge der Zwischenkriegszeit zu schmal dimensioniert waren. Schöne Beispiele mit unterschiedlichsten Nachnutzungen finden sich etwa in Treptow (1908, K. A. Herrmann, Grünauer Straße 8), Zehlendorf (1907, Krug, Onkel-Tom-Straße 14), Charlottenburg (1888/89, Paul Bratring, Alt Lietzow 33) und im Wedding (1912/13, Ludwig Hoffmann, Stockholmer Str. 4).

Als unverwechselbar zu Berlin gehörende Einrichtungen und Zufluchtsorte seien hier noch die unter dem Kosenamen „Café Achteck" bekannten öffentlichen Bedürfnisanstalten erwähnt. Die charakteristischen grünen Pissoirs hatte 1878 Stadtbaurat Carl Theodor Rospatt (1831–1901) entworfen – bis 1920 wurden sie an vielen öffentlichen Plätzen aufgestellt. Ab 1900 gab es auch eine Variante für Frauen. Von ehemals einhundertzweiundvierzig Exemplaren sind noch mehr als dreißig in überwiegend restauriertem Zustand erhalten.

Krankenhäuser

Die Anfänge der aus einem Pesthaus hervorgegangenen Charité liegen im 18. Jahrhundert. 2010 wurde offiziell der 300. Geburtstag begangen. Der größte Teil der heutigen Charité-Bauten wie auch die meisten übrigen Berliner Krankenhäuser entstanden allerdings erst in der Kaiserzeit, in der fast alle wichtigen Berliner Krankenhausstandorte gegründet wurden, die bis auf wenige Ausnahmen nach wie vor in Betrieb sind. Viele dieser Anlagen sind zumindest äußerlich sehr gepflegt und präsentieren sich in gärtnerisch gestaltetem Umfeld als äußerst reizvolle Ensembles. Auch manche Großkliniken, die man heute mit Neubauten der Nachkriegs- oder Nachwendezeit in Verbindung bringt, wie etwa das Vivantes-Krankenhaus Neukölln oder das Unfallkrankenhaus Berlin in Marzahn, haben einen Altbaukern. Auch der kaiserzeitliche Krankenhausbau wurde maßgeblich von einigen wenigen Architekturbüros geprägt. Federführend waren bis zur Jahrhundertwende vor allem Hermann Blankenstein sowie Gropius & Schmieden und ab 1896 der spätere Berliner Stadtbaurat Ludwig Hoffmann.

Der 1872 zum Stadtbaurat gewählte Hermann Blankenstein (1829–1910) widmete sich insbesondere kommunalen Bauprojekten, die der Versorgung der Bevölkerung und der Hygiene dienten. Neben Krankenhäusern sind vor allem Schulbauten (ca. 120 Schulen!) und die Berliner Markthallen untrennbar mit seinem Namen verbunden. Nach Blankensteins Plänen entstanden das Krankenhaus Moabit (1875–96, Turmstraße 21) und die seinerzeit Irrenanstalten genannten Einrichtungen in Dalldorf (1877–79, heute Wittenau, Oranienburger Straße 285), Lichtenberg (1889–93, Königin-Elisabeth-Krankenhaus

Lichtenberg, Königin Elisabeth Herzberge Die einstige Irrenanstalt – heute Krankenhaus Königin Elisabeth Herzberge (KEH) – wurde 1889–93 vom langjährigen Berliner Stadtbaudirektor Hermann Blankenstein in Gestalt von Klinkerbauten im spätgründerzeitlichen Neorenaissancestil errichtet.

Herzberge, Herzbergstraße 79) und Biesdorf (1890–93, Wilhelm-Griesinger-Krankenhaus (Brebacher Weg 15). Alle Häuser sind durchweg aus mehrfarbigem Klinkerstein im Neorenaissancestil errichtet. Allerdings bezeichnet der Stilbegriff Neorenaissance wie bei allen Gründerzeitbauten nur eine Grundtendenz. Die Gebäude zeigen Segmentbogenfenster, Kranzgesimskonsolen, Formziegelfriese, teilweise auch rustizierte Portale und Fensterrahmungen mit Dreiecksgiebeln aus Naturstein sowie Anleihen aus anderen Stilen – in ihrer Gesamterscheinung sind sie jedoch stets und auf den ersten Blick als wilhelminische Bauten zu erkennen.

Die einzelnen Bauten sind entlang Straßenachsen und an Plätzen nach dem Pavillonmodell dezentral über das weitläufige Gelände verteilt, um das Übergreifen von Seuchen zu verhindern. Repräsentative Kopfbauten mit Büros und Festsälen sind unschwer als administrative Zentren zu identifizieren. In Biesdorf enthält das triumphal überkuppelte zweiflügelige Hauptgebäude des vormaligen Wilhelm-Griesinger-Krankenhauses gleich mehrere Festsäle. Im Königin-Elisabeth-Krankenhaus ist im Erdgeschoss zusätzlich eine dreischiffige neogotische Krankenhauskirche untergebracht. In Biesdorf übernimmt diese Funktion eine gegenüber dem Haupttrakt platzierte freistehende Basilika im Stil der italienischen Romanik mit einem Campanile.

Lichtenberg, Königin Elisabeth Herzberge
Blick in den Festsaal.

Tempelhof, Wenckebach-Krankenhaus
Neben Blankenstein betätigten sich vor der Jahrhundertwende vor allem Gropius & Schmieden im Krankenhausbau. Eines ihrer gelungensten Ensembles ist das 1875–78 entstandene Wenckebach-Krankenhaus in Tempelhof.

Biesdorf, Wilhelm-Griesinger-Krankenhaus
Auch die heute teils leer stehenden, teils vom Unfallkrankenhaus Berlin (UKB) genutzten Bauten des ehemaligen Wilhelm-Griesinger-Krankenhauses in Biesdorf zeigen die Handschrift Hermann Blankensteins. Das Hauptgebäude kulminiert in einem überkuppelten Mittelrisalit.

Charlottenburg,
Klinikum Westend

Das 1895–1904 von Schmieden & Boethke erbaute und später mehrfach veränderte und erweiterte Krankenhaus Westend (heute DRK-Klinikum Westend; oben). Trotz späterer Hinzufügungen ist die für den sogenannten Pavillonstil charakteristische Aufteilung in kleinere bauliche Einheiten noch deutlich erkennbar (unten).

KASSE

Von Gropius & Schmieden stammen die Entwürfe für das Krankenhaus Friedrichshain (1868–72, Landberger Allee 91) das Wenckebach-Krankenhaus Tempelhof (1875–78, Wenckebachstraße 23), das Klinikum Westend (1895–1904, Spandauer Damm 130) sowie die Krankenhäuser in Britz (1896, Blaschkoallee 32) und Teltow (1898-1902, heute Dahlem, Unter den Eichen 44–47). Die Anlagen lassen bei aller phantasievollen Vielgestaltigkeit eine Handschrift erkennen. Bestimmend sind auch hier mehrfarbig glasierte Klinkersteine. Wie bei Blankenstein sind die Haupt- und Verwaltungsgebäude jeweils durch Kuppeln und schlanke, obeliskenartige Aufsätze kenntlich gemacht. Die Aufteilung der einzelnen Klinikabteilungen auf separate Pavillons meist entlang einer Mittelallee und flankierender Verbindungsstraßen blieb bis zum Ersten Weltkrieg verbindliche Gestaltungsmodus. Das weitläufige Krankenhausgelände wurde zumeist parkartig gestaltet, um den Rekonvaleszenten heilsame Spaziergänge zu ermöglichen. Die Kliniken waren weitgehend auf Autarkie ausgelegt und verfügten nicht nur über eine eigene Wasserversorgung und Energiegewinnung, sie betrieben auch eigene Werkstätten sowie teilweise Landwirtschaft mit Ackerbau und Nutztierhaltung. Trotz der an Hygiene und Funktionalität orientierten Architektur kann verglichen mit heutigen Nutzbauten von Nüchternheit kaum die Rede sein. Die Bauten sind äußerlich Palästen und Villen nachempfunden, im Inneren sorgte historistischer Dekor – farbig glasierte Bodenfließen, Säulen, Pilaster, schmiedeeiserne Treppengeländer, geschnitzte Türen und Wandpaneele – für wohnliche Atmosphäre. In den aufwändig mit Bühnen und Holzverkleidungen gestalteten Festsälen fanden nicht

Krankenhaus Britz
Das 1896 von Gropius & Schmieden errichtete vormalige Krankenhaus Britz (oben) wird heute behördlich genutzt. Der Verwaltungstrakt wurde als Dreiflügelanlage mit repräsentativem Mittelrisalit und straßenseitigem Ehrenhof gestaltet. Links die Haupttreppe im Vestibül.

DHZB
DEUTSCHES HERZZENTRUM BERLIN

Wedding, Virchow-Klinikum
Am Augustenburger Platz im Wedding erhebt sich das ehemalige Virchow-Klinikum im Gewand eines riesigen Neorenaissanceschlosses (oben), das der Berliner Stadtbaudirektor Ludwig Hoffmann von 1899–1906 errichtete. Herzstück des Kopfbaus, der seit 1986 als Deutsches Herzzentrum Berlin (DHZB) firmiert, ist die großartige zweiflügelige Haupttreppe (vorhergehende Doppelseite).

Mitte, Charité
Die zwischen 1897 und 1917 entstandenen Einzeltrakte beherbergen jeweils spezialisierte Klinikbereiche, darunter die Chirurgische Klinik von 1904.

nur Festveranstaltungen statt, sondern bis heute in erster Linie medizinische Fortbildungsveranstaltungen statt, bei denen Ärzte vor Kollegen und Studenten referierten.

Die meisten neobarocken Krankenhausbauten der Ära Wilhelms II. haben verputzte, teilweise aber auch noch Klinkerfassaden. Stadtbaurat Ludwig Hoffmann gestaltete beim Virchow-Klinikum und den verschiedenen Klinikkomplexen in Buch abwechselnd verputzte oder backsteinerne Außenwände. Auch hier zeigt sich Hoffmanns virtuose Stilbeherrschung. Der Krankenhauskomplex im Wedding, der heute unter dem Namen Campus Virchow als Teil der Charité firmiert, präsentiert sich mit seinem Kopfbau am Augustenburger Platz – seit 1986 Standort des Deutschen Herzzentrums Berlin – als gewaltige Neorenaissance-Anlage. Während der größte Teil der kriegsbeschädigten Bauten entlang der Mittelallee in den 1980er/90er Jahren durch Neubauten ersetzt wurde, kann man sich anhand der erhaltenen Trakte vor allem entlang der Amrumer Straße und am Augustenburger Platz noch einen guten Eindruck von der Wirkung der Anlage verschaffen. Im Inneren beeindruckt die monumentale zweiarmige Haupttreppe.

Mitte, Charité
Das Hauptverwaltungsgebäude der Charité (oben), das Friedrich-Althoff-Haus mit dem markanten Turm, wurde 1901 überwiegend von Georg Diestel im Neorenaissancestil errichtet. Neogotisches Interieur (unten) in der Neurologischen Klinik.

Der Weiße Saal des kriegsbeschädigten Baus ist vereinfacht rekonstruiert worden und dient heute wieder der ärztlichen Fortbildung.

Das von Carl Mohr und Paul Weidner errichtete, 1911 eröffnete Städtische Krankenhaus Lichtenberg (heute Sana Klinikum Lichtenberg) ist ein Ensemble gemäßigt neobarocker Putzbauen. Auch der riesige, überwiegend seit den 1970er Jahren entstandene Gebäudekomplex des heutigen Vivantes

Buch, ehem. Nervenheilanstalt
Von den vier Kliniken, die Ludwig Hoffmann zwischen 1900 und 1927 in Buch errichtete, befindet sich einzig die 1907 vollendete ehemalige III. Städtische Irrenanstalt in gutem Zustand. Hoffmann orientierte sich bei der Gestaltung der im Pavillonstil errichteten Anlage nach eigener Aussage an dänischen Renaissanceschlössern.

Krankenhauses Neukölln besitzt einen baulichen Kern aus der Kaiserzeit. Der Neuköllner Stadtbauinspektor Reinhold Kiel, der einen großen Teil der öffentlichen Bauten des Bezirks entwarf, erbaute 1911 auch dieses weitläufige Ensemble. Die Pavillons in moderatem Neobarock mit Jugendstilelementen sind entlang einer Mittelallee aufgereiht, die ein dreiflügeliger Kopfbau abschließt. Die zweigeschossigen, durch flache Pilaster, rechteckige Sprossenfenster, Mansarddächer, geometrische Balkone und Altane gegliederten Bauten strahlen die Ruhe barockklassizistischer Palais aus.

Die meisten der auf der Westseite der Luisenstraße aneinandergereihten Altbauten der Charité entstanden zwischen 1897 und 1917. Obwohl auch hier der Backstein mit Stilanleihen aus Gotik und Renaissance dominiert, erkennt man schnell, das die Gebäudekomplexe nach der Blankenstein-Schmieden-Ära entstanden sind. Auf Initiative von Ministerialdirektor Friedrich Althoff wurden auf dem Gelände der heutigen Charité (Campus Mitte) ab 1897 die meisten älteren Bauten abgerissen und durch Neubauten überwiegend nach Entwürfen von Georg Diestel (1854–1926) und Georg Thür (1846–1924) ersetzt. Die vielgestaltige Architektur ist mit Schmuckblenden, Segmentbogenfenstern, Schaugiebeln im Stil der märkischen, aber auch der sächsischen Gotik, Sandsteinsäulen- und Kapitellen und ähnlichem reich ausgestattet, zeigt aber mit den loggienartigen Wandelgängen auch Elemente der Reform- und Jugendstilarchitektur. Am südlichen Hauptzugang Schumannstraße, Ecke Charitéstraße befindet sich das markante Hauptverwaltungsgebäude (Friedrich-Althoff-Haus) von 1901 mit dem Treppenturm, der zum Wahrzeichen der renommierten Einrichtung geworden ist, an der berühmte Ärzte wie Rudolf Virchow, Emil Adolf von Behring, Paul Ehrlich, Robert Koch, Ferdinand Sauerbruch und andere gewirkt haben.

Krankenhaus Köpenick
Das 1912 von Hugo Kinzer errichtete Krankenhaus Köpenick zeigt die barock-klassizistische, eher sachliche Formensprache der späten Kaiserzeit.

Die umfangreichste Ansammlung von großen Krankenhäusern befindet sich in Buch, Ortsteil im Bezirk Pankow. 1901–03 entstanden dort die Heilstätten für Brustkranke, eine der großen Tuberkulose-Krankenhäuser in der Umgebung Berlins (Beelitz, Heckeshorn, Havelhöhe), nach Plänen von Ludwig Hoffmann. In der Zeit bis 1929 wurden – gleichfalls durch Hoffmann – im Umfeld von Buch vier weitere, ähnlich großflächige Krankenhauskomplexe errichtet, darunter eine Irrenanstalt, ein Genesungsheim, ein Alte-Leute-Heim und ein weiteres Lungensanatorium. Die eindrucksvollsten dieser in unterschiedlichen Stilrichtungen, jedoch nach einem ähnlichen Konzept errichteten Anlagen sind die als verputztes Barockschloss mit flankierenden Palais erbaute, heute leider leer stehende und verfallende erste Lungenklinik und die vormalige Irrenanstalt, die in denkmalgerecht restauriertem Zustand als Lungen- und als Rheumaklinik fungiert. Letzterer Komplex besteht aus insgesamt vierzig Einzelgebäuden – Klinkerbauten mit Sandsteingliederung im holländischen Frühbarockstil. Die Bauten gruppieren sich entlang einer breiten Längsachse und einer schmaleren Querachse. Die eigentlichen Krankenhausbereiche komplettieren unter anderem ein Torhaus, zwei Pförtnerhäuschen und eine Kapelle, die sich malerisch in die ländliche, parkartige Umgebung einfügen.

Es bleibt zu hoffen, dass sich in näherer Zukunft Investoren mit tragfähigen Konzepten für die brachliegenden Areale in Buch und Biesdorf (Marzahn) aufwarten. Durch die in den Nachwendejahren errichten Großneubauten Helios Buch und Unfallkrankenhaus Berlin Marzahn besteht für die unter Denkmalschutz stehenden Altbauten in ihrer ursprünglichen Zweckbindung vermutlich kein Bedarf mehr, zumal in Berlin der Trend zur Stilllegung von Krankenhausbetten anhält.

Gewerbe- und Industriearchitektur

Naturgemäß erfreuen sich die baulichen Relikte der Arbeitswelt stets geringerer Popularität als andere Architekturgattungen. Nichtsdestoweniger sind sie insofern von besonderem Interesse, als sie stellvertretend für die wirtschaftliche Entwicklung des Berliner Großraums seit dem frühen 19. Jahrhundert stehen, und sie verraten vielleicht mehr über die damalige Lebenswirklichkeit als die inszenierten Kulissen staatlicher Repräsentationsarchitektur, für deren Entstehen in den Fabriken und Unternehmen die wirtschaftlichen Voraussetzungen geschaffen wurden. So berechtigt die Kritik an den sozialen Verwerfungen der frühen Industriegesellschaft war und ist, darf doch nicht übersehen werden, dass sich in Preußen durch die Dampfmaschine und die Elektrizität seit dem frühen 19. Jahrhundert ein allgemeiner Wohlstand entwickelte, an dem weite Teile der Gesellschaft partizipierten und der auch den unteren Schichten Aufstiegsmöglichkeiten eröffnete. Zu dem explosionsartigen Bevölkerungswachstum wäre es nicht gekommen, wenn die Lebensbedingungen in der Metropole für die Menschen nicht unvergleichlich viel besser gewesen wären, als im ländlich-kleinstädtischen Milieu, aus dem das Gros der Zugezogenen

Tiergarten, Königliche Porzellanmanufaktur
Die Produktionsstätte des berühmten KPM-Porzellans gehört zu den ältesten erhaltenen Beispielen Berliner Industriearchitektur, errichtet 1868–72 von Gustav Möller in der Wegelystraße am Rande des Tiergartens. Die alte Brennhalle dient heute als Ausstellungs- und Verkaufsstätte.

stammte. Auch im Berlin des 18. Jahrhunderts lebte der überwiegende Teil der Bevölkerung noch in ärmlichsten Verhältnissen.

Als Reaktion auf die evidenten sozialen Ungerechtigkeiten und das Elend der Industriearbeiter und Tagelöhner hatte Bismarck in der taktischen Absicht, der Sozialdemokratie den Wind aus den Segeln zu nehmen, im Jahre 1883 die Krankenversicherung, 1884 die Unfallversicherung und 1889 die Rentenversicherung eingeführt: „Mein Gedanke war, die arbeitenden Klassen zu gewinnen, oder soll ich sagen zu bestechen, den Staat als soziale Einrichtung anzusehen."

Während der architektonische Zeitgeist der Zwischenkriegsjahre bestrebt war, für das „Maschinenzeitalter" nach möglichst schmucklosen, funktionalistischen Gestaltungslösungen zu suchen – „Ornament und Verbrechen", „form follows function", „less is more" –, sahen die Industriearchitekten der Kaiserzeit noch keinen Widerspruch zwischen Technik-geprägten Produktionsstandorten und prachtvollen historisierende Fassaden. Obwohl einige der am Ende der Epoche errichteten Bauten wie die von Peter Behrens 1908/09 errichtete AEG-Turbinenhalle in Moabit oder Alfred Grenanders Knorr Bremse AG in Lichtenberg (1913–16), als „Vorläufer der Moderne" gefeiert wurden, waren die meisten Gebäude der damaligen Industriearchitektur von solcher Modernität weit entfernt. Auch bei gewerblichen Bauten mochte man auf Stilanleihen aus Gotik, Renaissance

Tegel, Borsigtor
Eine Ikone wilhelminischer Industriearchitektur – das Borsigtor wurde 1898 von der Sozietät Reimer & Körte errichtet. Im Hintergrund Berlins erstes Hochhaus, der 1922 errichtete Borsigturm.

Wedding, AEG-Apparatefabrik
Ein klassisches Beispiel preußischer Industriearchitektur findet man an der Kreuzung Ackerstraße/Feldstraße in Gesundbrunnen. Franz Schwechten errichtete dort 1895 die AEG-Apparatefabrik. Während der Verwaltungstrakt (rechts) straßenseitig reich mit farbigen Stuckfeldern und Zierfriesen verziert ist, sind die Produktionsbauten (links) vergleichsweise schmucklos.

oder Barock nicht verzichten. Hinsichtlich des gestalterischen Aufwands wurde bei den Industriebauten allerdings zwischen Verwaltungs-, Repräsentations- und Produktionsbauten unterschieden. Bis zur Jahrhundertwende prägten auch die Industriearchitektur vor allem die Klinkervarianten von Gotik und Renaissance.

In kaum einem Architekturgenre wirkte Karl Friedrich Schinkel so lange nach wie in der Industriearchitektur. Seine in Klinker-Renaissance 1832–36 errichtete Bauakademie – die meisten Berliner Architekten des 19. Jahrhunderts erwarben dort ihre Profession – mit den charakteristischen Segmentbogenfenstern blieb für lange Zeit die Blaupause für viele industrielle Verwaltungsbauten. Die Bauakademie war nicht nur aufgrund ihrer Fassadengestaltung stilprägend, vor allem ihre Konstruktion als Vorläufer des Skelettbaus mit Stichbogenkappen und nichttragenden Wänden machte sie zum Prototyp der preußischen Stockwerksfabrik.

Prominente Beispiele der Stockwerksfabrik sind etwa die 1868–72 von Gustav Möller (1826–81) in der Wegelystraße errichteten und bis heute in Betrieb befindlichen Manufakturgebäude der Königlichen Porzellan-Manufaktur (KPM) oder die AEG-Apparatefabrik von 1895 in der Ackerstraße von Franz Schwechten (1841–1924). Noch die 1905–11 von Viktor Kühne und Gustav Feske erbauten AEG- (später Telefunken-) Glühbirnenfabrik in der Moabiter Sickingenstraße oder die Loewe-Höfe in der Huttenstraße von Alfred Grenander (1917) sind erkennbar von der Bauakademie, aber auch von amerikanischen Vorbildern beeinflusst.

Mindestens ebenso verbreitet war die norddeutsche Backsteingotik. Bis zur Jahrhundertwende dominierten bei vielen Ikonen der preußischen

Berliner Bürger Bräu

Industriearchitektur Schmuckblenden, Spitzbögen und Fialen – zu beobachten etwa beim 1898 von der Sozietät Reimer & Körte – Konrad Reimer (1853–1915) und Friedrich Körte (1854–1934) – erbauten Tor der Tegeler Borsig-Werke oder dem zwei Jahre zuvor errichteten Beamtentor der Weddinger AEG-Werke (Franz Schwechten). Reimer & Körte hatten wie der prominentere und mit öffentlichen Bauprojekten überhäufte Schwechten ein wichtiges Standbein in der Industriearchitektur. Sie errichteten wesentliche Teile der Borsigwerke, aber auch das Jüdische Krankenhaus am Gesundbrunnen, die Volkssternwarte in Treptow (Archenhold-Sternwarte) und anderes. Die durch den Lokomotiv-Bau berühmten Borsig-Werke befanden sich ursprünglich in der Chausseestraße und besaßen später auch eine Dependance in Moabit, wurden jedoch aus Platzgründen 1898 nach Tegel verlegt.

Charakteristisch für die Berliner Industriearchitektur waren die in die Blockrandbebauung integrierten Gewerbehöfe, die in jüngerer Zeit vielfach als trendige Location für kulturelle Aktivitäten oder als Loftwohnungen wiederentdeckt wurden. Der wohl bekannteste Komplex dieser Art sind die lange schon vom Tourismus entdeckten Hackeschen Höfe Ecke Oranienburger Straße/Rosenthaler Straße. Die Idee der Gewerbehöfe war die Koexistenz von Wohn-, Geschäfts- und Fabriknutzung. Die Hackeschen Höfe wurden 1905–07 von Kurt Berndt (1863–1925) und August Endell (1871–1925) errichtet. Der spektakulärste der insgesamt neun Höfe ist gleich der erste mit seinen farbig glasierten Jugendstil-Wandfliesen. Nach der Wende ist in die Höfe viel buntes Leben eingezogen (Restaurants, Cabaret, Büros, Kino, Buchhandlung).

Auch viele ehemals reine Industrieareale wie die Schultheiß-Brauerei in Moabit, 1841/72 von Friedrich Koch (Stromstr. 11–17) oder die Schultheiß-Brauerei in der Schönhauser Allee 36–39 – heute bekannt als Kulturbrauerei –, von Franz Schwechten 1887–91 aus hellen Ziegelsteinen errichtete, erfuhren im Gefolge der sich in den letzten Jahrzehnten vollziehenden Deindustrialisierung Berlins eine kleingewerbliche oder kulturelle Umnutzung. Die zwischen Neoromanik und Renaissance changierende Schultheiß-Brauerei in Prenzlauer Berg ist einer der größten vollständig erhaltenen Industriekomplexe in der Berliner Innenstadt. Gleiches gilt für die 1906–18 von Alfred Kühne am Eichborner Damm

Friedrichshagen, Bürgerbräu
In reizvoller Lage am der Müggelspree steht die um die Jahrhundertwende entstandene, später mehrfach stark veränderte Brauerei, verbunden mit der um 1875 errichteten Fabrikantenvilla.

Folgende Doppelseite:
Prenzlauer Berg, Schultheiß-Brauerei
Die 1871–73 von Schwechten erbaute Schultheiß-Brauerei zeigt sich zur Schönhauser Allee hin als Burg. Heute befindet sich in dem weitläufigen Gebäudekomplex die bekannte KulturBrauerei.

KulturBrauerei
LIVE ÜBERTRAGUNG
sommergarten
GROSSE
BERLINER
BÜCHER
NACHT
FRANNZ
RESTAURANT
CLUB

103–165 erbauten Wittenauer Waffen- und Munitionsfabriken, die ihre ursprüngliche Zweckbestimmung zum Glück verloren haben. Der eindrucksvolle, 750 Meter lange Großkomplex besteht aus gleichförmig aneinandergereihten backsteinernen Produktionshallen mit reich gestalteten Klinkerfassaden mit Segmentbogenfenstern und Zierblenden auf der Straßenseite; rückseitig sind die Fassaden einfacher gestaltet.

Eine ganz andere stilistische Variante wählten die Architekten des zweiten großen Berliner Industrieunternehmens der Elektrobranche, Karl Janisch

Wittenau, Deutsche Waffen- und Munitionsfabriken
Den Gebäudekomplex am Eichborndamm, 1906–18 errichtet von Alfred Kühne.

Moabit, Loewe-Höfe
Alfred Grenanders 1907/08 erbaute Loewe-Höfe Huttenstraße 19/20.

Spandau, Siemens-Verwaltungsgebäude
Die Zentrale der Siemens AG errichteten Karl Janisch und Friedrich Blume 1906–13 auf den Nonnendammwiesen.

Mitte, Hackesche Höfe
Die 1905–07 von Kurt Berndt und August Endell erbauten Hackeschen Höfe gehören zu Berlins touristischen Anlaufpunkten.

Folgende Seite, oben:
Mitte, Polnische Apotheke
Ein typisches Wohn- und Geschäftshaus der Berliner Mitte Friedrichstraße/Mittelstraße, errichtet 1898–1900 von Alfred Breslauer mit aufwändigen Sandsteinfassaden.

(1870–1946), der zuvor ausgiebig die amerikanische Industriearchitektur studiert hatte, und Friedrich Blume. Das riesige Areal der vormaligen Nonnendammwiesen im Westen Spandaus, das seit 1914 als eigener Ortsteil den Namen Siemensstadt trägt, wurde 1906–13 überwiegend im barockklassizistischen Stil errichtet mit Pilastern in palladianischer Monumentalordnung, Thermenfenstern, Dreiecksgiebeln, rustizierten Sockelgeschossen, Backsteinfassaden und Mansarddächern.

Obwohl das Kaiserreich noch das Zeitalter der produzierenden Industriegesellschaft mit ihren Licht- und Schattenseiten repräsentierte – und das betuchte Bürgertum es vorzog, südwestlich der rauchenden Schlote zu leben –, hatte sich längst auch eine hochentwickelte Dienstleistungskultur entwickelt, die in zahlreichen reich gestalteten Büro und Verwaltungsgebäuden ihren architektonischen Ausdruck fand.

Moabit, AEG-Turbinenfabrik Die Halle der AEG-Turbinenfabrik, errichtet 1908/09 von Peter Behrens, gilt als Ikone der frühen Moderne.

Mitte, Juwel-Palais
Das sogenannte Juwel-Palais, errichtet 1897/98 von Max Jacob und Georg Roensch, ist stilistisch an der abgerissenen neogotischen Petrikirche orientiert.

Mitte, WMF-Haus
Das Gebäude Leipziger Straße/Mauerstraße wurde 1904/05 von Ludwig Eisenlohr und Carl Weigle erbaut.

Berlin wurde bereits vor der Jahrhundertwende zu einem florierenden Einkaufsparadies. Im Laufe der Epoche entwickelten sich bei den Geschäften und Verkaufszentren eine Vielzahl von architektonischen Vertriebsformen, die sich – leicht abgewandelt – zum Teil bis heute erhalten haben. Wenngleich sich auch von dieser Gattung viele Schlüsselbauten, wie etwa das Kaufhaus Wertheim am Potsdamer Platz oder die Kaisergalerie in der Friedrichstraße, nur noch auf historischen Fotos bewundern lassen, hat sich immerhin so viel erhalten, dass man sich noch eine Vorstellung von dieser untergegangenen Welt verschaffen kann.

An vielen wichtigen Durchgangsstraßen findet man noch heute Wohn- und Geschäftshäuser, die sich Firmen und Bauspekulanten bevorzugt auf Eckgrundstücken errichten ließen und die daher ein wenig den Berliner Vorstadtkaufhäusern ähneln. Ein früher Vertreter dieses Typs ist die sogenannte Polnische Apotheke Ecke Friedrichstraße/Mittelstraße, errichtet 1898–1900 nach Entwürfen von Alfred Breslauer (1866–1954). Das Haus, in dem sich einst eine Apotheke, Büros und Geschäfte befanden, übernahm erstmals das Konstruktionssystem von Adolf Messels Kaufhaus Wertheim für dieses Architekturgenre.

Eine markante, isoliert wirkende Wegmarke bildet das an der Gertraudenbrücke am südlichen Ende der zu DDR-Zeiten um einige Meter verlegten Getraudenstraße gelegene sogenannte Juwel-Palais (Kleine Gertraudenstr. 4/5), 1897/98 nach Plänen von Max Jacob und Georg Roensch erbaut. Das Dekor der aufwändigen neugotischen Sandsteinfassaden korrespondierte stilistisch einst mit der nur fünfzig Meter entfernten Petrikirche von Johann Heinrich Strack,

Charlottenburg, Bosch-Haus
An der Bismarckstraße steht das 1916/17 von Richard Bielenberg und Josef Moser im Auftrag von Robert Bosch errichtete Bosch-Haus. Das Gebäude ist mit Muschelkalkplatten verblendet.

deren Kriegsruine 1964 abgetragen wurde. In Berlin sind viele Gebäude durch Kriegszerstörungen ihres städtebaulichen Umfelds beraubt, weshalb sie heute als Solitäre scheinbar zusammenhanglos im Raum stehen. Der ungewöhnliche Name des Gebäudes rührte daher, dass der Kaufmann Wilhelm Müller hier eine Goldhandlung betrieb. Heute ist in dem viergeschossigen Gebäude mit den kunstvollen Giebeln neben anderem ein Hochzeitshaus untergebracht.

Einen klassisches Jugendstil-Geschäftshaus finden wir an der Ecke Mauerstraße/Leipziger Straße in Mitte. Die Württembergischen Metallwarenfabriken (WMF), die sich bis dato u.a. durch schönes Jugendstilgeschirr und Küchengeräte einen Namen gemacht hatte, ließ sich 1904/05 von Ludwig Eisenlohr (1851–1931) und Carl Weigle (1849–1932) ein eindrucksvolles Haus in geschwungenen Formen, mit floralem Dekor und Mosaikfriesen mit dem Firmenlogo – der bis 1926 gebräuchlichen Straußenmarke – errichten, das dem Image der Firma entsprach.

Das repräsentative Geschäftshaus am Oranienplatz (Nr. 17) – einst ein gutbürgerliches Areal, dem man ein solches Attribut heute kaum mehr zubilligen mag – in Kreuzberg steht seit vielen Jahren leer. Die an vielen Großaufträgen beteiligte Sozietät Cremer & Wolffenstein hat es 1913 errichtet. Während der Kaiserzeit war das mit Sandstein verblendete Gebäude an die AEG vermietet.

Einer der letzten kaiserzeitlichen Geschäftsbauten war das noch heute als Berliner Repräsentanz der Firma fungierende Bosch-Haus Bismarckstraße 71. Das stilistisch schwer einzuordnende, eigenwillige Eckhaus irgendwo zwischen Jugendstil, Art déco, Historismus und beginnender Moderne wurde 1916/17 von Richard Bielenberg (1871–1929) und Josef Moser (1872–1963) errichtet. Die Fassaden des fünfgeschossigen Baues, der in einem Dreiecksgiebel und einem steilen Walmdach kulminiert, sind mit reich verzierten Muschelkalkplatten verblendet.

Die genannten Bauten stehen exemplarisch für viele weitere Wohn- und Geschäftshäuser, deren vollständige Erfassung allein für Mitte ein ganzes Buch füllen würde.

Die seit 1882 planmäßig an die Stelle der alten Wochenmärkte getretenen, überwiegend von dem Berliner Stadtbaurat Hermann Blankenstein errichteten Markthallen sind die kaiserzeitlichen Vorläufer der heutigen Malls. Von diesen einst vierzehn dezentral über das gesamte Stadtgebiet verteilten Bauten haben sich drei vollständig und fünf in Teilen oder stark verändert erhalten. Die Hallen in Moabit (Arminiusstr. 10) und Kreuzberg (Eisenbahnstr. 42/43) verfolgen bis heute das – wirtschaftlich leider nur noch bedingt tragfähige Konzept – eines überdachten Marktes mit kleinteiligen Verkaufsständen. Architektonisch zeigen sie unverkennbar die Handschrift Blankensteins. Wie all dessen Bauten besitzen sie unverputztes, mehrfarbiges Klinkermauerwerk mit Bänderungen, Schmuckfriesen und teilweise glasierten Formziegeln und zeigen Stilelemente des Neoklassizismus nach Schinkel und der Neorenaissance. Da sie bewusst an die Tradition altrömischer Markthallen, der „Basilikae", angelehnt sind, haben sie nicht nur deren dreischiffige basilikale Grundform, sondern auch die Thermenfenster, Dreiecksgiebel oder die auf Konsolen ruhenden Traufgesimse übernommen. Die weit gespannten Dächer ruhen jeweils auf einem gusseisernen Stützensystem. Im Keller befinden sich Kühl- und Lagerräume. Viele Markthallen-Betreiber hatten schon in der Kaiserzeit mit wirtschaftlichen Problemen zu kämpfen – unter anderem deshalb, weil sich die Konkurrenz

Moabit, Markthalle
Die 1890/91 von Hermann Blankenstein errichtete Markthalle in Moabit ist eine von ehemals vierzehn Bauten dieser Art; nur drei sind unverändert erhalten.

mit den allerorten nach amerikanischem Vorbild aus dem Boden sprießenden Kaufhäusern zunehmend bemerkbar machte.

Das Zeitalter der Warenhäuser begann allerdings erst Anfang des 20. Jahrhunderts. Das 1906 erbaute Wertheim am Potsdamer Platz – die Mutter aller Berliner Kaufhäuser – ist ebenso aus dem Stadtbild verschwunden wie fast alle ihre Töchter. Das von Alfred Messel (1853–1909) ab 1896 errichtete, mit siebzigtausend Quadratmeter Verkaufsfläche größte und prachtvollste Kaufhaus Europas galt nicht nur als unübertroffen luxuriöse „Kathedrale des Konsums", sondern wegen ihrer Stahl-Skelett-Bauweise

3€ NIVEA PFLEGE
GESCHENKT

und den riesigen Glasflächen als „Wegbereiter der Moderne“. Die optische Dominante bildete die mit neogotischen Anleihen eher traditionell erscheinende, aus bildhauerisch reich gestaltetem Granit gefertigte, in schlanke Pfeiler und Streben aufgelöste Eingangshalle. Im Inneren dominierten prachtvollster Historismus und Jugendstil.

Von einigen wenigen Warenhäusern sind zumindest die Fassaden erhalten – das originale Interieur existiert nirgendwo mehr. Äußerlich am besten erhalten ist das ehemalige Warenhaus am Weinberg, später Kaufhaus Tietz in der Brunnenstraße 19/21. Bekannt ist es heute nur noch unter Namen Kaufhaus Jandorf – sein Besitzer Adolf Jandorf (1870–1932) hatte es 1903/04 von der Sozietät Lachmann & Zauber erbauen lassen. Allerdings war das Haus lediglich das dritte von insgesamt sechs ähnlichen Vorstadtkaufhäusern, die der jüdische Bauernsohn bis 1906 errichtete. Das kaufmännische Konzept bestand darin, ein ebenso umfassendes wie kostengünstiges Sortiment für die weniger begüterten Bewohner der Arbeitervorstädte anzubieten. Auch die Architektur war strukturell immer gleich: Es handelte sich um Stahlskelettbauten mit eingehängten Zwischendecken, denen jeweils eine barocke oder dem Jugendstil verpflichtete Sandsteinfassade vorgeblendet wurde, deren meist überkuppeltes Halbrund wirkungsvoll die Ecken frequentierter Geschäftsstraßen beherrschte. Während der DDR-Jahre war in dem Gebäude ein Haus der Mode untergebracht, heute steht es leer und wartet auf einen Investor. Wer sich einen gewissen Eindruck vom Innenleben kaiserzeitlicher Konsumtempel verschaffen will, muss nach Potsdam (Brandenburger Straße 49–52) oder Görlitz (An der Frauenkirche 5–7) reisen. Dort sind Warenhäuser mit den zwar offensichtlich unökonomischen, gleichwohl überaus wirkungsvollen, bunt verglasten mehrgeschossigen Lichthöfen erhalten oder wurden restauriert.

Neben diesen nach heutigen Maßstäben prunkvollen Volkswarenhäusern mit durchschnittlich eintausendfünfhundert Quadratmetern Verkaufsfläche gönnte sich Jandorf noch einen 1907 eröffneten Luxusbau, der alle Maßstäbe sprengte und bis heute mit rund sechzigtausend Quadratmetern als das heute größte Universalkaufhaus des europäischen Festlands gilt. Es sollte somit als Konkurrenz zu dem damals noch größeren Wertheim am Potsdamer Platz positioniert werden und die zahlungskräftigen Käu-

Kreuzberg, Markthalle Eisenbahnstraße
Auch die Kreuzberger Markthalle IX von 1890 präsentiert sich noch im Zustand der Kaiserzeit.

ferschichten aus dem neuen reichen Westen auffangen, deren Konsumbedürfnisse nun hier und am Kurfürstendamm gestillt werden konnten. Für das Kaufhaus des Westens (KaDeWe) am Wittenbergplatz mussten mehrere Wohnblöcke abgerissen werden, die erst zwei Jahrzehnte zuvor errichtet worden waren. Von dem im Krieg ausgebrannten und danach mehrfach umgebauten, vergrößerten und aufgestockten Gebäude sind immerhin die sachlichen neoklassizistischen Fassaden der unteren vier Geschosse großenteils erhalten geblieben. Von den Gebäuden der beiden konkurrierenden Häuser Wertheim und Tietz (Hertie) wurden in Berlin nahezu alle Spuren beseitigt.

Banken und Versicherungen gehörten schon in der Kaiserzeit zu den kapitalkräftigsten Bauherren und wetteiferten darin, mit palastartigen Zentralen auf-

Mitte, Kaufhaus Jandorf
Kreuzung Brunnenstraße/Veteranenstraße: das letzte äußerlich intakte Berliner Vorstadtkaufhaus (links oben). Adolf Jandorf ließ es 1903 als eines von sechs ähnlich konzipierten Häusern von Lachmann & Zauber errichten.

Mitte, Deutsche Bank
Die ehemalige Zentrale der Deutschen Bank wurde im Zweiten Weltkrieg schwer getroffen und vereinfacht wiederhergestellt. Block 2 (links unten) wurde 1908 von Wilhelm Martens errichtet. Die markante Straßenbrücke (oben) zeigt den baulichen Aufwand, der hier betrieben wurde.

Kreuzberg, Victoria-Versicherung
Vom Direktionsgebäude der Victoria-Versicherung an der Lindenstraße, erbaut 1902–04 von Wilhelm Walther, ist die dekorative Sandsteinfassade erhalten.

Mitte, Allianz-Versicherung
Die Allianz-Versicherung ließ sich 1913–16 von Bodo Ebhardt in der Mohrenstraße einen repräsentativen Sitz errichten.

zutrumpfen. Von den Bauten, mit denen die großen Bankhäuser in der einstigen deutschen Bankenmetropole in Erscheinung traten, sei hier exemplarisch der eindrucksvollste Bau vorgestellt: Die Zentrale der Deutschen Bank, des damals wie heute größten deutschen Bankhauses, erstreckt sich über drei Blöcke entlang der Mauerstraße, die durch Brücken miteinander verbunden sind. Der monumentale Gebäudekomplex entstand in mehreren Etappen: Der erste Trakt wurde 1872/74 von Hermann Ende (1829–1907) und Wilhelm Böckmann (1832–1902) erbaut; der sich südlich anschließende, das Gesamterscheinungsbild am stärksten prägende Block 2 entstand 1908 nach Plänen von Wilhelm Martens (1842–1910). Das spektakulärste und markanteste Element indessen waren die an die venezianische Seufzerbrücke erinnernden, gleichfalls von Martens entworfenen Verbindungsbrücken, von denen sich nur die von kräftigen Atlanten getragene Brücke über die Französische Straße im Originalzustand erhalten hat. Die Fassaden der heute teils behördlich genutzten, teils leer stehenden Neorenaissancegebäude wurde nach dem Krieg so stark vereinfacht, dass sich eine Beschreibung der Details weitgehend erübrigt. Die Gebäudestruktur mit halbrundem Mittelrisalit, abschließenden Seitenrisaliten und der Dachgestaltung ist jedoch erhalten.

Die Fassade des Victoria-Gebäudes, der früheren Direktion der ehemaligen Victoria-Versicherung (derzeit ERGO-Versicherung) in der Kreuzberger Lindenstraße 20–25, ist trotz schwerer Kriegszerstörungen noch immer von erstaunlicher Wirkung. Das laut Landesdenkmalliste im Stil der italienischen Renaissance erbaute Gebäude – der Dehio spricht von einer „Kombination von Barock- und Renaissanceelementen" – wurde 1902–04 nach Entwürfen von

Wilhelm Walther (1850–1914) errichtet. Wenngleich das Dach und die aufwändigen Giebel, in denen der einst zwölf Innenhöfe umfassende Bau ursprünglich gipfelte, verschwunden sind, hat sich die teilweise vollplastische Gestaltung der Sandsteinfront, an der auch Jugendstil- und Rokoko-Motive zu finden sind, großenteils erhalten.

Nicht ganz so detailreich, gleichwohl beeindruckend ist die Zentrale der Allianz-Versicherung in der Mohrenstraße 63/64. Das wuchtige, fünfgeschossige Gebäude entstand 1913–16 nach Plänen Bodo Ebhardts (1865–1945). Der palastartige, fünfgeschossige Bau ruht auf zwei bossierten Untergeschossen. Die drei oberen Stockwerke sind durch ionische Säulen und Pilaster in Monumentalordnung geprägt. Der schwach aus der Flucht tretende Mittelrisalit kulminiert in einem Dreiecksgiebel.

Ein in Anlage wie Details deutlich modernerer Bau steht in der Badenschen Straße 2. Die Straßenecke nördlich vom Rathaus Schöneberg wird vom Halbrund des Nordsternhauses beherrscht, der früheren Zentrale der Nordstern-Versicherung, die 1913/14 von Paul Mebes (1872–1938) und seinem Schwager Paul Emmerich (1876–1958) errichtet wurde. Angesichts des Verzichts auf einen Portikus, der Betonung der Geschosse und der flächig reduzierten Ornamentik könnte man auf den ersten Blick trotz der aufwändigen Travertinverblendung an einen Bau aus der Zwischenkriegszeit denken. Allerdings war er vor dem zweiten Weltkrieg noch mit Skulpturen ausgestattet, die die Datierung erleichterten. Das Interieur des Stahlskelettbaus erfüllte schon weitgehend die Anforderungen an moderne Großraumbüros. Heute befindet sich hier die Senatsverwaltung für Justiz.

Schöneberg, Nordsternhaus
Das 1913/14 von Mebes & Emmerich erbaute Nordsternhaus in der Badenschen Straße weist stilistisch bereits in die 1920er Jahre.

Wohnungsbau

Keine Baugattung ist mutmaßlich für die meisten Menschen so untrennbar mit der Kaiserzeit verbunden wie die Mietshäuser, die je nach Ausstattung und Standort wahlweise als Mietskaserne oder auch als Mietspalast tituliert wurden. Kein Architekturgenre ist in der Vergangenheit so angefeindet worden, wurde und wird aber heutzutage im emotionalen wie im pekuniären Sinne so wertgeschätzt wie die Gebäude, in denen noch immer ein großer Teil der städtischen Bevölkerung sein Leben verbringt.

Das schlechte Image, das diesen Bauten jahrzehntelang anhaftete, hatte verschiedene Gründe. Obwohl das übervölkerte „steinerne Berlin“ mit den in Wechselschicht als „Schlafgänger“ und „Trockenwohner“ in dunklen Hinterhof-Souterrainwohnungen hausenden Tagelöhnern stets als Sinnbild für die soziale Härte der Epoche angesehen wurde, resultierte die bis weit in die Nachkriegszeit reichende Ablehnung der Mietshäuser in erster Linie aus dem Zustand, in dem sie sich in dieser Zeit zumeist präsentierten, und aus ihrem veralteten Standard. Dabei wur-

Schöneberg, Kaiser-Wilhelm-Platz
Gegenüber dem nicht mehr existierenden alten Schöneberger Rathaus stehen einige gut erhaltene Gründerzeithäuser aus den 1880er Jahren.

Kreuzberg, Yorckstraße/ Mehringdamm, Das 1868 errichtete repräsentative Eckhaus ist im Gegensatz zu seinem Pendant gegenüber der Entstuckung entgangen.

de übersehen, dass die Mietskasernen im Vergleich mit den Behausungen noch früherer Zeiten zum Teil einen geradezu feudalen Luxus boten und dass sich ihre Ausstattung unschwer auf ein zeitgemäßes Niveau heben lässt. Für die verborgene Schönheit der vielfach vom Krieg beschädigten und vernachlässigten, abbröckelnden Fassaden hatte man in der Nachkriegszeit keinen Sinn. Wer heute durch die Berliner Altbauquartiere fährt, kann sich keine Vorstellung mehr von der Schäbigkeit machen, mit der sich viele Mietshäuser auch im ehemaligen Westberlin bis weit in die 1970er Jahre hinein zeigten.

Nachdem sich sanierte Altbauwohnungen in Berlin in den letzten Jahrzehnten zu den begehrtesten Wohnadressen entwickelt haben und auch vormalige soziale Brennpunkte dem unaufhaltsamen Trend zu hochwertiger Bausanierung unterliegen, formiert sich seit einigen Jahren vermehrt Widerstand seitens derer, die sich die nachfolgenden Mieterhöhungen nicht leisten können. Für diese in vielen Metropolen der Welt sich vollziehende Entwicklung hat sich der Begriff Gentrifizierung etabliert. In Berlin ist dies die unvermeidliche Folge von urbaner Fehlsteuerung im Westen – bedingt durch die Mietpreisbindung im Altbau und die Ignoranz gegenüber dem Historismus – und das Ergebnis eines wirtschaftlich nicht existenzfähigen Systems im Ostteil. Da aufwändige Häusersanierungen auch in den östlichen Bezirken nur auf kleinen Arealen erfolgten (Husemannstraße), bot sich dort über die Wende hinaus noch fast allerorten der Anblick von löchrigem Putz, lädiertem Stuck und abgestürzten Balkonen.

Hobrechts gern zitierte Darstellung der sozialen Schichtung innerhalb der Wohnblöcke ist häufig als zynisches Beispiel für die soziale Härte der Zeit missgedeutet worden. Den gesellschaftspolitischen Grundgedanken im Konzept der Berliner Blockrandbebauung hatte Hobrecht bereits 1868 formuliert. Sein Ansatz der bewussten Vermischung der Gesellschaftsschichten: „In der Mietskaserne gehen die Kinder aus den Kellerwohnungen in die Freischule über denselben Hausflur wie diejenigen des Rats oder

Kreuzberg, Fidicinstraße
Wenige Berliner Gründerzeitquartiere haben sich in so gutem Zustand erhalten wie das begehrte Areal zwischen Bergmannstraße und Columbiadamm.

Kaufmanns, auf dem Wege nach dem Gymnasium", könnte im Zeitalter der Parallelgesellschaften in bildungsfernen Ghettos zumindest im Grundsatz neue Aktualität gewinnen.

Dass diese ursprünglich soziale Intention vielfach ins Gegenteil verkehrt wurde, war nicht Hobrecht anzulasten, sondern dem ungebremsten Bevölkerungswachstum und dem Gewinnstreben der Terraingesellschaften geschuldet. Trotz gigantischer Bauaktivität konnte der Bedarf an Wohnungen nie gedeckt werden, waren die kleinen Hinterhofwohnungen permanent überbelegt. Angesichts galoppierend steigender Grundstückspreise strebten die Anleger nach effizienter Flächennutzung und reihten bis zu sechs Höfe hintereinander, die die Fläche von rund 28 Quadratmetern nicht unterschreiten durfte, um die Beweglichkeit der Feuerwehrspritzen zu gewährleisten. In der Realität kann man sich jedoch leicht davon überzeugen, dass solche Wohnbedingungen seltene Ausnahmefälle waren. Ab 1887 durften die Hinterhöfe eine Fläche von sechzig Quadratmetern nicht unterschreiten. Hobrecht selbst erkannte die Probleme frühzeitig und forderte: „das ist als hauptsächlichstes Postulat kurzweg hinzustellen, dass mehr Luft und mehr Licht den Gebäuden zu geben ist. Fort mit den Kellerwohnungen, die gut sind für Fässer und Kartoffeln, aber nicht für Menschen!"

Wenngleich es die erklärte Absicht der Stadtplanung war, Elendsquartiere nach englischem Muster zu vermeiden, gab es natürlich schon in der Kaiserzeit gute und weniger gute Wohngebiete: Arbeiterviertel und es gab gutbürgerliche Wohnlagen. Gleichwohl spiegelte sich die soziale Segregation primär nicht zwischen den verschiedenen Kiezen sondern innerhalb der Wohnblöcke. Auch wenn die Häuser tendenziell in Mitte und im neuen Westen – Charlottenburg, Friedenau oder Wilmersdorf – luxuriöser gestattet waren als etwa jene in Neukölln, Prenzlauer Berg oder Moabit, staunt man häufig über den verschwenderischen Reichtum an marmornen Wandverkleidungen, Intarsienparketten und Stuckdecken, die man an heutigen sozialen Brennpunkten kaum erwartet. Dies rührt auch daher, dass Adressen wie etwa die Badstraße im Wedding oder die Neuköllner Karl-Marx-Straße (vormals Bergstraße), die heute einen eher zweifelhaften Ruf genießen, zur Kaiserzeit keinen schlechten Klang hatten und die Wohnungen in den Vorderhäuser sowie – entgegen dem Klischee – teils auch in den Hinterhäusern außerordentlich repräsentativ gestaltet waren. Allerdings zählten auch manche innerstädtischen Wohnlagen, die in den letzte Jahren von der Immobilienwirtschaft künstlich hochgejubelt wurden, vor hundert Jahren noch zu den weniger privilegierten Kiezen.

Dekorationsformen, die früher Schlössern und Herrenhäusern, das heißt nahezu ausschließlich einem aristokratischen Milieu vorbehalten blieben, wurden nun für das städtische Bürgertum verfügbar, das sich mit den Insignien der vormaligen Eliten schmücken wollte. Der Geist der Zeit verlangte nach Schlössern für Bürger. In Mitte, Charlottenburg, Friedenau oder Wilmersdorf findet man häufig Hauseingänge mit geschnitzten Wandvertäfelungen, Marmorsäulen, Kaminen, geschliffenen Spiegeln und Parkettböden, neben denen sich die Vestibüle mancher Barockschlösser bescheiden ausnehmen. Eigene Bäder und Toiletten wurden hingegen erst deutlich später zum üblichen Standard – die berüchtigten Außentoiletten auf halber Treppe blieben lange Zeit ein Synonym für die insuffizienten Lebensbedingungen der wilhelminischen Mietskaserne. Allerdings wird häufig vergessen, dass zu Beginn des 19. Jahrhunderts noch kaum ein Haus über fließendes Wasser verfügte und die Exkremente aus Nachtschüsseln in die Straßenrinnen gekippt wurden – mit den entsprechenden hygienischen Folgen.

Gemäß dem Hobrecht-Plan konzentrierten sich die Bauaktivitäten der Mietskasernenviertel des sogenannten Wilhelminischen Rings auf die Bereiche westlich, nördlich und südlich des Altstadtkerns. Mit Ausnahme von Lichtenberg lagen alle Vorstädte, die 1920 mehr 100 000 Einwohner zählten, auf dem Gebiet des späteren Westberlins.

Am Zustand der wilhelminischen Wohnbebauung lässt sich der Ablauf der alliierten Bombardements studieren. Aufgrund der technischen Durchführung, die Jörg Friedrich 2004 in seinem Buch „Der Brand. Deutschland im Bombenkrieg 1940–1945“ (2004) beschreibt, gab es 1945 Gebiete, in denen fast kein Stein mehr auf dem anderen stand, Randbereiche der Vernichtungsareale, in denen vereinzelt Häuser oder Gebäudepartien das Inferno überstanden hatten, dazwischen aber auch eine Reihe von Vierteln, in denen der Krieg scheinbar kaum stattgefunden hatte. Fast überall aber standen nach dem 8. Mai 1945 zumindest noch die Fassaden der ausgebrannten Mietskasernen. Im Elend der ersten Nachkriegsjahre hatte

Prenzlauer Berg, Kollwitzstraße
Beim Anblick denkmalgerecht sanierter Hinterhöfe fällt es schwer, sich die einstige Not der Bewohner vorzustellen.

Kreuzberg, Riehmers Hofgarten
Maurermeister Wilhelm Riehmer ließ 1880–1900 die aufwändige Wohnanlage „Riehmers Hofgarten“ (oben) errichten, um ein großbürgerliches Publikum anzulocken. Detail der reich gestalteten Fassaden (rechts).

man aber Wichtigeres zu tun als den denkmalgerechten Wiederaufbau von Häusern, die – damals kaum ein halbes Jahrhundert alt – nicht mehr dem Zeitgeist entsprachen.

Der Bautyp des Gründerzeitmietshauses begann sich in den 1860er Jahren herauszubilden. Vereinzelt sieht man die charakteristischen Elemente des gründerzeitlichen Fassadenaufrisses wie Putzrustika und Bänderungen, Segmentgiebel und Kaffgesimse der Fenster, Pilaster, Halbsäulen und anderes bereits bei Häusern aus den späten 1850er Jahren wie etwa in der Kreuzberger Adalbertstraße. Auch beim Wohnungsbau zeigt sich, dass der Übergang vom Spätklassizismus zur Neorenaissance, nicht immer eindeutig ist. Einige frühe, besonders repräsentative Beispiele befinden sich am Straßenzug Yorckstraße/Gneisenaustraße, so etwa das auffällige Eckhaus Mehringdamm/Yorckstraße von 1868 mit überkuppeltem hexagonalen Eckturm. An die Stelle der anfangs häufig noch rundbogigen Fenster traten seit Mitte der 1870er Jahre zunehmend rechteckige. Städtebaulich hervorgehobene gutbürgerliche Häuser – meist in Ecklage – ließ man bis zum Ende der wilhelminischen Ära ähnlich wie Verwaltungs- und Geschäftshäuser gern in Kuppeln oder Türmen kulminieren. Seit der Reichsgründung traten auch im Mietshausbau an die Stelle von Putzfassaden häufig rohe Backsteinwände, bei gutbürgerlichen Mietspalästen gelegentlich auch Natursteingliederungen und teils auch vollständige Natursteinverkleidungen.

Prenzlauer Berg, Knaakstraße
Gründerzeitliche Wohnbebauung, die der Kriegszerstörung und Entstuckung entgangen ist – Kreuzung Knaakstraße/Rykestraße.

Pankow, Amalienpark
Die Siedlung „Amalienpark“ entstand 1897 nach Plänen von Otto Marsch.

Prenzlauer Berg, Dunckerstraße 77
Das kleine Museum „Zimmermeister Brunzel baut ein Mietshaus“ vermittelt einen Eindruck vom bürgerlichen Leben um 1900 (rechts oben).

Pankow, Pankemuseum
Dauerausstellung „Bürgerliches Leben um 1900“ (rechts unten) in der Heynstraße 8. Die Töchter des Stuhlfabrikanten Fritz Heyn haben dessen Wohnung im Originalzustand bewahrt. Blick in das Badezimmer (rechts Mitte).

Der Formenkanon der Gründerzeitmietskaserne blieb noch lange nach dem Gründerkrach von 1873 bis in die 1890er Jahre verbindlich. Auf Gründerzeitmietshäuser in Neorenaissance trifft man fast überall in Berlin. In größerer Zahl und guter Erhaltung gibt es sie in Kreuzberg und Prenzlauer Berg. In den Kiezen südlich der Bergmannstraße in Kreuzberg oder östlich der Schönhauser Allee in Prenzlauer Berg, die dem Bombenhagel großenteils entgingen, präsentieren sich noch ganze Straßenzüge und Plätze in einheitlicher Gründerzeitbebauung. Eindrucksvoll ist das bestens erhaltene, weitgehend auch der Entstuckung entgangene Gebiet rund um den 1878 angelegten Chamissoplatz. In den früh erbauten Quartieren Kreuzberg, Rosenthaler Vorstadt (Prenzlauer Berg), Wedding, Tiergarten oder Friedrichshain dominieren Wohnhäuser aus der Ära Kaiser Wilhelms I., während die westlichen Vorstädte stärker von Häusern aus der Zeit nach der Jahrhundertwende geprägt sind. Großflächige Gründerzeitquartiere gibt es aber auch in Schöneberg, Charlottenburg, Köpenick, Pankow, Friedrichshain und Neukölln. In den beiden zuletzt genannten Stadtbezirken trifft man jedoch auch auf auffällig viel entstuckte Fassaden. In die ländlicher geprägten Vororte wie Friedrichshagen am Müggelsee oder Lichterfelde hielt ebenfalls der Neorenaissancestil Einzug – die deutlich kleiner dimensionierten, meist nur dreigeschossigen Mietshäuser dort ähneln bisweilen eher großen Villen.

Gründerzeitquartiere per excellence sind die Stadtbezirke Kreuzberg und Prenzlauer Berg. Kreuzberg am Südrand des historischen Berlins wurde bereits 1841 (Luisenstadt) und 1861 (Tempelhofer Vorstadt) in die in alle Richtungen sich ausbreitende preußische Kapitale eingemeindet. Viele gut erhaltene Gründerzeitmietshäuser findet man beispielsweise zwischen Bergmannstraße und Columbiadamm oder zwischen Urbanstraße und Landwehrkanal (Dieffenbachkiez). Von großartiger Wirkung ist das in Berlin seinerzeit singuläre Wohnquartier Riehmers Hofgarten, das der Maurermeister Wilhelm Riehmer zwischen 1880 und 1900 zwischen Yorckstraße und Hagelbergerstraße errichten ließ. Riehmer gruppierte die außergewöhnlich aufwändigen Wohnblöcke um eine über die Parzelle führende, im Hobrecht-Plan nicht vorgesehene Privatstraße und ließ auch die Hofseiten der Wohnblöcke reich verzieren, um gezielt ein gutbürgerliches Publikum anzusprechen.

Für ein ähnliches Publikum ließ Otto March (1845–1913) – der Vater des Olympiastadion-Architekten Werner March – 1897 die Kleinsiedlung Amalienpark im damals noch ländlichen Pankow errichten. Neun drei-

Köpenick, Schlossplatz
Spätgründerzeitliche Mietshäuser.

geschossige Wohnblöcke wurden in vergleichsweise zurückhaltenden neobarocken Formen symmetrisch um einen parkartig gestalteten Platz gruppiert.

Obgleich das Gebiet des späteren Stadtbezirks Prenzlauer Berg bereits um 1830 nach Berlin eingemeindet wurde, ist die Bebauung im Durchschnitt etwa zehn Jahre jünger als in Kreuzberg. Da hier über siebzig Prozent der Gebäude im Zweiten Weltkrieg unbeschädigt blieben, trifft man vielerorts auf gut erhaltene, mittlerweile sanierte Gründerzeitviertel überwiegend aus den 1890er Jahren. Ohne das Ende der DDR wäre es in den 1990er Jahren zu großflächigen Abrissen des heruntergekommenen Wohnungsbestandes gekommen. Nachdem bereits in den 1980er Jahren begonnen worden war, einzelne Straßenzüge zu restaurieren (Husemannstraße), wurde nach der Wende das gesamte Viertel flächendeckend runderneuert. Gleichermaßen beliebt bei Wohnungssuchenden und Touristen ist vor allem der sogenannte Kollwitzkiez rund um den Kollwitzplatz, den vormaligen Wörther Platz. Dabei ist zu bedenken, dass bei den Sanierungen zumeist ein vereinfachter Zustand wiederhergestellt wurde. Die reichen Wandmalereien in den Treppenhäusern und Wohnzimmern verschwanden – gleichermaßen im Ost- wie im Westteil der Stadt unter monochromen Anstrichen.

Aufwändige Bauten dieser Gattung findet man in dem schnell zur Großstadt gewordenen „Millionärsdorf“ Schöneberg, so beispielsweise das 1891/93 von W. Klopwich erbaute Haus Grunewaldstraße 11 oder das um 1890 entstandene Haus Grunewaldstraße 17. Auf viele palastartige Varianten trifft man erwartungsgemäß in Mitte, so etwa das 1891 an der Ecke Chausseestraße/Invalidenstraße errichtete, mit Sandstein verkleidete Wohn- und Geschäftshaus in der Oranienburger Vorstadt.

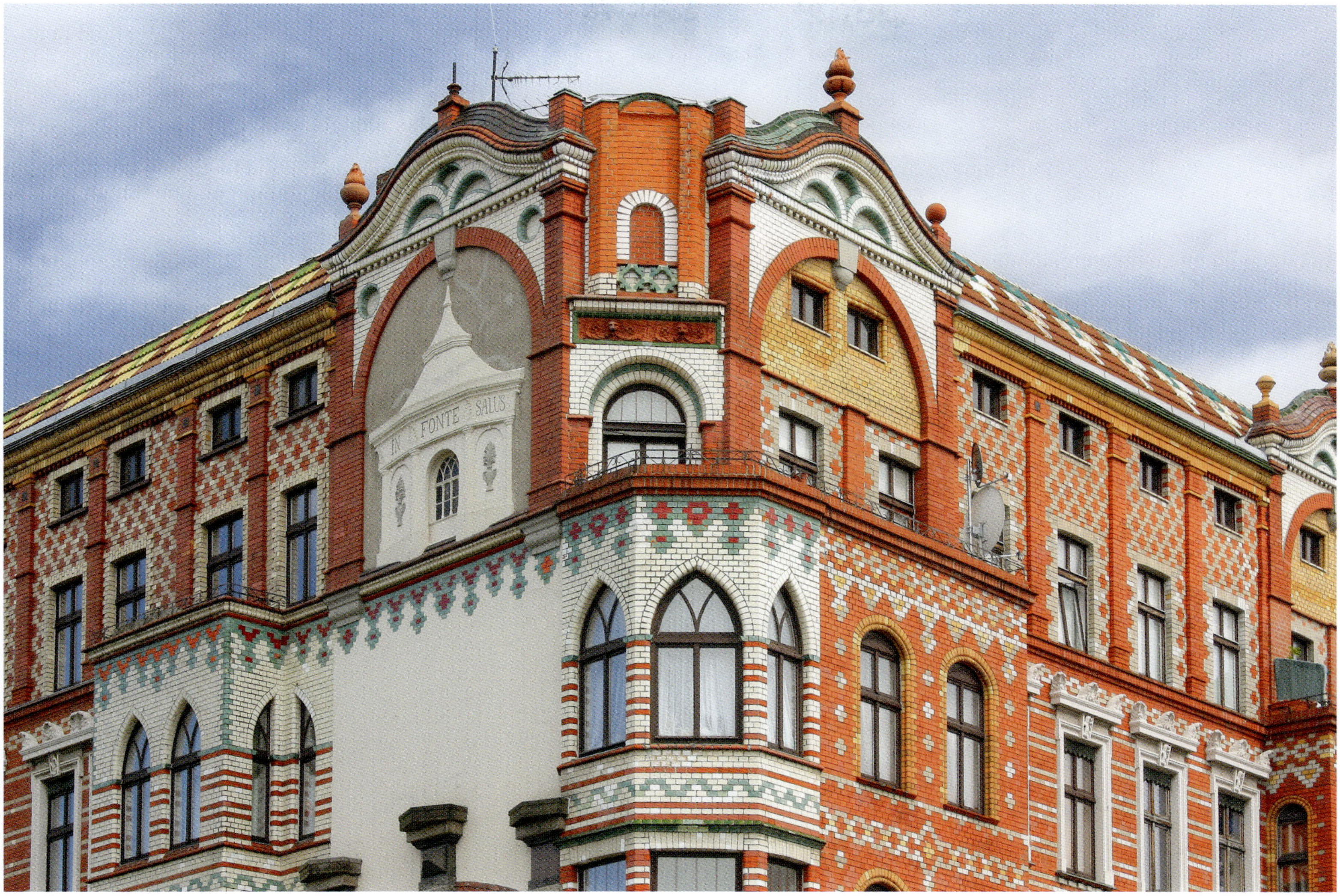

Die meisten Gebäude, die man heute unter dem Begriff Gründerzeit-Mietshäuser subsummiert werden, entstammen den 1880er/90er Jahren. Ihre Fassaden sind in der Regel Natursteinquader imitierend verputzt, oft zeigen die tragenden Wände auch ihr rohes, von französischen Renaissance-Palais inspiriertes Backsteinmauerwerk, was den Straßenfronten einen reizvollen Farbkontrast verleiht. Die in industrieller Massenfertigung produzierten plastisch gestalteten Schmuckpartien – Säulen, Pilaster, Gesimse, Fensterrahmungen – sind häufig farblich abgesetzt. Die Hinterhaus- und Seitenflügel-Fassaden wurden zumeist einfach glatt verputzt und nur punktuell durch plastische Gliederungen aufgelockert. Die Eckhäuser der Blockrandbebauung wurden besonders repräsentativ gestaltet, die übrigen, in der Regel fünfgeschossigen Häuser traufseitig aneinandergereiht und überwiegend schlicht gestaltet. Die Berliner Traufhöhe beträgt zweiundzwanzig Meter. Die Architekten haben auf Abwechslung bei den Verzierungen und Geschosshöhen benachbarter Häuser geachtet, um ein monotones Straßenbild zu vermeiden. Auch innen war man um die Vermeidung von Eintönigkeit bemüht: In den Wohnungen verfügt in der Regel jedes Zimmer über anderen Deckenstuck, Parkett oder Dielen. Das Interieur war stets mehr von Barock und Rokoko als von der Renaissance geprägt.

Wer einen authentischen Eindruck vom Interieur gründerzeitlicher Wohnungen gewinnen will, dem sei ein Besuch der weitgehend im Originalzustand erhaltenen und als Museum zugänglichen Wohnung des Stuhlrohrfabrikanten Fritz Heyn (Heynstraße 8) in Pankow oder der Ausstellung „Bauen und Wohnen im Prenzlauer Berg um 1900“ (Dunckerstraße 77) empfohlen. Üppige Gründerzeiteinrichtungen sind auch im Britzer Schloss (Alt-Britz 73) oder im Gründer-

Wedding, Luisenhaus
Reich verziert sind die Gründerzeit- und Jugendstil verbindenden Mietshäuser, die Carl Galuschky 1892/93 am Luisenbad in der Badstraße errichtete.

Lichterfelde, Kadettenweg
Die Mietshäuser der Villenvororte waren meist nur dreigeschossig – hier ein 1891/92 von Böttcher & Lanzendorf errichtetes Haus.

Moabit, Sickingenstraße
Eines der ersten Genossenschaftswohnhäuser in Berlin, 1893 von Alfred Messel für den „Berliner Spar- und Bauverein“ errichtet.

Mitte,
Schiffbauerdamm 8
Luxuriöser Mietspalast im alten Zentrum Berlins – das Wohn- und Geschäftshaus der „Koepjohannschen Stiftung“, errichtet 1905 von Kurt Bernd.

Thoben

zeit-Museum im Gutshaus Mahlsdorf (Hultschiner Damm 333) zu besichtigen.

Ende des 19. Jahrhunderts vollzog sich der Übergang von der Neorenaissance der Gründerjahre zu den Neostilen der Ära Wilhelms II. Stärker als in anderen Architekturgenres schlug im Wohnungsbau neben dem Neobarock, zu dem die Grenzen ohnehin fließend waren, der Jugendstil durch. Der Jugendstil, wie er aus Nancy, Brüssel, Paris, Wien oder Prag bekannt ist, ist in Berlin nur mit wenigen Beispielen vertreten, wie etwa dem Charlottenburger Rathaus oder dem Bahnhof Mexikoplatz. Häufig findet man Jugendstil-Dekor an Bauten im Heimatstil oder aufwändige Neobarock- und Neorokokobauten mit geschwungenen Formen. Die Architekten der Zeit haben sich unbefangen aus dem historischen Formenrepertoire bedient und die Versatzstücke nach Belieben zusammengefügt.

Schöne Beispiele für den Übergang vom Gründerzeit- zum Neobarockstil finden sich etwa in der Neuköllner Karl-Marx-Straße 108 (1899/1900) oder in Alt-Köpenick/Grünstraße (1888). Einige der wenigen überaus prachtvollen „reinen" Jugendstil-Mietshäuser stehen in der Badstraße im Wedding. Carl Galuschky erbaute hier unter anderem 1888 das Marienbad (Badstraße 35/36), bei dem selbst der als Durchgang zum Louisenbad fungierende Hinterhof reich geschmückt ist, und 1892/93 das farbenprächtig verklinkerte Luisenhaus (Badstraße 38/39).

Die kleineren, meist nur dreigeschossigen Mietshäuser in den Vororten zeigen wie etwa das 1891 von P. Böttscher errichtete Wohnhaus im Kadettenweg 56 in Lichterfelde, das 1894 von E. Schrammer errichtete Haus Bölschestraße 49/50 in Friedrichshagen oder das 1890/91 nach Plänen von Friedrich Lahne erbaute Haus Kietz 24/25 in Köpenick vorwiegend die gleiche Formensprache wie die innerstädtischen Gründerzeit-Blockrandbebauungen. In den Vororten begann sich um diese Zeit auch eine Variante des Heimatstils zu etablieren, die den Villenbau bis zum Ende der Kaiserzeit prägte. Auf einen auffälligen, frühen Vertreter dieser im Fachwerk-Burgenstil errichteten Bauten trifft man in Lichterfelde-West an der Straßenecke Baseler-/Curtius Straße. Das farbenprächtige Emisch-Haus wurde dort 1892–95 von Wilhelm Sander (1860–1930) errichtet.

Obwohl die Berliner Wohnungsbaugenossenschaften ihre Hauptaktivität erst in den Zwischenkriegsjahren entfalteten, datieren ihre Anfänge ins

Lichterfelde, Emisch-Haus
Das farbig gestaltete Emisch-Haus ist ein früher Vertreter des Heimatstils im Wohnhausbau. Willy Sander errichtete es 1892–95 Curtiusstraße/Baseler Straße.

späte 19. Jahrhundert. Alfred Messel gehörte zu den Gründungsmitgliedern des Berliner Bau- und Sparvereins von 1892 und errichtete für diesen unter anderem 1893–95 das Reformmietshaus in der Sickingenstraße 7–8 in Moabit. Wie alle Genossenschaftshäuser enthält es vor allem kleine Wohnungen mit ein bis drei Zimmern mit Innentoiletten sowie Gemeinschaftsräume wie Bäder, Waschräume und eine Bibliothek. Architektonisch unterscheidet sich der im Landhausstil gehaltene Bau mit Fachwerkgiebeln, langen Balkonreihen und großen Säulenportalen deutlich von den Gründerzeitmietshäusern der Umgebung.

Im wohlhabenden neuen Westen – am Kurfürstendamm und in dessen Nebenstraßen, in den Wohngebieten rund um den Lietzensee, in Teilen von Frie-

Charlottenburg,
Kurfürstendamm 59/60
Das vornehme Gebäude Ecke Leibnizstraße wurde 1904–08 von Hans Toebelmann und Henry Gross erbaut.

Charlottenburg,
Kaiserdamm
Das stadtbildprägende Wohnhaus Ecke Suarezstraße errichtete Hermann Bröseke 1907/08 im Neorenaissancestil.

Wilmersdorf,
Kurfürstendamm
Blick in einen Hauseingang.

Charlottenburg,
Kaiserdamm
Blick in einen Hauseingang.

Charlottenburg, Lietzenseeufer
Blick in einen Hauseingang am Lietzensee.

denau, Westend und Neutempelhof – steigerte man sich zum Ende der Epoche in einen immer opulenteren Baurausch. Die Auftraggeber der Mietspaläste versuchten unablässig, einander in Größe, Materialaufwand und Dekor zu übertreffen. Hinter den schlossartigen Fassaden verbergen sich Vestibüle, die jedem Barockpalast zur Ehre gereichen würden, teilweise ausgestattet mit Holz- und Marmorvertäfelungen, Kaminen, geschliffenen Spiegeln, Glas- und Messinglüstern sowie reichen Stuckdecken. In den Treppenaufgängen wurden Aufzüge mit holzverkleideten Kabinen und geschliffenen Spiegeln zur Selbstverständlichkeit. Die Wohnungen, die es in Größen bis zweihundert, vierhundert, sechshundert und

Charlottenburg, Wohnhaus Witzlebenplatz
Das Haus Witzleben wurde 1909/10 von Georg Pinette errichtet.

mehr Quadratmetern gab, verfügten über Fischgrät- und Intarsienparkette, Doppelflügeltüren, geflieste Küchen und Bäder mit kaltem und warmem Wasser, Stuckdecken, Kamine, teilweise Wandmalereien, Deckenhöhen von bis zu vier Metern und vielem mehr. Und kurz vor dem Ersten Weltkrieg besaßen sie nur deshalb keine reichen Jugendstil-Kachelöfen mehr, weil sie regelhaft bereits über gusseiserne Heizkörper verfügten.

Es waren aristokratisch anmutende Paläste mit allem technischen Komfort der Zeit. Einige Häuser verfügten in jedem Zimmer über Staubsauger-Wandstutzen, die an einen gebäudeeigenen Kompressor angeschlossen waren. Fast alle Wohnungen besaßen Hintereingänge für Handwerker und Dienstpersonal, die über deutlich schlichtere

Charlottenburg, Wohnhaus am Lietzensee
Schlossartiges Vestibül eines Mietspalastes.

Charlottenburg, Lietzenseeufer 10
Speisesaal (oben) im 3. Obergeschoss von Haus See-Eck, heute Pension Belle-Etage. Das Haus wurde 1908/09 von Hart & Lesser errichtet und mit allem Luxus der Zeit ausgestattet. Kamin im Herrenzimmer (unten).

Treppen – häufig Wendeltreppen – von den Innenhöfen aus erreicht werden konnten. Fast alle Wohnhäuser am Kurfürstendamm und den anderen Boulevards wurden zugleich gewerblich genutzt durch Läden im Erdgeschoss. Anders als bei den im vorausgehenden Kapitel beschriebenen Bauten stand jedoch hier eindeutig die Wohnfunktion im Vordergrund. Die damals wie heute exklusivste Wohnadresse der westlichen Vorstädte war der Kurfürstendamm. Der ehemalige Reitweg von Berlin zum Jagdschloss Grunewald wurde ab 1875 in Ost-West-Richtung zu einer dreiundfünfzig Meter breiten Allee ausgebaut. Obwohl der Zweite Weltkrieg und die nachfolgenden Jahrzehnte auch hier unübersehbare Spuren hinterlassen haben, ist an der Prachtstraße des Berliner Westens doch erstaunlich viel in guter Qualität erhalten geblieben. Exemplarisch seien im Folgenden einige Bauten genannt.

Der zwischen modernen Geschäftsfassaden eingezwängte Bau mit neobarocker Sandsteinfassade am Kurfürstendamm 234, in dem sich eine Kettenboutique befindet, ist vielen Berlinern noch als Standort von Café Möhring in Erinnerung. Ursprünglich befand sich in dem 1900/01 von Carl Zaar (1849–1924) errichteten Haus die Hofkonditorei Schilling.

In ähnlich prunkvollem Gewand zeigt sich das in angewinkelter Lage wirkungsvoll die Adresse Kurfürstendamm 213/Uhlandstraße besetzende, 1897/98 von Otto Schnock errichtete Wohn- und Geschäftshaus. Bei den weiter westlich gelegenen und im Durchschnitt fünf bis zehn Jahre jüngeren Häusern ist ein Trend zu geschwungenen Jugendstilformen erkennbar. Das markanteste Gebäude an der Straßenkreuzung Kurfürstendamm/Uhlandstraße gegenüber dem Olivaer Platz ist das 1905–07 von Hans Toebelmann & Henry Gross erbaute Wohnhaus mit seinen auffälligen Kuppeln. Bemerkenswert sind auch das Haus Kurfürstendamm 186/Ecke Wielandstraße, 1903/04 von Julius Schossow errichtet oder das 1904/05 von Hans Finder errichtete Haus Kurfürstendamm/Schlüterstraße.

Besonders aufwändig gestaltet sind in Charlottenburg auch die schlossartigen Mietspaläste im westlichen Bereich von Kaiserdamm, Neuer Kantstraße und Lietzensee. Genannt seien das 1906 von Emil Schubert errichtete Haus Neue Kantstraße/Ecke Suarezstraße, das seine Umgebung weithin dominierende, 1907/08 von Hermann Heider errichtete Neorenaissancehaus an der Ecke Kaiserdamm/Suarezstraße,

Schlachtensee, Mexikoplatz
Einer der schönsten Plätze (oben) im heutigen Berlin entstand 1905–10 nach Plänen von Otto Kuhlmann im Heimatstil mit viel Jugendstildekor.
Ein Fassadendetail (unten).

das 1907/08 nach Plänen von Hermann Bröseke erbaute Eckhaus Bismarckstraße/Windscheidstraße, das 1905/06 von Ernst Brüll entworfene Haus Dernburgstraße 2 und das 1909/10 von Georg Pinette erbaute Haus Witzleben Witzlebenplatz 4/5.

Am Lietzenseeufer 10 besteht die seltene Gelegenheit, einen Blick ins Innere eines derartigen großbürgerlichen Palais zu werfen. Die im dritten Obergeschoss des 1908/09 von Gustav Hart und Alfred Lesser errichteten Hauses See-Eck gelegene 511 Quadratmeter-Wohnung wird heute als Hotel Belle Etage genutzt. Der Reichtum an Kaminen, Wandmalereien, Schnitzereien, Stuck, Intarsienparkett und ähnlichem ist überwältigend. Empfehlenswert ist in jedem Fall auch ein Blick durch die Fenster der Haustüren in die häufig mit mehrfarbigem Marmor, Granit oder geschnitzten Holzpanelen verkleideten Hauseingänge solcher Paläste. Die begüterten Schichten

des Kaiserreichs sahen offenkundig keine Notwendigkeit, ihren Wohlstand zu verbergen.

Derart opulent ausgestattete Wohnhäuser gibt es nicht nur in heute als gutbürgerlich geltenden Wohnlagen, sondern auch in anderen Bezirken, teilweise auch in solchen, in denen man sie kaum erwarten würde, so in Tempelhof (Tempelhofer Damm, Manfred-von-Richthoven-Straße), Neukölln (Karl-Marx-Straße) oder im Wedding (Müllerstraße/Luxemburger Straße, 1907). In Mitte, Steglitz (beiderseits der Schlossstraße) oder Schöneberg (Bayerisches Viertel, Victoria-Luise-Platz) ist diese Gattung erwartungsgemäß noch reicher vertreten. In Zehlendorf findet man nicht nur Villen, sondern auch villenartige Mehrfamilienhäuser im Heimat- oder

Steglitz, Schlossstraße Die Steglitzer Schlossstraße gehörte zu den bevorzugten Wohn- und Geschäftsadressen im Berliner Westen. Das Haus Schlossstraße/Albrechtstraße wurde 1908/09 von Robert Metzger errichtet.

Jugendstil, sowie das 1904/05 von Kurt Bernd (1836–1925) erbaute Haus der Koepjohannschen Stiftung am Schiffbauer Damm 8 (Mitte) oder die 1905–10 nach Plänen von Otto Kuhlmann entstandene Bebauung des heutigen Mexikoplatzes, der durch die Symmetrie und die Harmonie seiner Proportionen zu den schönsten Berlins zählt.

Ab etwa 1910 vollzog sich allmählich eine Formberuhigung – die Gebäude zeigen vielfach neoklassizistische oder biedermeierliche Elemente, die sich mit spätem Jugendstildekor mischen und gelegentlich schon das Art déco andeuten. Exponenten dieser Gattung sind die beiden markanten halbrunden Torhäuser (1912/13) von Bruno Möhring am Platz der Luftbrücke in Neutempelhof, aber auch Bauten am ehemaligen Reichskanzlerplatz (heute Ernst-Reuter-Platz), am Roseneck oder in Schöneberg zwischen Volkspark und Innsbrucker Platz. Die großzügig dimensionierten, überwiegend mehr als zweihundert Quadratmeter großen Wohnungen verfügten über allen Luxus der Kaiserzeit (Stuck, Parkette, Zentralheizungen, Messingbeschläge, geflieste Bäder und Küchen, teilweise Marmorkamine, Deckenhöhen von mehr als 3,50 Meter etc.) und lassen noch nichts von der Kleinteiligkeit und Schlichtheit der Siedlungswohnungen der 1920er Jahre ahnen.

Tempelhof, Platz der Luftbrücke
Die 1912/13 von Bruno Möhring errichteten beiden Torhäuser deuten stilistisch in die Zukunft. Die geschwungenen Fassaden zeigen gleichwohl noch die Gliederungselemente des wilhelminischen Neoklassizismus.

Schöneberg, Hauptstraße
Die Schöneberger Hauptstraße war vor dem Ersten Weltkrieg noch kein sozialer Brennpunkt. Das abgebildete Mietshaus wurde 1910/11 von Johannes Kaaz errichtet.

Villenarchitektur

Der Villengürtel, der Berlin vor allem von Lichterfelde bis Westend umzieht, gilt noch immer als der flächenmäßig größte der Welt. Entsprechend lässt sich die Villenarchitektur der Epoche mit ihren mannigfaltigen Varianten vermutlich nirgendwo so gut studieren wie in der damals reichsten Stadt des europäischen Kontinents. Der Villenbau war eine Bühne architektonischer Selbstdarstellung, Demonstration von Wohlstand und ästhetischem Bedürfnis und zuweilen auch der Exzentrik ihrer Besitzer. Aufgrund der vorherrschenden Windrichtung waren die begüterten Schichten meist bestrebt, sich im Südwesten und Westen der Metropolen anzusiedeln. Da sich jedoch in fast jedem der rasch wachsenden Berliner Vororte und Vorstädte eine gut situierte Bürgerschicht etablierte, findet man kleinere Villensiedlungen in den meisten Bezirken, bevorzugt jedoch in den Grünlagen.

In Berlin gab es für die Bevorzugung des Südwestens noch einen weiteren triftigen Grund, den be-

Grunewald, Villa Büttner
Der Wilmersdorfer Ortsteil Grunewald galt in der Kaiserzeit als das wohlhabendste Viertel im Umfeld der Reichshauptstadt. Nirgendwo sonst gibt es eine ähnliche Häufung schlossartiger Privatresidenzen wie die 1896 von Arnold Hartmann errichtete Villa Büttner in der Hubertusbader Straße.

reits die preußischen Könige zu schätzen wussten: Die reizvolle Wald-, Fluss- und Seenlandschaft zwischen Berlin und Potsdam bietet ideale Voraussetzungen für ein Leben „im Grünen", im „Weichbild" der schnell erreichbaren Großstadt. Nachdem sich die gesellschaftlichen und wirtschaftlichen Eliten im späten 18. und frühen 19. Jahrhunderts ihre Villen und Landsitze noch am Rande des Tiergartens (die Tiergartenmänner) errichten ließen, begannen die Bauspekulanten der zweiten Jahrhunderthälfte, die sogenannten Terraingesellschaften, zwischen 1860 und 1871 westlich und südwestlich der wuchernden Stadt Land zu erwerben. In kurzer Folge wuchs dort ein Villenviertel nach dem anderen aus dem Boden. Kleinere Areale entstanden in Schöneberg, Pankow, Friedrichshagen, Karlshorst, Marienfelde, Gatow und später in Frohnau. Eine Aussage, welchem die Pionierolle zufiel, ist zwar möglich, erscheint aber im Grunde müßig. Lichterfelde und die Siedlung Alsen in Wannsee wurden bereits sechs bzw. zwei Jahre vor der Reichsgründung projektiert. Letztlich entstanden alle Berliner Villenviertel jedoch fast zeitgleich und zeigen alle wilhelminischen Stilrichtungen. Auf die „hellenistische" folgte die „gotische" Richtung, dann Renaissance, Barock, Heimat- und Jugendstil, und Neoklassizismus und schließlich alles bunt durcheinander. Auf frühen Fotos der im Entstehen begriffenen Villenkolonien sieht man vereinzelte solitäre Häuser die in beträchtlichem Abstand in den gerodeten oder gelichteten Waldflächen (Waldsiedlungen) stehen. Die Lücken schlossen sich dann im Laufe der Zeit mit Gebäuden unterschiedlicher Stilrichtungen, so dass sich der Eindruck einer organisch gewachsenen Siedlung ergab. Das im Kapitel über den Repräsentationsanspruch Berliner Mietshäuser Gesagte gilt in gesteigerter Form natürlich für die Villen. Strebte schon das gehobene Bürgertum nach aristokratischer Wohnkultur, so wetteiferten deren Bauherren, die in ihrer sozialen Zugehörigkeit natürlich denkbar heterogen waren, darin, ihren Status durch den Bau möglichst palastartiger Residenzen zu unterstreichen. Trotz schwerwiegender Kriegs- und Nachkriegsverluste bilden die Berliner Villenkolonien mit ihrer malerisch in die Umgebung eingebetteten Architektur noch immer eine Kulturlandschaft von außergewöhnlicher Schönheit.

Die mit dem Ausbau des S- und U-Bahnnetzes einhergehende Entwicklung der Villenkolonien lässt sich am Beispiel von Lichterfelde(-West) nachvollziehen. Die Entstehung der Kolonie Lichterfelde ist untrennbar mit dem 1822 im holsteinischen Neverstaden geborenen Bauunternehmer Johann Anton Wilhelm Carstenn verknüpft, der 1873 geadelt wurde und fortan von Carstenn-Lichterfelde hieß. Der Sohn eines Gutsbesitzers verdiente sich 1855 ein Vermögen, indem er das heute zu Hamburg gehörende Gut Wandsbek aufkaufte und in die Villenkolonie Marienthal umwandelte. 1865 versuchte er – die Entwicklungsrichtung der preußischen Kapitale richtig einschätzend, diesen Erfolg in größerem Maßstab zu wiederholen. Auf dem Territo-

Friedrichshagen, Josef-Nawrocki-Straße
In der Josef-Nawrocki-Straße finden sich einige schöne Gründerzeitvillen aus den 1880er Jahren.

Tiergarten, Café Einstein
Im Kielganviertel, Kurfürstenstraße 58, steht eine Gründerzeitvilla von 1889, heute als Café Einstein bekannt.

Lichterfelde, Villa Holzhüther
Die 1875 in der Curtiusstraße in Lichterfelde-West errichtete Villa ist stilistisch noch dem Typus der italienischen Turmvilla der Schinkel-Schule verpflichtet.

Schöneberg, Hauptstraße 45
Das 1865 von Theodor Hardtke errichtete Haus Hauptraße 45 ist eine der Villen der Schöneberger sogenannten Millionenbauern.

Charlottenburg, Alt Lietzow
Die 1864 für den Holzhändler Carl Kogge errichtete Villa ist heute Standesamt. Den Besucher empfängt die repräsentative Treppenhalle mit Galerie und Oberlicht.

rium der Güter Lichterfelde und Giesensdorf, die er neben anderen erwarb, gründete er die Villensiedlung Lichterfelde. Zur Beförderung seiner Pläne ließ er die S-Bahnhöfe Lichterfelde-West und Lichterfelde-Ost erbauen und schenkte das Gelände der künftigen Kadettenanstalt Lichterfelde dem Staat Preußen. Davon erhoffte er sich den Zuzug zahlungskräftiger Militärs. Er selbst bewohnte das alte barocke Gutshaus am heutigen Hindenburgdamm 68, dass er sich im Gründerzeitstil umbauen ließ. Obgleich Carstenns Rechnung zunächst aufzugehen schien – die Villenkolonie Lichterfelde fand den erwarteten Zuspruch, und der Bau der Kasernen schritt planmäßig voran –, entwickelte sich das Projekt für ihn zum Desaster. Nachdem er im Gefolge der Gründerkrise von 1873 in eine finanzielle Schieflage geraten war, konnte die gegenüber dem Staat und den Banken eingegangenen Verpflichtungen nicht mehr erfüllen und musste Konkurs anmelden. Carstenn starb 1896 verarmt in einer Schöneberger Nervenheilanstalt.

Die positive Entwicklung der Villenkolonie Lichterfelde, insbesondere des Viertels Lichterfelde-West, blieb davon jedoch unbeeinflusst. Wie in allen Berliner Villenvierteln findet man in Lichterfelde Bauten aller historistischen Richtungen, gleichwohl nur noch wenige aus der Gründungszeit des vergleichsweise gut erhaltenen Viertels. In Lichterfelde siedelte ganz im Sinne des Gründers ein gut situiertes Offiziers- und Beamtenpublikum an. Die in der Gesamtschau zwar reizvolle, im Vergleich etwa mit Dahlem, Schlachtensee oder Grunewald jedoch eher unspektakuläre und in den Dimensionen moderate Architektur zeigt jedoch, dass sich hier nicht die Spitzen von Staat und Wirtschaft niederließen. Neben Villen hat Lichterfelde eine größere Zahl villenartiger Gründerzeit-Mehrfamilienhäuser, vor allem beiderseits der Drakestraße.

Eine der eindrucksvollsten und zugleich ältesten großbürgerlichen Villen der Siedlung befindet sich unweit des S-Bahnhofs Lichterfelde West. Das Haus des Majolikafabrikanten Holzhüter wurde 1875 von

P. Fingerling in der Curtiusstraße errichtet. Der Bau, strukturell noch dem Typus der Turmvilla der Schinkel-Schule verpflichtet, beeindruckt nicht nur durch seine Größe, sondern auch durch seine reiche Fassadengestaltung mit mehrfarbigen Ziegeln, glasierten Fliesen, Portraitmedaillons und halbplastischer Werksteingliederung. Wie fast alle größeren Villen, in denen vormals kinderreiche Großfamilien mit Hauspersonal (im Souterrain) untergebracht waren und in der Beletage nach heutigen Maßstäben eine dem Gesellschaftsleben der Zeit geschuldete Platzverschwendung mit Salons, Herren- und Damenzimmern, Musik- und Rauchsalons etc. betrieben wurde, ist die Holzhüter-Villa heute geschossweise in Einliegerwohnungen mit teilweiser gewerblicher Nutzung unterteilt.

Häuser im Gründerzeitstil findet man vor allem noch in den kleineren innerstädtischen Villengebieten, etwa in Charlottenburg oder Schöneberg. Während die Villen des Tiergartenviertels fast vollständig verschwunden sind, haben sich vom südlich angrenzenden, großenteils zu Schöneberg gehörenden Kielganviertel noch Restbestände erhalten. In der Kurfürstenstraße 58 steht eine weitgehend authentische und überdies öffentlich zugängliche großbürgerliche Villa der Gründerzeit. Im Jahr 1979, 101 Jahre nach ihrer Errichtung durch Max Karchow und Robert Guthmann, wurde sie zu einem der attraktivsten Kaffeehäuser der Stadt (Café Einstein) umgewidmet. Erbaut wurde das Haus für den Nähmaschinenfabrikanten Rossmann. In den 1920er Jahren lebte hier der Stummfilm-Star Henny Porten. Raumaufteilung und Wandgestaltung sind weitgehend erhalten, und in den Salons, in der holzgetäfelten Bibliothek und im Festsaal kann man in die Atmosphäre der frühen Kaiserzeit eintauchen. An der Schöneberger Hauptstraße finden sich noch Zeugen des unvermittelten Reichtums der Schöneberger „Millionenbauern".

Wannsee, Villa Am Großen Wannsee 56–58
Die Wannseevilla erinnert heute an die nationalsozialistische Wannseekonferenz vom 20. Januar 1942. Sie wurde 1914/15 von Paul Baumgarten errichtet.

Wannsee, Liebermann-Villa
Das Haus Max Liebermanns in der Colomierstraße 3, 1909 von Paul Baumgarten errichtet, ist heute Museum.

Wannsee, Haus Sanssouci
Villa des Filmpioniers Oska Messter (1866–1943), Am Großen Wannsee 60, erbaut um 1900, heute Ausflugsrestaurant.

Wannsee,
Villa Wild
Die Villa Am Sandwerder 1, 1875 nach Plänen von Ernst Petzholtz erbaut, war eine der ersten an der Haveldüne am Nordufer des Wannsees.

Zehlendorf
Der Ortskern ist allseits von spätgründerzeitlichen Villen umgeben. Fritz Schirmer errichtete dieses Haus 1894/95 in der Martin-Buber-Straße.

Wannsee, Am Kleinen Wannsee 5
Arnold von Siemens, Werner von Siemens' ältester Sohn, ließ sich 1888 von Paul und Walther Hentschel eine schlossartige Residenz am Kleinen Wannsee errichten.

Die älteste der drei dort erhaltenen Stadtvillen ist das in der Schinkel-Nachfolge stehende, 1865 von Theodor Hardtke errichtete Haus Hauptstraße 45, heute Polizeistation.

Nicht minder repräsentativ und gut erhalten ist das ehemalige Wohnhaus des Holzhändlers Carl Kogge, das ein nicht überlieferter Architekt 1864 am Platz Alt-Lietzow, der historischen Keimzelle von Charlottenburg, errichten ließ. Das heute als Standesamt von Charlottenburg fungierende Gebäude steht stilistisch zwischen Spätklassizismus und Gründerzeit. Bemerkenswert ist nicht nur das nach geringen Kriegsschäden wiederhergestellte reich gestaltete Äußere mit farblich abgesetzten Gliederungselementen, sondern vor allem das teilweise denkmalgerecht sanierte Interieur mit der Treppenhalle mit Galerie, Oberlicht und viel plastischem „hellenistischen" Stuck sowie der Herrensalon (Trausaal) mit reich geschnitzten Wandverkleidungen, geprägten Ledertapeten und vergoldetem Stuck.

Den von den Terraingesellschaften auf dem Reißbrett geplanten Großkolonien lag stets ein vorgegebenes Straßenraster zugrunde. Besonders auffällig ist dies bei der 1866 von der Kommanditgesellschaft Westend gegründeten und maßgeblich von Martin Gropius geplanten Kolonie Westend. Die strenge Symmetrie des sich zwischen Reichsstraße und Spandauer Damm um den kreisrunden Branitzplatz erstreckenden Viertels erschließt sich auch dem Flaneur und erleichtert die Orientierung. In Westend haben sich trotz gravierender Verluste einige schöne Villen aus der frühen Kaiserzeit erhalten, wie etwa die 1871/72 erbaute spätklassizistische Villa Ulmenallee 17 und die farblich reich gestaltete Neorenaissance-Villa Ahornallee 47 mit der von korinthischen Säulen getragenen Loggia. Ein prachtvoller später Vertre-

ter dieses Genres mit Jugendstil-Anklängen, auf den eher der Begriff Belle-Époque-Architektur träfe, ist das 1908 von Albert Saalmann errichtete Wohnhaus Ulmenallee/Lindenallee.

Von ähnlicher Gleichförmig wie in Westend ist auch die Grundstücksaufteilung in Wannsee. Aufgrund der Topographie des hügeligen Geländes dringt dies jedoch weniger ins Bewusstsein. Die am weitesten vom Zentrum entfernte Villenkolonie, die bereits 1869 gegründete Kolonie Alsen zwischen Großem und Kleinem Wannsee, ist mithin eine der ältesten und zugleich fraglos die landschaftlich attraktivste unter den Berliner Stadtrandsiedlungen. Da Wassergrundstücke auch im späten 19. und frühen 20. Jahrhundert stets besonders begehrt waren, wurden dort einige der opulentesten Objekte auf Grundstücksflächen zwischen 2 000 und 30 000 Quadratmetern errichtet – nach heutigem Geldwert Multimillionärsobjekte einzuordnen wären. Da viele dieser Häuser die Dimensionen einer vernünftig zu bewirtschaften Privatvilla bei weitem sprengen und die Gesellschaftsschicht, die sich derartige Prestigeobjekte errichtete, heute eher am Starnberger See, in München oder Bad Homburg angesiedelt ist, sind nicht wenige in öffentliche Nutzung übergegangen und somit der Allgemeinheit zugänglich.

Der südliche Bereich der Villenkonie Wannsee – die sogenannte Colonie Alsen – verdankt ihre Existenz dem Bankier Wilhelm Conrad, der das Areal ab 1863 in mehreren Tranchen erwarb und als Wohngebiet erschloss. Der Name der Siedlung ist ein patriotisches Bekenntnis zur Erinnerung an die Kapitulation der Insel Alsen, mit der der Deutsch-Dänische Krieg von 1864 endete, dem am Wannsee auch der Abguss des Flensburger Löwen am Heckeshorn gewidmet ist. In der neuen Kolonie rund um das alte

Grunewald, Villa Harteneck
Ein wahres Schloss ließ sich der Chemiefabrikant und Kaufmann Carl Harteneck 1911 von Adolf Wollenberg in der Douglasstraße 9 errichten.

Grunewald, Villa Roderbourg
Die großbürgerliche Villa in der Koenigsallee 62 (unten) mit segmentbogig austretendem Erker wurde 1913/14 von Richard Halfter erbaut. In den eleganten Räumen (oben) kann man heute feines Meißener und Berliner Porzellan erwerben.

Dorf Stolpe siedelten sich in den ersten Jahren vor allem Bankiers und der gehobene industrielle Geldadel an. Wenngleich man in Wannsee auch im Hinterland eindrucksvolle Objekte antrifft, wurden die opulentesten Villen stets auf den teilweise riesigen Wassergrundstücken Am Großen Wannsee, Am Kleinen Wannsee, Am Sandwerder, an der Bismarckstraße und an der Inselstraße auf der Insel Schwanenwerder errichtet.

Von den öffentlich zugänglichen Großvillen Am Großen Wannsee seien hier vier erwähnt, von denen drei zu Beginn des 20. Jahrhunderts von dem Messel-Schüler Paul Baumgarten d.Ä. im neoklassizistischen Stil errichtet wurden. Die größte und aufgrund ihrer düsteren Historie bekannteste ist die vormalige Villa Marlier Am Großen Wannsee 56–58, die man heute nur noch unter dem Namen Wannseevilla kennt. Das neoklassizistische, dreigeschossige, schlossartige Haus liegt in atemberaubender Lage in unmittelbarer Nachbarschaft zum Flensburger Löwen. Ernst Marlier, ein Fabrikant, der durch die Produktion überwiegend wirkungsloser Medikamente zu Vermögen kam, ließ sich das Anwesen 1914/15 auf einem 30 000 Quadratmeter großen Grundstück errichten. Das verschwenderische Interieur des Hauses, in dem heute eine Dauerausstellung über die Wannsee-Konferenz von 1942 und die Deportation und Ermordung der europäischen Juden untergebracht ist, übertrifft das Äußere noch. Die gut erhaltene Ausstattung mit Kassettendecken, Marmor- und Holzverkleidungen, intarsierten Türen und Böden hat auch in Wannsee kaum ihresgleichen. Etwas bescheidener, gleichwohl eindrucksvoll ist auch die Villa Hamspohn Am Großen Wannsee 40, die sich der AEG-Direktor Johann Hamspohn 1906 von Paul Baumgarten erbauen ließ. In den reich gestalteten Innenräumen, die sich um die zweigeschossige Halle mit Jugendstil-Buntglasfenstern, einem Marmorbrunnen mit Nymphe und einem Marmorkamin gruppieren, betreibt der heutige Besitzer des Hauses, Jörg Thiede, den „Villa Thiede – Kunstsalon Berliner Sezession" mit einer sehenswerten Privatsammlung und wechselnden Sonderausstellungen.

Unmittelbar westlich angrenzend in der Colomierstraße 3 steht die 1909 gleichfalls von Baumgarten erbaute neoklassizistische Villa von Max Liebermann mit den markanten ionischen Säulen auf der Straßenseite, seit 2006 Liebermann-Museum. Der durch die Nachkriegsnutzungen als Krankenhaus und durch einen Taucherverein entstellte, von Liebermann auf vielen seiner Bilder verewigte farbenpräch-

Grunewald, Villa Trabener Straße
In Grunewald findet man auch neobarocke Villen wie dieses 1896/97 von Joseph Bislich erbaute Haus.

Grunewald, Palais Mendelssohn
Das seinerzeit größte Anwesen in Grunewald ist nach Kriegszerstörungen stark verändert worden. Die Halle des 1893–96 von Ernst von Ihne für den Bankier Franz von Mendelssohn erbauten Hauses wurde wiederhergestellt.

tige Garten wurde wie das Haus sukzessive wiederhergestellt. Am südlichen Ende der Alsen-Siedlung neben dem Flensburger Löwen – Am Großen Wannsee 60 – befindet sich eine ungewöhnliche Villa mit nicht minder ungewöhnlicher Geschichte. Es wurde als eines der ersten Holzfertighäuser der Welt um 1900 für den Filmpionier Oskar Messter errichtet. Heute befindet sich hier das beliebte Ausflugsrestaurant „Haus Sanssouci".

Die vielleicht eindrucksvollste Liegenschaft der Alsen-Siedlung befindet sich auf dem höchsten Punkt über dem kleinen Wannsee und hat nach dem Krieg eine seinen Dimensionen gemäße Umnutzung als Teil der Orthopädischen Klinik St. Immanuel erfahren. Arnold von Siemens – ältester Sohn

Grunewald, Schlosshotel im Grunewald
Das Palais des Kaiser-Intimus Walter von Pannwitz wurde 1912–14 von German Bestelmeyer errichtet. Heute eines der exklusivsten Hotels Berlins, genügt auch das Restaurant (oben) höchsten Ansprüchen. Geradezu schlossartig wirkt die Halle mit der Löwentreppe (unten).

des Firmengründers Werner – ließ sich 1888 von Paul und Walther Hentschel im Louis-treize-Stil die schlossartige Villa Am Kleinen Wannsee 5 mit Nebengebäuden errichten. Das 24 000 Quadratmeter große Hanggrundstück wurde als romantischer Landschaftspark im Stil Lennés mit effektvoll eingestreuten Kleinarchitekturen – „Grotte" mit Kaskade, Aussichtsturm und anderes – gestaltet. Die Villa und der Festsaal sind durch Aufstockungen und Anbauten verändert worden.

Am Nordufer des Großen Wannsees erstreckt sich entlang der Straße Am Sandwerder eine vollständiger als die Alsen-Siedlung erhaltene Villenkolonie, die noch immer zu den exklusivsten Adressen Berlins zählt. Exemplarisch seien die 1875 von Ernst Petzholtz fünfundzwanzig Meter über dem Wannsee errichtete, noch in der Schinkel-Nachfolge stehende, heute als Mehrparteienwohnhaus genutzte Villa Wild Am Sandwerder 1 mit markantem Turm, die 1890–92 von Erdmann & Spindler im Stil einer romanisch-gotischen Burganlage mit mächtigem Torturm errichtete Villa Ebeling Am Sandwerder 12 und die 1884/85 nach Plänen von Kayser & von Großheim für den Baurat Robert Guthmann errichtete schlossartige Gründerzeitvilla Am Sandwerder 5 – heute Domizil des Literarischen Colloquiums – genannt.

Die Kolonie Grunewald wurde erst 1889 von der Kurfürstendamm-Aktiengesellschaft gegründet und ist damit eine der jüngeren – bis auf den heutigen Tag blieb sie indessen die wohlhabendste und teuerste. Nirgendwo in Berlin trifft man auf eine vergleichbare Fülle palastartiger Residenzen. Die Bodenrichtwerte sind im Durchschnitt die höchsten der Stadt. Die Verkaufsargumente für das neue, un-

Grunewald, Koenigsallee 63
Das elegante neoklassizistische Landhaus wurde 1910/11 von Heinrich Straumer und Hans Hermann erbaut. Im Hintergrund die Villa von Walter Rathenau.

Grunewald, Löwenpalais
Das 1903 von Bernhard Sehring erbaute Löwenpalais gemahnt an eine aristokratische Residenz.

Zehlendorf, Teltower Damm 10
Das 1892 von Fritz Schirmer für die Wohltäterin Sidonie Scharfe errichtete Haus am Teltower Damm 10.

mittelbar hinter dem Kurfürstendamm beginnende Viertel waren die Nähe zur Stadt, die landschaftlich reizvolle Lage an vier bereits 1889 künstlich angelegten (Diana-, Königs-, Hertha- und Hubertussee) und zwei natürlichen Seen (Hundekehle, Halensee) auf einer durch Rodung entstandenen Freifläche am Rande des Grunewalds – daher der Name – und die gute Verkehrsanbindung. Hier siedelte sich der neue Geldadel an, der sofern nicht gnädig nobilitiert, zum großen Teil bereits ohne Adelsprädikat auskam, sich gleichwohl damit schmeichelte, in den Kreisen der alten Eliten zu verkehren. Das reiche gesellschaftliche und kulturelle Leben der Kolonie wurde maßgeblich von assimilierten jüdischen Geschäftsleuten und Künstlern getragen, die sich hier niederließen. Neben den „normalen" großbürgerlichen Villen aller zeitgenössischen Stilrichtungen findet man auch hier eine auffällige Anhäufung von Großbauten, die phänotypisch mit dem Terminus Schloss angemessener beschrieben wären. Zu dieser Kategorie gehören beispielsweise die 1911/12 von Hugo Maas errichtete neoklassizistische Villa des Chemiefabrikanten und Großkaufmanns Carl Harteneck Douglasstraße 7/9, später Wohnsitz von Admiral Wilhelm Canaris und heute ein gehobenes Einrichtungshaus, das heute Villa Roderbourg genannte, 1913/14 von Richard Halfter errichtete Haus Koenigsallee 62, in dem feines Meißener und Berliner Porzellan verkauft wird, das 1893–96 vom Hofarchitekten Ernst von Ihne errichtete Tudorgotik-Palais des Bankiers Franz von Mendelssohn (Bismarckallee 23), das nach schweren Kriegszerstörungen und missglücktem Nachkriegsumbau mit seinen teilweise noch immer prachtvollen Räumen heute unter dem Namen „St.-Michaels-Heim" als Restaurant, Hotel und Veranstaltungsstandort dient, oder das 1912–14 von German Bestelmeyer im Barock- und Renaissancestil errichtete Palais des Münchner Prominentenanwalts und Kaiser-Intimus Walter von Pannwitz (Brahmsstraße 10) das nach dem Krieg als Hotel Gehrhus und später als Schlosshotel im Grunewald eine angemessene Nutzung erfährt. Zu den großen Bauten zählen auch das 1913/14 für den Bankier Fritz Andreae um einen Innenhof errichtete Landhaus Andreae (Kronburger Straße 7-9) die 1910 im barockklassizistischen Stil in der Königsallee 65 errichtete Villa Rathenau (Koenigsallee 65) des Sohnes des AEG-Gründers Emil Rathenau und späteren Reichaußenministers Walter Rathenau, das 1912 von Adolf Wollenberg errichtete neobarocke Landhaus Koenigsallee 64, 1910 erbaute neoklassizistische Villa Koenigsallee 63 oder das schlossartige Löwenpalais, das Bernhard Sehring, Erbauer des Theaters des Westens, 1903 in der Koenigsallee 30/32 im Jugendstil erbaute. Die Aufzählung ließe sich lange fortsetzen. Dominieren in den meisten Berliner Villengebieten Landhausvillen im Fachwerk-Heimatstil,

Zehlendorf, Villa Margarete
Als gründerzeitliche Turmvilla präsentiert sich die 1893 von August Jänicke erbaute Villa Margarete in der Hohenzollernstraße.

2

Zehlendorf,
Berliner Straße 9
Das 1897 erbaute repräsentative Neorenaissancehaus gehört zu einem Möbelgeschäft und ist der Öffentlichkeit zugänglich.

gibt es in Grunewald viele Bauten in repräsentativem Klassizismus, Barock oder in Renaissance.

Der Ortskern von Zehlendorf ist allseits von überwiegend gut erhaltenen Villenvierteln der späten Gründerzeit umgeben. Einige schöne Backsteinbauten aus den 1890er Jahren findet man beispielsweise in der Martin-Buber-Straße 1–5, am Teltower Damm – das 1892 von Fritz Schirmer erbaute heutige Standesamt –, zu nennen sind auch die 1893 von August Jänicke errichtete Villa Margarete Hohenzollernstraße/Markgrafenstraße und die 1897 errichtete Neorenaissance-Villa Berliner Straße 9, in der sich heute ein elegantes Möbelgeschäft befindet.

Die Entwicklung der Kolonien Nikolassee und Schlachtensee begann 1894 mit der Gründung der Heimstätten-Aktien-Gesellschaft (HAG), die im Unterschied zu den älteren Terraingesellschaften nicht nur erschlossene Grundstücke veräußerte, sondern darüber hinaus auch Finanzierungspläne entwickelte und sogar fertige Villen – auf Wunsch

Schlachtensee, Kaunstraße 34 Dieses großbürgerliche Haus wurde 1913 für den Bankier Wilhelm Paetsch in der Kaunstraße errichtetet.

Schlachtensee Salon einer Villa.

Schlachtensee, Landhaus Kuczynski
Das 1913/14 für den Ökonomen und Demographen Robert René Kuczynski (1876–1947) errichtete Haus am Schlachtensee wirkt für eine Muthesius-Villa erstaunlich traditionell.

inklusive Einrichtung – offerierte. Ermöglicht wurde die Entstehung der Großsiedlung durch den Verkauf wesentlicher Teile des Ritterguts Düppel durch Prinz Leopold von Preußen an die HAG. Entscheidender Schrittmacher war auch hier die S-Bahn. Die beiden Bahnhöfe Nikolassee und Mexikoplatz – früher Zehlendorf-Beerenstraße – zählen zu den schönsten des Streckennetzes und fügen sich harmonisch in die idyllische Kulturlandschaft ein. Landschaftliche Dominanten sind die Rehwiese – eine parkartig gestaltete, dreieinhalb Kilometer lange, von Villen gesäumte Talmulde –, der langgestreckte Schlachtensee, der künstlich angelegte Waldsee und der Nikolassee, der seinen Reiz durch die AVUS allerdings weitgehend eingebüßt hat. Der überwiegende Teil der Häuser wurde zwischen 1900 und 1910 im Fachwerk-Heimatstil mit Elementen des Jugendstils errichtet. Als typische Vertreter seien exemplarisch das 1901/02 von Walter Schilbach an der Rehwiese 15 errichtete Haus Cordel, die 1905/06 von Otto Kuhlmann für den Regierungsrat Rasch erbaute Villa in der Matterhornstraße 5, die 1906–08 von Max Werner erbaute Fabrikantenvilla am Veronikasteig 4 und das 1908 von Felix Liepert erbaute burgartige Haus an der Potsdamer Chaussee 8 genannt, das sich im Gewand einer überdimensionierten Turmvilla zeigt, in Wirklichkeit aber ein Mehrparteienwohnhaus ist.

An den Villen zeigt sich die bisweilen unzureichende Trennschärfe der Stilzuschreibungen. Der sogenannte Heimatstil begann sich in der zweiten Hälfte des 19. Jahrhunderts ausgehend vom Schweizer- und Tirolerhaus, vom englischen Cottage House und anderen ländlichen Hausformen in zahlreichen Varianten in ganz Europa zu verbreiten – die Wurzeln reichen jedoch bis in das 18. Jahrhundert zurück. Die Bauten in den Berliner Villenvierteln, die über-

wiegend zu Beginn des 20. Jahrhunderts entstanden, besitzen viel dem Burgenbau entlehnten romantisierenden Zierrat wie Fachwerkverkleidungen, Türme, Erker, Lukarnen und ähnliches, häufig aber auch Renaissance-, Barock- und Rokokoelemente sowie reichen Jugendstildekor. Allen Bauten gemeinsam ist eine auffällige Experimentierfreude mit unterschiedlichsten Stil- und Bauformen, die eine grobe Datierung zwar ermöglicht, sich einer dezidierten stilistischen Zuordnung jedoch entzieht. Wenngleich diese Strömung bisweilen auch im Kontext mit einem reformerischen Regionalismus gesehen wurden fügt sie sich durch die bisweilen willkürliche Kombination gestalterischer Elemente ins Bild des wilhelminischen Historismus. Das Interieur ist wie bei allen Villen auf großbürgerliche, schlossartige Repräsentation ausgelegt und zeigt nichts Rustikal-Bäuerliches. Auch in Schlachtensee findet man palastartige Villen wie etwa die 1913 für den Bankier Wilhelm Paetsch erbaute Villa in der Kaunstraße oder die zeitgleich auf der anderen Straßenseite von Paul Mebes erbaute backsteinerne Kaufmannsvilla, in der heute ein Botschafter residiert.

In den Kolonien Nikolassee und Schlachtensee hat der Architekt und Werkbund-Mitbegründer Hermann Muthesius (1861–1927) vielfältige Spuren hinterlassen. Muthesius, der für die HAG insgesamt achtzehn Ein- und Mehrfamilienhäuser errichtete, hat selbst in Nikolassee gelebt und ist auf dem Nikolasseer Kirchhof bestattet. Er gilt als Vertreter der Reform- und Landhausarchitektur und als Kritiker des Jugendstils. Muthesius ist stark von der englischen Arts-and-crafts-Bewegung beeinflusst, seine Bauten weisen aber auch Gestaltungselemente von Historismus und Heimatstil auf. Zu seinen bemerkenswerten Bauten in Nikolassee und Schlachtensee

Schlachtensee, Potsdamer Chaussee
Das burgenartige Haus in der Potsdamer Chaussee, 1908 von Felix Liebert im Heimatstil errichtet, ist ein Mietshaus, das sich als überdimensionierte Turmvilla gibt.

zählen das 1907 im englischen Landhausstil errichtete Haus Freudenberg in der Potsdamer Chausee 48, dessen äußere Erscheinung in den 1980er Jahren durch den Austausch der Sprossenfenster gegen praktische Einteiler etwas beeinträchtigt wurde, und die 1913/14 erbaute eindrucksvolle Bankiersvilla Landhaus Kuczynski in der Terrassenstraße 16, die sich erstaunlich traditionell präsentiert.

Da die Entwicklung der Kolonie Dahlem erst 1902 – nach der teilweisen Veräußerung der gleichnamigen königlichen Domäne – einsetzte, trifft man hier neben zahlreichen, teilweise aufwendigen Villen und Mehrfamilienwohnhäusern aus der späten Kaiserzeit großflächig auch auf Bebauung aus der Zwischenkriegszeit. Die verkehrstechnische Erschließung Dahlems, das sich um einen historischen Dorfkern mit einer romanisch-gotischen Kirche und einem Renaissance-Herrenhaus herum entwickelte, brachte die U-Bahn mit ihren außergewöhnlich reizvollen Bahnhöfen im Landhausstil (Podbielskiallee, Dahlem Dorf, Thielplatz). Von den späthistoristischen Großvillen seien das 1913/14 von Fritz Redlin errichtete zweigeschossige neobarocke Palais Podbielskiallee 42 mit markantem ionischen Säulenportikus unter einem Schweifgiebel, heute Botschaft, und das 1914–16 im holländischen Barockstil nach Plänen von Paulus & Lilloe erbaute Haus Heydenreich Peter-Lenné-Straße 1 genannt, heute Große Landesloge der Freimaurer von Deutschland.

Ein Exponent der anbrechenden Moderne findet sich in der Peter-Lenné-Straße 28/30. Peter Behrens, errichtete die reduziert monumentalisierende, mit Muschelkalkplatten verkleidete neoklassizistische Villa mit dem vorgelagerten dorischen Peristyl 1911/12 für den Archäologen Theodor Wiegand. Heute ist hier die Zentrale des Deutschen Archäologischen Instituts untergebracht. Das Haus zeigt sich außen wie innen gegenüber den historischen Fotos von Max Missmann wenig verändert; und das heutige

Nikolassee, Haus Freudenberg
Haus Freudenberg, einen Muthesius-Klassiker, erbaute der Architekt 1907 in Anlehnung an englische Landhäuser.

Dahlem, Podbielskallee 42
Die Villenkolonie Dahlem wurde 1902 gegründet und schnell eine der besten Adressen. Dieses neobarocke Palais wurde 1913/14 von Fritz Redlin errichtet.

Dahlem, Villa Wiegand
Anbrechende Moderne in der Peter-Lenné-Straße 28/30 – die von Peter Behrens für den Archäologen Theodor Wiegand 1911/12 errichtete Villa mit vorgelagertem Peristyl.

Mobiliar im Werkbund-Stil ist wenn schon nicht original so zumindest passend. Stilistisch schwankt das Interieur mit teilvergoldeten Stuckdecken, Intarsienparkett, Marmorkaminen sowie metallenen Tür- und Fensterrahmen zwischen Neoklassizismus, spätem Jugendstil und beginnender Moderne.

In der Pacelliallee 18 befindet sich eines der eindrucksvollsten Häuser von Hermann Muthesius. Das mit Rüdersdorfer Kalkstein verkleidete Haus Cramer wurde 1912/13 in dem für den Architekten typischen englischen Landhausstil errichtet und beherbergt heute den Overseas Campus der Stanford University.

Dahlem,
Villa Wiegand
Das Haus gehört zum Deutschen Archäologischen Institut. Speisezimmer (oben) und Vorraum (links).

Auch im von Industrieabgasen weitgehend verschonten Norden Berlins gibt es einige kleinere Ensembles kaiserzeitlicher Villen. Neben einigen Arealen im heute eher innerstädtischen Pankow findet man größere, zumeist reizvoll in die märkische Landschaft eingebettete Villenviertel in Waidmannslust, Hermsdorf und Frohnau. Auch hier wurde die Verkehrserschließung zum Motor der Urbanisierung. Eine der reizvollsten Villen ließ sich der Bankdirektor Noelte 1903 in der Dianastraße 44 in Waidmannslust errichteten. Das in ein parkartig gestaltetes Grundstück eingebettete Neorokoko-Palais war nach dem Zweiten Weltkrieg einige Jahrzehnte Residenz des französischen Stadtkommandanten.

In Pankow haben sich in verschiedenen Ortsteilen Villen aus unterschiedlichen Epochen erhalten. Die bekannteste und stadtbildprägendste ist die 1900 erbaute neoklassizistische Villa Majakowskiring 2 (vormals Kronprinzenstraße) mit korinthischem Säulenportikus unter einem Dreiecksgiebel mit allegorischem Relief (Musik, Malerei, Bildhauerei), vormals Gästehaus der DDR-Regierung.

Der landschaftlich nicht minder attraktive Südosten Berlins verfügt ebenfalls über größere Ansammlungen kaiserzeitlicher Villen. Einige schöne Beispiele aus der Gründerzeit befinden sich in Friedrichshagen, etwa in der Josef-Nawrocki-Straße am Müggelsee. Bemerkenswert ist die im Stil einer Turmvilla der Schinkel-Schule errichtete, heute als großes Ausflugsrestaurant genutzte Bürgerbräu-Fabrikantenvilla, die zusammen mit dem baulich verbundenen Brauereigebäude in reizvoller Lage um 1875 am Ufer

Waidmannslust, Dianastraße 44–46
Auch an der nördlichen Peripherie Berlins entstanden Villenkolonien. Den eindrucksvollen Neorokokobau in der Dianastraße ließ sich 1908 der Bankdirektor Noelte von Ernst Fröhlich errichten.

der Müggelspree errichtet wurde. Auf der gegenüberliegenden Straßenseite finden sich einige kleinere, gut erhaltene Gründerzeitvillen.

In Biesdorf im Westen des Stadtbezirks Marzahn-Hellersdorf, den vermutlich nicht viele Berlin-Reisende auf ihrer Agenda haben befindet sich ein auch im derzeit noch lädierten Zustand attraktives großbürgerliches Idyll, das voraussichtlich in wenigen Jahren in neuem Glanz erstrahlen wird. Das auch im Dehio sogenannte Schloss Biesdorf ließ sich Freiherr von Brüxleben 1866/67 von Gropius & Schmieden entwerfen und in einen vierzehn Hektar großen Landschaftspark einbetten. Ein Jahr später gelangte es in den Besitz von Werner von Siemens, der es seinem Sohn Wilhelm zur Nutzung übergab. Das auf einer Anhöhe errichtete Haus ist eine überdimensionierte, zwischen später Schinkel-Schule und früher Gründerzeit stehende Turmvilla. Die Naturstein vortäuschende Verkleidung besteht aus gefärbtem Beton. Der einst zweigeschossige Bau mit Vorhalle, Pergolen und Loggien – heute als „sozial-kulturelles-Zentrum" dienende Bau, der sein Obergeschoss 1945 eingebüßt hat, soll dieses bis 2014 wieder zurück erhalten.

Im Südwesten von Treptow befindet sich in der Späthstraße 80/81 sich ein reizvolles, gleichwohl wenig bekanntes großbürgerliches Relikt. Die schlossartige Villa Späth war das – gleich dem Herrenhaus eines Landguts – am Rande des Gärtnereibetriebs und des erhaltenen landschaftsparkartigen Arboretums gelegene Wohnhaus des Gärtners und Botanikers Franz Späth. Der langgestreckte, zweigeschossige Gründerzeitbau wurde 1874 von Wurgall & Martin errichtet. Das Gelände der einst weltweit größten Baumschule gehört heute zur Humboldt-Universität.

Eine der eindrucksvollsten Berliner Großvillen befindet sich nicht weder am Wannsee noch in Grunewald, sondern in Lankwitz. Das Anwesen das sich der Akkumulatorenfabrikant Friedrich Correns 1913–16 vom späteren Steglitzer Baustadtrat Fritz Freymüller auf einem 35 000 Quadratmeter großen Grundstück errichten ließ, hätte in früheren Zeiten einem Landesfürsten zur Ehre gereicht. Der stilistisch zwischen Neoklassizismus und spätem Jugendstil zu verortende Dreiflügelbau gelangte 1925 in den Besitz der Familie Siemens – daher die Bezeichnung Siemens-Villa –, diente bis 2010 als Standort des Musikarchivs

Pankow, Majakowskiring
Der neoklassizistische Bau am östlichen Ende des Majakowskirings wurde 1900 erbaut und diente viele Jahre als Gästehaus der DDR-Regierung.

Treptow, Späth'sche Villa
Der Gartenbauunternehmer Franz Späth (1839–1913) ließ seine Villa 1874 im Gewand eines märkischen Herrenhauses errichten.

Lankwitz, Villa Correns
1913–16 für den Fabrikanten Friedrich Christian Correns erbaut. Zwischen Neoklassizismus und Jugendstil stehend, ist die Großvilla technisch auf dem seinerzeit neuesten Stand.

der Deutschen Nationalbibliothek und soll künftig der Rehabilitation „ausgebrannter“ Manager dienen. Das Haus ist nicht nur verschwenderisch verziert, und zeigt somit, das es von einem allgemeinen Trend zu einer Formenreduktion zum Ende der Epoche nur unter Vorbehalt gesprochen werden kann, es verfügte zugleich über jeden denkbaren technischen Luxus der Zeit wie Fußbodenheizungen, Speisenaufzüge, beheizbare Handtuchhalter, eine Bowlingbahn, eine zentrale Staubsaugeranlage und manches andere.

Neben den genannten, bisweilen schlossartig auftrumpfenden Großvillen, findet sich im heutigen Berlin noch eine Kategorie von Privatrepräsentanzen, die tatsächlich unter die architektonische Kategorie Schlösser oder besser gesagt Guts- oder Herrenhäuser fallen. Da bei der Gründung von Groß-Berlin 1920 nicht nur zahlreiche Städte, sondern vor allem viele Dörfer und Rittergüter nebst den dazugehörenden Bauten in der Hauptstadt aufgingen, gibt es in den Vororten tatsächlich noch einige vormalige Guts- oder Herrenhäuser. Die meisten wurden vom 17. bis zum frühen 19. Jahrhundert errichtet, einige entstanden aber auch in der Kaiserzeit oder wurden in dieser so grundlegend umgestaltet, dass sie heute im

Britz, Schloss Britz
Schloss Britz aus dem 18. Jahrhundert wurde nach 1880 von Carl Busse gründerzeitlich umgestaltet. Seit 1988 ist das Haus als Museum und Veranstaltungsort zugänglich. Hier der Herrensalon.

Wesentlichen Schöpfungen dieser Ära sind. Neben dem im Kern um 1780 errichteten Gutshaus Lichterfelde (Carstenn-Schlösschen) am Hindenburgdamm 28, das heute als Kindertagesstätte und als kleines Café dient und im Inneren wenig historisches, jedoch gut erhaltenen Fassaden und einen schönen Gutspark bietet, seien hier das ursprünglich ebenfalls barocke Gutshaus Mahlsdorf, dass die legendäre Charlotte von Mahlsdorf alias Lothar Berfelde vor dem Abriss bewahrte und in ein reich mit zeitgenössischen Möbeln und Alltagsgegenständen ausgestaltetes Gründerzeitmuseum umwandelte, und das 1985–88 denkmalgerecht restaurierte Schloss Britz genannt. Der bauliche Kern des Letzteren stammt in wesentlichen Teilen aus dem 18. Jahrhundert, sein heutiges Aussehen erhielt es nach 1880 durch Carl Busse im Auftrag des Gutsbesitzers, Bankiers und Spritfabrikanten Wilhelm Julius Wrede. Das schöne, in einen reizvollen Landschaftpark eingebettete und von restaurierten Gutsgebäuden flankierte Haus fungiert heute als stilgerecht eingerichtetes Museum großbürgerlich-gründerzeitlicher Wohnkultur sowie als Veranstaltungsort von Ausstellungen, Lesungen und Konzerten.

Lankwitz, Villa Correns
Blick in die Bibliothek.

Mahlsdorf, Gutshaus
Das bekannte Gründerzeitmuseum im Gutshaus Mahlsdorf vermittelt ein anschauliches Bild von der bürgerlichen Wohnkultur jener Jahre.

Sakralbauten

Das schon zur Kaiserzeit vielfach als „rot" und „entkirchlicht" bezeichnete Berlin besitzt eine erstaunlich große Zahl an Sakralbauten aus der wilhelminischen Epoche, deren Unterhaltung und bauliche Erhaltung für die verschiedenen Konfessionen eine kaum zu bewältigende Aufgabe darstellt. Grund für die Errichtung so zahlreicher Kirchen war neben dem sich aus dem rasanten Bevölkerungswachstum ergebenden Bedarf das Missionierungsbestreben von Kaiserin Auguste Viktoria – im Volksmund nicht umsonst „Kirchenjuste" genannt –, die den Glauben als staatstragendes Bollwerk fördern wollte. Ihr Mann, Kaiser Wilhelm II., unterstützte sie dabei in der Intention, die Kirche als „moralisches" und soziales Bindemittel gegen die „in den großen Städten überhand nehmenden Umsturzideen" im Allgemeinen und die Sozialdemokratie im Besonderen zu nutzen.

Bis zum Ausbruch des Ersten Weltkriegs wurde in Berlin innerhalb des S-Bahnrings jährlich durchschnittlich an sieben Kirchen gleichzeitig gebaut. Insgesamt entstanden in diesem Bereich – die Vor-

Mitte,
Berliner Dom
Blick in Berlins wohl prachtvollsten Innenraum.

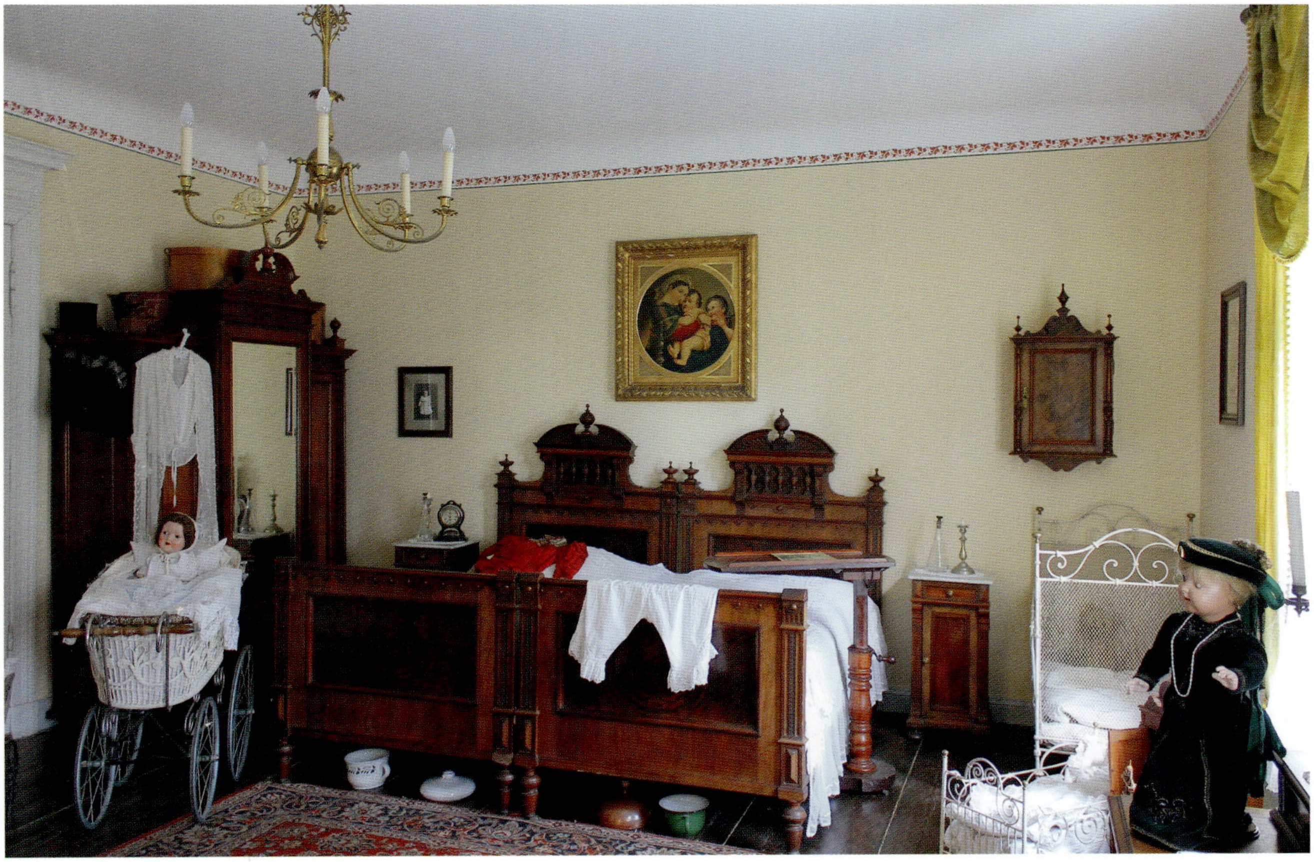

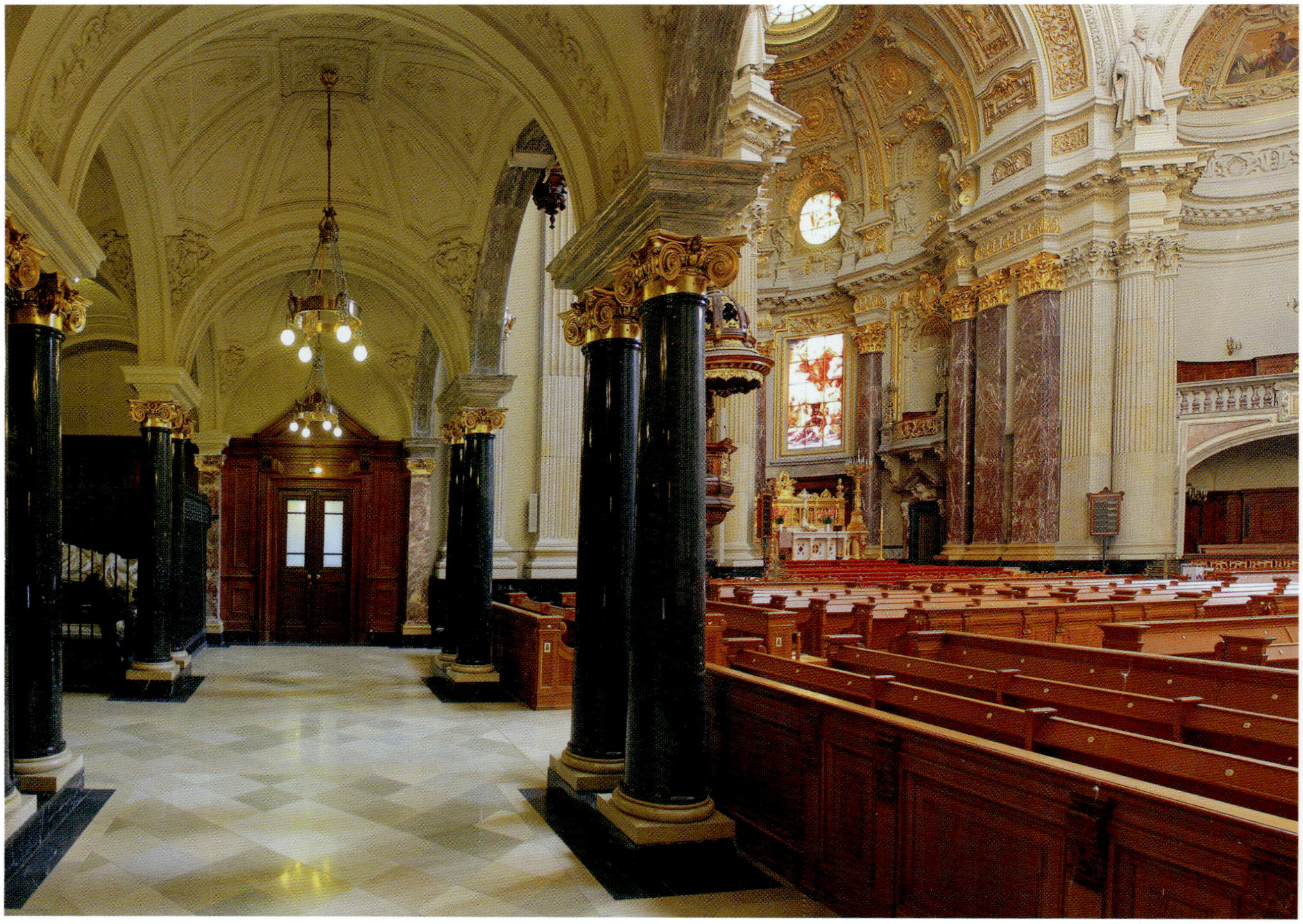

städte nicht mitgezählt – in der Ära Wilhelms II. sechsundsechzig Kirchenneubauten. Auf dem Gebiet des späteren Groß-Berlins waren es einhundertzwölf. Auguste Viktoria trat der „Kirchennot" zielstrebig entgegen und stellte den neu gegründeten Gemeinden beider Konfessionen durch ihren Oberhofmeister Ernst von Mirbach kostenfreie Grundstücke und eingeworbene Spendenbeträge zur Verfügung, half aber auch aus ihrer eigenen „Schatulle", mit Patronaten und „allerhöchsten Gnadengeschenken". Dabei wurde angestrebt, für jeweils etwa 20 000 Einwohner eine Gemeinde zu etablieren. Mirbach spielte die maßgebliche Rolle im 1890 gegründeten Evangelischen Kirchenbauverein. Nach den Kontroversen um seine „unorthodoxen" Geldbeschaffungsmethoden und die aus dem Ruder gelaufenen Baukosten der Kaiser-Wilhelm-Gedächtniskirche wurden ihm 1906 unter politischem Druck wesentliche Teile seiner Kompetenzen entzogen. Durch die 1905/06 vorgenommene Neuregelung der Kirchensteuer wurden die Gemeinden in die Lage versetzt, Kirchenneubauten autonomer, in eigener Regie zu finanzieren.

Kreuzberg, Heilig-Kreuz-Kirche
Ein frühes Beispiel der Neugotik im Berliner Raum. Der Bau wurde 1884–88 von Johannes Otzen in der Zossener Straße 65 errichtet.

Friedrichshain, Samariterkirche
Die Samariterkirche, errichtet 1891–94 von Gotthilf Ludwig Möckel, der die Gotik vom Doberaner Münster her bestens kannte.

Stilistisch und gestalterisch waren die Berliner Kirchen, da sie den Raum für einen seit Jahrhunderten wenig veränderten Ritus boten und sich die Vertreter der beiden großen Konfessionen demonstrativ als Bewahrer alter Tradition präsentierten, die am wenigsten innovativen Neubauten der Reichshauptstadt. Die neu entstehenden Stadtviertel erhielten durch die Gemeindekirchen, die teils freistehend, später aufgrund der steigenden Grundstückspreise meist in die Blockrandbebauung integriert wurden, ihre urbanen Mittelpunkte. Zumeist ragten nur die Türme aus dem Häusermeer hervor, auch für die Kirchenschiffe galt die Berliner Traufhöhe von zweiundzwanzig Metern.

Diese Vorgabe hatte Auswirkungen auf die bauliche Gestalt der neogotischen Kirchen. Sie konnten entsprechend der märkischen Bautradition ausschließlich als Hallenkirchen mit drei gleich hohen Schiffen erbaut werden; Basiliken mit überhöhten Mittelschiffen in der Art der französischen Kathedralen oder der hanseatischen Stadtkirchen hätten die umgebenden Mietshäuser deutlich überragt. So sind die Berliner Kirchen zwar in der Mehrzahl Respekt gebietende Erscheinungen, jedoch weit entfernt von der Imposanz himmelstürmender Kathedralen.

Da sich Brandenburg als eines der ersten deutschen Fürstentümer bereits 1539 der lutherischen Lehre angeschlossen hatte, war dessen Hauptstadt zum Zeitpunkt der Reichsgründung eine evangelische Metropole mit einem Katholikenanteil von etwa sechs Prozent. Infolge der massenhaften Zuwanderung aus katholisch dominierten Regionen wie vor allem Schlesien verdoppelte sich dieser Anteil bis 1914. So findet man in Berlin auch eine erstaunliche Zahl von teils sehr aufwändigen katholischen Kirchen. In der Diaspora im protestantischen Norden und in der „entkirchlichten" Reichshauptstadt wollten die katholischen Gemeinden auch städtebaulich Zeichen setzen. Ihren inneren Zusammenhalt hatte der von Bismarck angezettelte „Kulturkampf" eher noch gestärkt. „Zum ersten Mal seit der Reformation wurden im Berliner Raum in regelmäßiger Abfolge katholische Kirchen gebaut" (Goetz). Das Kaiserhaus beteiligte sich auch am katholischen Kirchenbau mit finanziellen Zuwendungen, wenngleich es die evangelischen Gemeinden naturgemäß priorisierte.

Nicht nur die beiden christlichen Konfessionen, auch die mitgliederstarken jüdischen Gemeinden errichteten während der Kaiserzeit aufwändige Gebetshäuser. In Preußen galten die Juden seit dem Judenedikt von 1812 als gleichberechtigt und gut integriert, waren den Christen in den meisten Belangen gesellschaftlich gleichgestellt und spielten wirtschaftlich und kulturell eine bedeutende Rolle. Daran änderte sich auch während der Regierungszeit Wilhelms II. trotz gelegentlicher antisemitischer Töne nichts. 1933 zählte die Jüdische Gemeinde zu Berlin etwa 160 000 Mitglieder. Die bekannteste Berliner Synagoge, die Neue Synagoge in der Oranienburger Straße wurde bereits 1859–66 nach Plänen von Eduard Knoblauch errichtet. Die 1903/04 von Johann Hoeniger

(1850–1913) errichtete Synagoge in der Rykestraße im Prenzlauer Berg ist mit 2 000 Plätzen heute die größte in Deutschland und die zweitgrößte Europas. Die eindrucksvollsten Zeugnisse jüdischen Glaubens bietet der vierzig Hektar große Jüdische Friedhof Weißensee – mit 115 000 Gräbern größte jüdische Friedhof Europas – mit seinem unüberschaubaren Wald von kaiserzeitlichen Grabtafeln, Familien- und Ehrengräbern. Die stilistisch zwischen der späten Schinkel-Schule und der gründerzeitlichen Neorenaissance stehenden Bauten des Eingangsbereichs wurden um 1880 von dem Leipziger Stadtbaudirektor Hugo Licht aus gelbem Backstein errichtet. Architektonischer Höhepunkt ist die von offenen Arkadengängen gesäumte, in einer oktogonalen Kuppel gipfelnde und mit einer halbrunden Apsis schließende Trauerhalle.

Die Kirchenbauten beider Konfessionen wurden bis kurz vor dem Ersten Weltkrieg im romanischen, häufiger noch im gotischen Stil errichtet. Während die Katholiken in Berlin etwas stärker zur Romanik tendierten, um ihren Anspruch als „kulturbildende“ ältere Konfession zu unterstreichen, neigten die Protestanten eher zur Gotik. Das Eisenacher Regulativ von 1861 empfahl für den evangelischen Kirchenbau einen „vornehmlich germanisch geprägten mittelalterlichen Baustil“. Am Festhalten an den mittelalterlichen Baustilen in der wilhelminischen Epoche änderte auch das Wiesbadener Programm von 1891 nichts, obwohl es von der Festlegung auf die mittelalterlichen Baustile grundsätzlich abging.

Der Kirchenbau stand bis in die 1860er Jahre in der Nachfolge des auf Schinkel zurückgehenden, von Stüler geprägten sogenannten Rundbogenstils, meist in Form von Backsteinbauten wie beispielsweise der Matthäikirche am Tiergarten oder der 1965 gesprengten Dorotheenstädtischen Kirche. Der Übergang zur Backstein-Neogotik der Gründerzeitkirchen erfolgte in den späten 1860er Jahren. Die beiden bedeutendsten Übergangsbauten sind die 1865–69 von Friedrich Adler erbaute Thomaskirche am Mariannenplatz und die 1866–73 von August Orth errichtete Zionskirche.

Prenzlauer Berg, Gethsemanekirche
Buntglasfenster im Chorpolygon.

Weißensee, Jüdischer Friedhof
Die Trauerhalle auf Europas flächengrößtem jüdischen Friedhof, von Hugo Licht um 1880 errichtet.

Prenzlauer Berg, Gethsemanekirche
Die Gethsemanekirche ist im Übergangsstil von Spätromanik zu Frühgotik errichtet. Bautechnisch ist das 1891–93 von August Orth errichtete Gebäude allerdings höchst modern.

Mitte, Berliner Dom
Die Rekonstruktion der Tauf- und Traukapelle war bereits 1980 abgeschlossen.

Die Heilig-Kreuz-Kirche an der Zossener Straße 65 unweit des Reichspatentamts am Landwehrkanal zählt zu den frühen und zugleich zu den eindrucksvollsten wilhelminischen Kirchenbauten der Backstein-Neogotik. Sie wurde 1884–88 von Johannes Otzen (1839–1911), einem im ganzen Reichsgebiet tätigen, vornehmlich auf evangelische Kirchen spezialisierten Architekten und Stadtplaner errichtet. Otzen war auch als Professor an der Technischen Hochschule (TU) tätig. Wie einige seiner frühen Kirchen und etwa auch Adlers Thomaskirche am Mariannenplatz zeigt die Heilig-Kreuz-Kirche überwiegend früh- und hochgotische Stilformen, verbindet diese aber mit einem dreischiffigen überkuppelten Zentralbau und schließt mit einem 5/10-Chor. Der Bau wurde im Krieg schwer beschädigt und ab 1951 vereinfacht wieder hergestellt. Äußerlich erkennt man auf Vorkriegsfotos im Vergleich zu heute vor allem Unterschiede an den Turmaufsätzen. Im Inneren wurden die Mosaiken und Wandmalereien übermalt. Ab 1986 wurde die für die geschrumpfte Gemeinde überdimensionierte Kirche durch gläserne und stählerne Einbauten „multifunktional“ nutzbar gemacht.

Die Gethsemanekirche in der Stargarder Straße in Prenzlauer Berg erlangte in den späten 1980er Jahren Berühmtheit als einer der wichtigsten Treffpunkte der Opposition in Ost-Berlin. Im Herbst 1989 fanden hier Mahnwachen und Diskussionen statt. Der neogotische Bau mit dem markanten durchbrochenen Westturm wurde 1891–93 nach Entwürfen von August Orth (1828–1901) errichtet. Orth hatte unter anderem an der Bauakademie und an der Kunstakademie studiert und hinterließ neben Eisenbahnbrücken und einigen Villen vor allem viele Kirchen. Die Fassaden der Gethsemanekirche zeigen eine vergleichsweise reiche Gliederung mit filigranen Maßwerkfenstern, Rosetten, Wimpergen, Zierfriesen und dergleichen. Der von schlanken Bündelpfeilern getragene, zwischen frühgotischem Transitionsstil und Hochgotik stehende Innenraum überrascht mit geschwungenen Formen und zweigeschossigen Emporen. Das geweitete Mittelschiff erscheint eher als Zentralraum denn als Hallenkirche. Die enorme Gewölbespannweite ermöglichte der Einsatz von Eisenträgern und Pfeilern mit Eisenkernen – ein herkömmliches gotisches Gewölbe hätte die Last nicht zu tragen vermocht. Wie bei vielen Großbauten der Epoche verbirgt sich auch bei der Gethsemanekirche hinter den historisierenden

Mitte, Berliner Dom
Die Wirkung des 1897–1905 von Julius und Otto Raschdorf errichteten und 1993 nach jahrzehntelanger Restaurierung wieder eingeweihten Doms ist noch immer gewaltig.

Mitte, Berliner Dom
Die mit verschiedenen Marmorsorten verkleidete Kaisertreppe im Südostflügel (oben). Den besten Blick in den Kuppelsaal hat man von den Logen im ersten Obergeschoss (vorhergehende Doppelseite).

Fassaden ein modernes Stützsystem. Die Gewölberippen sind reines Dekor.

Die neugotische Samariterkirche am Samariterplatz in Friedrichshain wurde 1891–94 nach Entwürfen des gebürtigen Zwickauers Gotthilf Ludwig Möckel (1838–1915) errichtet, der vor allem in Rostock und Bad Doberan gewirkt hat, wo er unter anderem die Restaurierung des berühmten Zisterzienserklosters leitete. Die elegante dreischiffige Backsteinhalle schließt im Osten mit einer glatten Wandfläche und dominiert ihre Umgebung mit einem ungewöhnlichen, im Querschnitt quadratischen Turm mit vier schlanken Ecktürmchen. Das Maßwerk erscheint im Vergleich mit den Kirchen der norddeutschen Backsteingotik stark abstrahiert. Wie bei den Vorbildern des 13. bis 15. Jahrhunderts ist die Oberfläche des Baus durch schwarz glasierte Ziegel gegliedert. Während die meisten Ausstattungsstücke in dem kreuzrippengewölbten Innenraum den Krieg überstanden, sind die farbigen Glasfenster zerstört. Möckel errichtete in Berlin auch die Versöhnungskirche (1892), die – im Todesstreifen stehend – 1985 als letztes Überbleibsel der Bebauung der Bernauer Straße gesprengt wurde!

Wenn gesagt wurde, dass die Gemeinden beim Bau ihrer Pfarrkirchen die Berliner Traufhöhe einzuhalten hatten, impliziert dies, dass diese trotz ihrer häufig durchaus effektvollen Erscheinung überwiegend von maßvollen Dimensionen sind.

Der Dom ist die einzige Berliner Kirche, die fraglos das Prädikat Monumentalbau verdient. Das geradezu bombastische Gebäude erfüllt in jeder Hinsicht die Erwartungen, die sich an die Hofkirche des letzten Hohenzollern-Kaisers richten, und ist daher

Charlottenburg, Kaiser-Wilhelm-Gedächtniskirche
Das Prestigeobjekt unter den Kirchenneubauten des reichen Westens war die 1891–95 erbaute Kaiser-Wilhelm-Gedächtniskirche am heutigen Breitscheidplatz. Franz Schwechten ließ sich von der rheinischen Romanik inspirieren. Heute ist die beliebte Kirche eine Verbindung aus Alt und Neu.

jahrzehntelang angefeindet worden. Seit der Wiedervereinigung ist der Chor der Eklektizismuskritiker auch hier etwas verstummt. Der Dom hat sich seit der Wiedereinweihung im Jahre 1993 zu einem der meistbesuchten Anziehungspunkte der Stadt entwickelt. Der heutige Bau am Lustgarten ist bereits die dritte Berliner Domkirche – rechnet man den durchgreifenden Schinkel-Umbau des Boumann-Doms dazu, sogar die vierte. Nach einer lange währenden, bis in die 1840er Jahre zurückreichenden Planungsgeschichte wurde der Vorgängerbau 1893 niedergelegt und an seinem Standort am 17. Juni 1894 der Grundstein für den bestehenden, nach Plänen von Julius Raschdorff (1823–1914) und dessen Sohn Otto errichteten Baus gelegt. Raschdorffs erster Entwurf datiert von 1885. Die Einweihung erfolgte am 27. Februar 1905. Aufgrund der langen Entstehungsgeschichte war der Dom zum Zeitpunkt seiner Vollendung stilistisch eigentlich bereits anachronistisch. Der Berliner Dom, dessen Planungszeit somit noch in die Gründerjahre fiel, zeigt sowohl Stilelemente der späten Renaissance, als aber vor allem des Hochbarock. Wie man auf Vorkriegsaufnahmen erkennen kann, korrespondierte er städtebaulich vorzüglich mit den Schlüter-Fassaden des gegenüberliegenden Schlosses, zu dem der vorausgegangene, im Vergleich unterdimensionierte Schinkel-Dom kein adäquates Gegengewicht hatte bilden können. Der Raschdorff-Dom, ursprünglich 114 Meter hoch, nimmt mit seiner Kuppel bewusst Bezug auf den Petersdom, um

Schöneberg, Apostel-Paulus-Kirche
Die Apostel-Paulus-Kirche (links) errichtete Franz Schwechten 1892–94 an der Kreuzung Grunewaldstraße/Akazienstraße. Der Innenraum (oben) hat im Krieg den größten Teil der Wandmalereien und der Buntglasfenster verloren.

Kreuzberg, Katholisch-Apostolische Kirche
Der Neorenaissance-Bau Wilmsstraße 11 entstand zwischen 1898 und 1901 nach Entwürfen von Carl Schröder.

den Anspruch als Hauptkirche des deutschen Protestantismus sinnfällig zu machen. Zugleich zitiert er die Grundform der etwas niedrigeren, gleichwohl mächtigen spätklassizistischen Stüler-Kuppel des Stadtschlosses und gipfelte wie diese in einer – allerdings etwas gestreckteren – Laterne. Die Hauptkuppel wird von vier gleichfalls in Kuppeln schließenden Ecktürmen flankiert. Wenn auch der Vergleich mit Vorkriegsfotos den Verlust der im Krieg zerstörten Originalkuppeln sowie vor allem der unzerstörten und aus ideologischen Motiven 1975/76 beseitigten apsisartigen Denkmalkirche offenbart, ist das heute vorzüglich restaurierte Gebäude nach allen Richtungen hin noch immer von großartiger Wirkung.

Der Eindruck des Interieurs ist in jeder Hinsicht überwältigend. Der Raumwirkung des dreiundsiebzig Meter hohen, verschwenderisch mit Blattgold, Mosaiken, Glas- und Wandmalereien nach Entwürfen Anton von Werners, Reformatoren- und Fürstenskulpturen bekannter Bildhauer der Zeit (Calandrelli, Begas, Magnussen) und verschiedenfarbigem Marmor dekorierten Kuppelsaals kann man sich kaum entziehen. Den eindrucksvollsten Blick eröffnen die Logen im ersten Obergeschoss. Majestätisch erscheint die fast vollständig mit farbigem Marmor und Wandmalereien verkleidete kaiserliche Treppe im Südostflügel. In dem kleinen Museum im zweiten Obergeschoss sind neben Entwurfszeichnungen

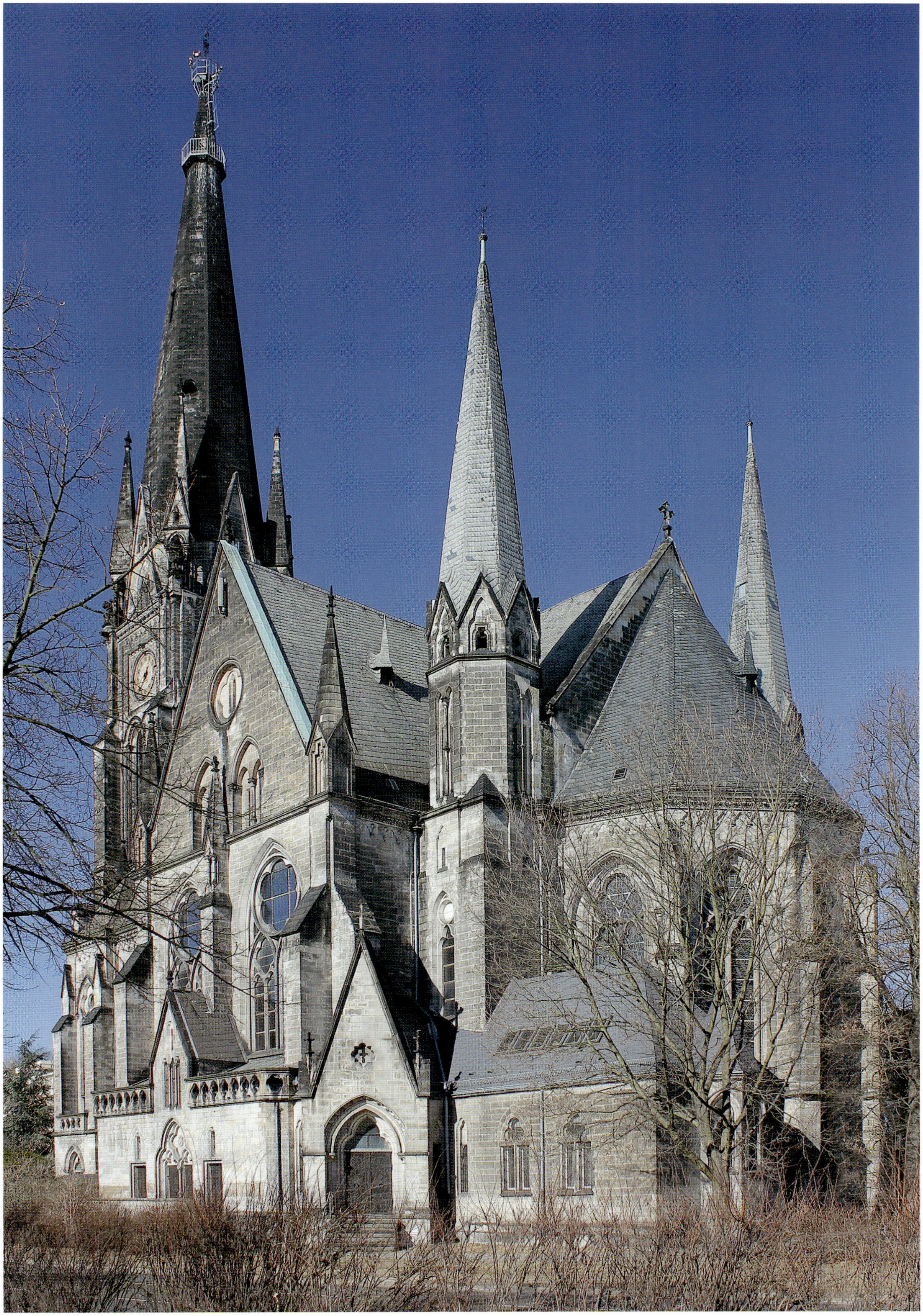

Kreuzberg, Kirche am Südstern
Unweit der Kasernen und Exerzierplätze am Tempelhofer Feld befinden sich am Südstern die beiden Garnisonkirchen. Die evangelische Neue Garnisonkirche wurde 1893–97 von Johann August Roßteuscher erbaut.

Neukölln, Johannes-Basilika
Die Johannes-Basilika (oben) wurde von August Menken als katholische Garnisonkirche errichtet. Das Interieur (rechts) ist farbenprächtig.

und historischen Fotos auch einige der riesigen, unglaublich aufwändigen und detailgetreuen Modelle des Architekturwettbewerbs ausgestellt, darunter das von Raschdorff. Prunkvoll ist auch die gleichfalls reich vergoldete Tauf- und Traukirche, deren Rekonstruktion bereits 1980 abgeschlossen werden konnte und die teils noch über die originale Ausstattung von Begas, Rauch und Schlüter verfügt. Unmöglich ist es, die zahllosen Ausstattungsstücke des Doms im Detail aufzuführen – von besonderer, auch historischer Bedeutung sind die insgesamt rund neunzig Prunksarkophage von Hohenzollern, die sich unter den Emporen und in der Gruftkirche im Souterrain befinden.

Der neben dem Dom prestigeträchtigste und aufwändigste Sakralbau der Kaiserzeit war die für 6,8 Millionen Goldmark errichtete Kaiser-Wilhelm-Gedächtniskirche am Breitscheidt-, vormals Auguste-Viktoria-Platz. Die mächtige neuromanische Basilika am östlichen Ende des Kufürstendamms entstand 1891–95 nach Plänen des königlichen Baurats Franz Schwechten (1841–1924), dem Schöpfer des Anhalter Bahnhofs und vieler anderer Berliner Großbauten, aus dessen Feder auch die Entwürfe zweier weiterer Berliner Kirchen stammen. Der Kirchturm war mit hundertdreizehn Metern – heute einundsiebzig Meter – neben der Domkuppel der zweithöchste in Berlin. Der Einweihung am 1. September 1895, dem „Sedantag", wohnte Kaiser Wilhelm II., der Enkel des Namenspatrons, bei. Die Entwürfe der Gedächtniskirche sind von spätromanischen Bauten des Rheinlandes, namentlich vom Bonner Münster und von der Marienkirche Gelnhausen inspiriert. Während die Mehrzahl der in mittelalterlichen Formen erbauten Kirchen in den dekorativen Details stark vereinfacht und schematisiert erscheint, ist die aus Kalkstein erbaute Gedächtniskirche eng an die aufwändigen Vorbilder angelehnt. Wegen ihrer Verherrlichung des Hauses Hohenzollern, der Thematisierung des Gottesgnadentums und ihres nationalistischen Überschwangs war sie seit ihrer Errichtung umstritten. Die Gedächtniskirche brannte nach Bombentreffern am 23. November 1943 fast vollständig aus. Ein gestalterisches Kernstück des Innenraums, das farbenprächtige Mosaik mit Darstellungen der letzten preußischen Könige und einige ihrer Gemahlinnen, ist mit der Vorhalle, in der es sich befindet, erhalten geblieben. 1957–61 wurden große Teile der Ruine abgetragen und an ihrer Stelle der die gesicherte Turmruine flankierende oktogonale

EGO SVM DOMINVS
DEVS TVVS

Steglitz, Rosenkranzbasilika
Die vom Havelberger Dom inspirierte Turmfront der 1899/1900 von Christoph Hehl erbauten Rosenkranzbasilika (oben) in der Kieler Straße mit flächendeckenden Wandmalereien im Inneren (rechts).

SVPER·CHOROS·ANGELORVM·AD·COELESTIA
ET·CREABVNTVR·ET·RENOVABIS·FACIEM·TERRAE
SANCT·MARCVS
EVAN
GELI
STA

Steglitz, Rosenkranzbasilika
Blick in die ausgemalte Kuppel des romanisch-byzantinisch geprägten Baues.

Lichterfelde, Pauluskirche
Die Pauluskirche wurde 1898–1900 von Fritz Gottlob, Autor der „Formenlehre der Norddeutschen Backsteingotik. Ein Beitrag zur Neogotik um 1900“, erbaut.

Kirchenneubau und der Glockenturm von Egon Eiermann errichtet.

Auf dem Platz an der Kreuzung Grunewaldstraße/Akazienstraße befindet sich eine große backsteingotische Hallenkirche von Franz Schwechten, die den Zweiten Weltkrieg besser überstanden hat. Zwar wurde auch die Apostel-Paulus-Kirche 1944 von Bomben getroffen, was man äußerlich an der Nothaube über dem nördlichen Chorturm und im Inneren am weitgehenden Verlust der ursprünglich aufwändigen Freskomalereien erkennen kann. Doch ist die Wirkung des eindrucksvollen Baus nach den in mehreren Etappen durchgeführten Nachkriegsrestaurierungen auch heute noch weitgehend erfahrbar. Die auf einem kreuzförmigen Grundriss errichtete Kirche bildet mit dem 85 Meter hohen Turm die weithin sichtbare städtebauliche Dominante der Umgebung. Sie wurde 1892–94 für die Tochtergemeinde der Gemeinde Alt-Schöneberg errichtet. Im netzgewölbten Innenraum haben sich die alten Kirchenbänke und einige der reichen Buntglasfenster erhalten.

Unweit des Tempelhofer Feldes und der dort angesiedelten Kasernen stehen zwei eindrucksvolle Bauten mit Natursteinfassaden: die sogenannte Kirche am Südstern, einstige evangelische, und die Johannes-Basilika, einstige katholische Garnisonkirche. Den städtebaulich dominanteren Standort besetzt eindeutig die Kirche am Südstern, die heute von einer freikirchlichen evangelischen Gemeinde genutzt wird. Der kreuzförmige neugotische Hallenbau mit mächtigem, neunzig Meter hohem Hauptturm und zwei den Saalchor flankierenden Nebentürmen wurde 1894–97 nach Plänen von Ernst August Roßteuscher errichtet. Er beherrscht nicht nur den Platz, sondern wirkt bis weit in die angrenzenden Straßenzüge hinein stadtbildprägend. Der von kräftigen

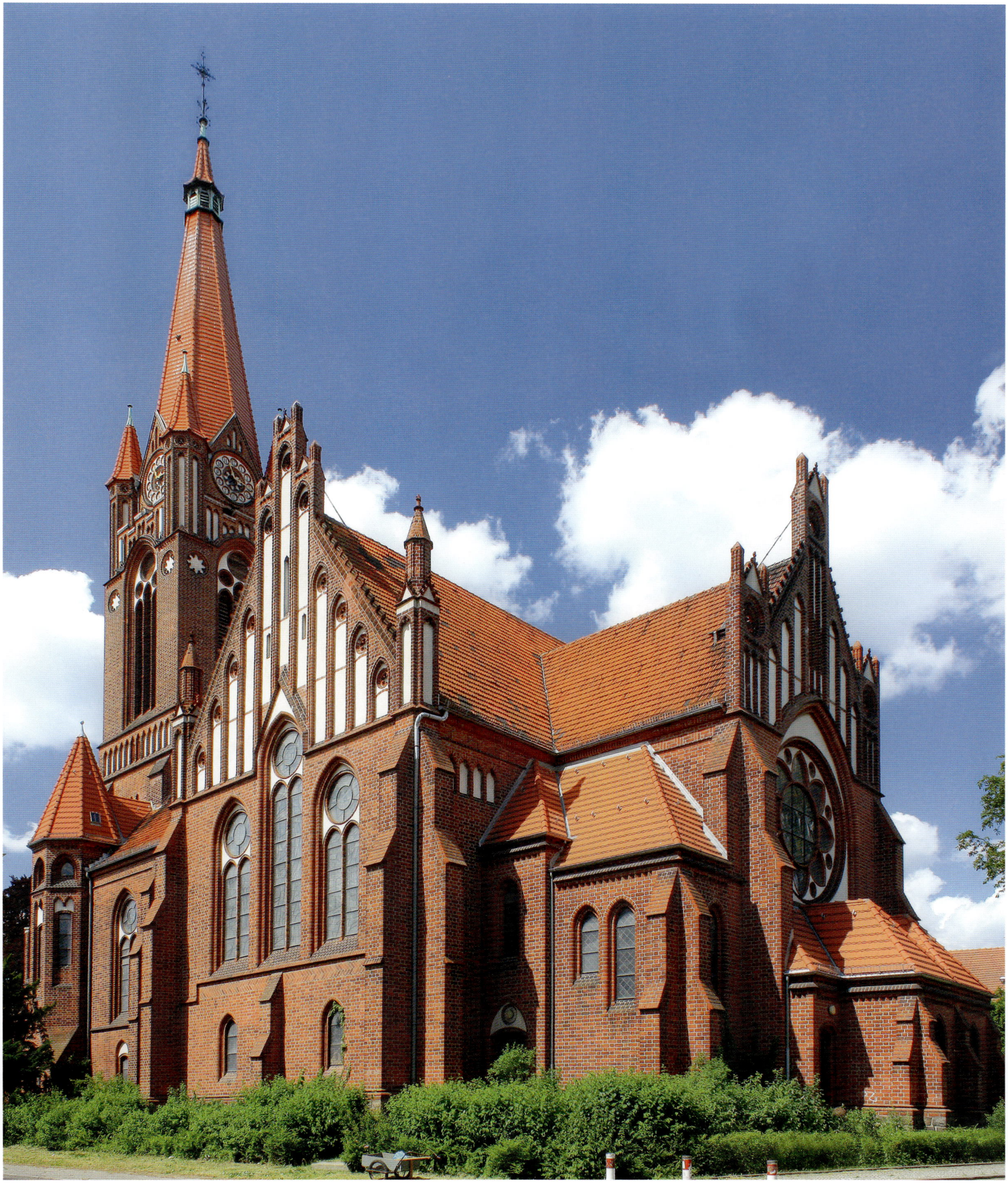

Grunewald, Grunewaldkirche
Das Zentrum der auf dem Reißbrett entworfenen Villenkolonie bildet die 1903/04 von Philipp Nitze errichtete Grunewaldkirche.

Rundpfeilern mit floralen Kapitellen geteilte dreischiffige Innenraum präsentiert sich heute in restauriertem Zustand und ist von dezenter Farbigkeit.

Wenige hundert Meter südlich erhebt sich in der Lilienthalstraße 5 im Bezirk Neukölln die größte katholische Kirche Berlins. Die Johannes-Basilika wurde 1894–97 von August Menken (1858–1903) wiederum unter Mitwirkung von Ernst August Roßteuscher errichtet. Von allen Berliner Kirchen vermittelt sie vielleicht am ehesten einen Eindruck vom früheren Erscheinungsbild der Kaiser-Wilhelm-Gedächtniskirche. Wie diese wurde sie als dreischiffige, kreuzförmige Basilika mit ausgeschiedener Vierung und oktogonal schließendem Westturm in den Formen rheinischer Romanik erbaut. In den Details erscheint sie gegenüber der Gedächtniskirche und deren historischen Vorbildern etwas einfacher und schematischer. Wie diese schließt sie im Osten in einer halbrunden Apsis mit Zwerggalerie im Obergeschoss. Das prunkvolle Innere enthält

Zehlendorf, Pauluskirche
Zehlendorf erhielt 1903–05 im Rahmen des kaiserlichen Kirchenbauprogramms eine neue Pfarrkirche von Hubert Stier aus Hannover.

Kreuzberg, St. Marienkirche
Der Mainzer Dombaumeister Ludwig Becker sparte bei der neoromanischen Marienkirche von 1904/05 nicht an hochwertigen Materialien.

neben romanischen auch byzantinische Elemente und ein spätgotisches Sterngewölbe. Die Farbenpracht der Wände wird durch die im Krieg zerstörten und in den 1960er Jahren modern wiederhergestellten Buntglasfenster verstärkt. Im Chor steht ein mächtiges vergoldetes Altarziborium vor einer überdimensionalen Christusdarstellung im Halbrund der Apsis. Die Kirche wird heute unter anderem von der polnischen katholischen Gemeinde Berlins genutzt. Nördlich vom Chor befindet sich ein Aufenthalts- und Gebetsraum, von dem aus der Kaiser das Geschehen in der Kirche verfolgen konnte.

Die Lichterfelder Pauluskirche am Hindenburgdamm wurde 1898–1900 nach Plänen von Fritz Gottlob, dem Autor der „Formenlehre der norddeutschen Backsteingotik", erbaut. Tatsächlich zeigt die Pauluskirche die eleganten Formen der Backstein-Hochgotik, zugleich veranschaulicht die freie Zusammenstellung der architektonischen Komponenten auch hier die Bedeutung des Wortes „schöpferischer Historismus". Wie viele neogotische Kirchen Berlins schließt sie im Osten flach „chorlos" .

Die Katholisch-Apostolische Kirche an der Kreuzberger Wilmsstraße wurde 1898–1901 von Carl

Zehlendorf,
Herz-Jesu-Kirche
Zehlendorfs katholische Pfarrkirche wurde 1907/08 im frühgotischen Stil von Christoph Hehl errichtet.

Zehlendorf, Herz-Jesu-Kirche
Wie alle Hehl-Kirchen ist die Herz-Jesu-Kirche mit viel Formgefühl errichtet und erscheint größer, als sie tatsächlich ist.

Schröder in den Formen einer italienischen Renaissancekirche errichtet. Der majestätische Kuppelbau mit vergitterter offener Vorhalle füllt geschickt die Baulücke zwischen einem Wohnhaus und einer Gemeindeschule von Ludwig Hoffmann.

Mit der 1899/1900 entstandenen Steglitzer Rosenkranzbasilika hat eine der bedeutendsten katholischen Kirchen Berlins den Krieg nahezu unbeschadet überstanden. Der 1847 in Kassel geborene und 1911 in Berlin gestorbene Christoph Hehl betätigte sich überwiegend im katholischen Kirchenbau. Von seinen Berliner Kirchenbauten besitzen nur noch wenige wie die Herz-Jesu-Kirche im Prenzlauer Berg und eben die Rosenkranzbasilika ihre ursprüngliche reiche Farbigkeit. Der Bau in der Kieler Straße 11 füllt eine Baulücke zwischen zwei Wohnhäusern mit einer vom Havelberger Dom beeinflussten wuchtigen Westfassade. Der hinter dieser Schaufront eigentlich nicht zu erwartende kreuzförmige, überkuppelte Innenraum scheint mehr von byzantinischen denn romanischen Vorbildern inspiriert. Die flächendeckenden Wandmalereien, die das Rosenkranzmysterium thematisieren, wurden bis ins Detail von dem strenggläubigen Katholiken Hehl entworfen. Sie verbreiten im Zusammenspiel mit dem durch die Buntglasscheiben eindringenden Dämmerlicht eine stimmungsvolle Atmosphäre und versetzen den Besucher nur hundert Meter von der hektischen Schloßstraße entfernt in eine andere Welt.

In der Bismarckallee 28, im Zentrum von Berlins teuerster Villenkolonie, steht die 1902–04 nach Plänen von Philipp Nitze (1873–1946) erbaute Grunewaldkirche. Der ungewöhnliche, gerade geschlossene Sandsteinbau mit seitlich Turm, besetzt, ortsbildprägend freistehend, einen dreieckigen Platz. Der Innenraum ist als zweischiffige Halle mit Seitenschiffempore konzipiert.

Äußerlich erscheint die Zehlendorfer Pauluskirche, die Hubert Stier (1838–1907) 1903–05 in der Kirchstraße 6 errichtete, als geradezu akademischer, wenn auch später Exponent der Berliner Backstein-Neugotik im Kirchenbau. Das bekannteste Werk Stiers, der sonst die Neorenaissance bevorzugte, war der Hauptbahnhof Hannover. Wie die meisten Berliner Kirchen der Epoche ist auch die Pauluskirche eine breit ge-

Treptow, Kirche zum Vaterhaus
Das Turmpaar bildet den krönenden Abschluss eines stimmungsvollen Platzes an der Baumschulenstraße, der 1910/11 von Reinhardt & Süßenguth erbaut wurde.

lagerte dreischiffige Halle, deren kurzes Langhaus in einen 5/8-Chor mündet. Der Innenraum ist, obgleich in der Nachkriegszeit mancher schmückender Elemente wie etwa der Emporenbrüstung beraubt, noch immer von schöner Wirkung.

Die St. Marienkirche oder St. Marien-Liebfrauen-Kirche in der Wrangelstraße – im Zentrum eines heutigen sozialen Brennpunktgebiets – wurde 1904–06 vom Mainzer Dombaumeister Ludwig Becker (1855–1940) errichtet. Wie viele katholiche Kirchen wurde auch diese in einem effektvollen neuromanischen Stil erbaut. Eindrucksvoll ist bereits die Inszenierung der doppeltürmigen, mit Naturstein verkleideten Hauptfassade an der Stirnseite eines schmalen, dreigeschossigen Hofs mit Arkadengängen und Ecktürmen. Trotz ihrer moderaten Dimensionen tritt die von der Basilika Maria Laach inspirierte Marienkirche somit – wie viele Berliner Kirchen – trickreich mit dem Anspruch eines Monumentalbaus auf. Innen erweist sie sich als eine mit mit allen Zutaten rheinischer Romanik ausgestatte dreischiffige Basilika mit Vierungskuppel, Stützenwechsel, vergoldeten Altären, Heiligenfiguren, Triumphkreuz, Wandpfeilern, Epitaphien und viel Naturstein (Granit, Marmor, Kalkstein).

Ein in mehrfacher Hinsicht interessanter Bau ist die St. Bonifatius-Kirche in der Kreuzberger Yorckstraße. Es handelt sich um eine Kirche, die zwar „nur“ die Baulücke zwischen zwei sehr eindrucksvollen Mietshausensembles – eines davon ist Rieh-

mers Hofgarten – füllt, an einem städtebaulich markanten, stark frequentierten Punkt sehr wirkungsvoll mit einer dramatischen Doppelturmfront Zudem hat sich eine katholische Gemeinde hier für die Gotik entschieden. Die Kirche wurde 1906/07 nach Plänen des Geheimen Hofbaurats Max Hasak (1856–1934) errichtet. Hasak war im gesamten Reichsgebiet tätig und auf Kirchen und Bankgebäude spezialisiert. Die durchbrochenen, von Fialen flankierten schlanken Türme werden beiderseits von gleichfalls backsteinernen Wohnhäusern eingefasst. Zwischen den Türmen befinden sich Gewändeportale, Schmuckblenden und eine Rose in einem Staffelgiebel. Der hinter einer Vorhalle gelegene netzgewölbte, in einem 5/8-Polygon schließende Saal hat zwar im Krieg durch ein Feuer Ausstattung und Wandmalereien verloren, wirkt aber mit den Nachkriegsfenstern, dem abstrakten Altarbild von Fred Thieler und der dezenten farbigen Beleuchtung noch immer sehr stimmungsvoll.

In der Riemeisterstraße 2, einige hundert Meter östlich des Zehlendorfer Dorfkerns, steht die katholische Pfarrkirche der florierenden Villenkolonie. Die Herz-Jesu-Kirche wurde 1906–08 von Christoph Hehl erbaut und vertritt nicht den von diesem bevorzugten romanisch-byzantinischen, sondern den frühgotischen Stil. Sie ist wie alle Hehl-Kirchen sorgfältig und mit viel Sinn fürs Detail gestaltet. Äußerlich erscheint sie als kurze Halle mit asymmetrischer Einturmfassade, triapsidialem Schluss und einem östlich

Treptow, Kirche zum Vaterhaus
Das Interieur zeigt die zeittypische Tendenz zur Reduktion.

Kirche in Nikolassee
Die 1909/10 von Erich Blunck erbaute Kirche im Landhaus- oder Heimatschutzstil korrespondiert architektonisch mit den Villen der Umgebung.

anschließen, gleichfalls von Hehl entworfenen Fachwerk-Pfarrhaus. Die zweischiffige, zweijochige Halle wird von einer zentralen Säule getragen; unterhalb der Kämpferzone befinden sich vier Skulpturen, die Josef Limburg 1907/08 geschaffen hat. In der mittleren Hauptapsis steht ein ungewöhnlich reicher Flügelaltar im Stil des frühen 16. Jahrhunderts. Auch die schönen Buntglasfenster der Kirche sind erhalten.

In den letzten Jahren der Epoche begann sich der evangelische Kirchenbau von der märkischen Backsteinarchitektur zu lösen und mit neuen Stilformen zu experimentieren. Auch hier zeigten sich nun Neoklassizismus und verspäteter Jugendstil. Ein schönes Beispiel mit Stilelementen der umgebenden Landhausarchitektur ist die 1909/10 von dem TH-Professor Erich Blunck (1872–1950) entworfene Kirche in Nikolassee (Kirchweg 21). Der auf einer Anhöhe über der Rehwiese errichtete Bau dominiert mit seinem markanten spitzen Turm weithin sichtbar die malerische Umgebung und besitzt im Innenraum eine farbig gestaltete Kassettendecke.

Am Baumschulenweg 82/83 in Treptow öffnet sich nach Norden hin ein Platz mit einem von einem siebenundvierzig Meter hohen Turmpaar dominier-

ten stimmungsvollen Architekturensemble, das ein wenig den Eindruck einer barocken italienischen Piazza imaginiert. Das Architekturbüro Reinhardt & Süßenguth schuf hier 1910/11 mit der Kirche zum Vaterhaus einen der letzten kaiserzeitlichen Kirchenbauten, verbunden mit Pfarrhaus und Lyzeum. Wenn man auch den Fassaden auf den zweiten Blick ihre wilhelminische Provenienz ansieht, offenbart sich der schlichte, tonnengewölbte, in einer halbrunden Apsis endende Innenraum in den Einzelformen als Werk des späten Jugendstils. Obwohl in der Disposition noch immer dem Historismus zugehörig, zeigt der Bau unübersehbar die zeittypische Reduktion des Dekors.

Diese Versachlichung der Formen erkennt man auch an der idyllisch an der Matterhornstraße gelegenen Schlachtenseeer Johanneskirche. Das 1910–12 von Baurat Georg Büttner (1858–1914) errichtete Gebäude ist eine Melange aus Landhausstil, Neuromanik und spätem Jugendstil. Äußerlich ist ihm heute nicht anzusehen, das es in den letzten Kriegstagen einen Zufallstreffer erhielt, dem die gesamte reiche Innenausstattung zum Opfer fiel.

Schlachtensee, Johanneskirche
Die 1910–12 nach Plänen von Baurat Georg Büttner errichtete Kirche fügt sich in ihrer Mischung aus Heimatstil, Neoromanik und Jugendstil harmonisch in die Villenkolonie ein.

Bauten für Freizeit und Erholung

Die Möglichkeiten, sich im „vergnügungssüchtigen Berlin" mehr oder weniger geistvoll die Zeit zu vertreiben, waren schon immer mannigfaltig. Das Angebot der Metropole reichte von kulinarischen Angeboten jeglicher Couleur über Theater, Opernhäuser, Revue- und Operettenbühnen und öffentliche Bäder bis hin zu einem zoologischen und einem botanischen Garten, zahlreichen öffentlichen Parkanlagen und Ausflugszielen im Grünen. Von den für diese vielfältigen Zwecke errichteten Gebäuden hat sich trotz schmerzhafter Verluste noch so viel erhalten, dass wir uns ein lebendiges Bild von der Freizeitaktivitäten der Menschen um die Jahrhundertwende machen können. Viele dieser Bauten dienen noch heute ihrer ursprünglichen Zweckbestimmung und repräsentieren alle Architekturströmungen der Epoche.

Die Mehrzahl der heute betriebenen Theater entstand ebenso wie zwei der drei bestehenden Opernhäuser, von denen jedoch nur noch die heutige

Mitte, Berliner Ensemble
Zeitgleich mit der Komischen Oper entstanden, ziert das von Heinrich Seeling erbaute Berliner Ensemble viel vergoldeter Stuck.

Komische Oper zumindest über den ursprünglichen Zuschauerraum verfügt, in der Kaiserzeit. Von den Berliner Theatern besitzen einige noch wesentliche Teile ihres ursprünglichen Interieurs, so das Berliner Ensemble, das Deutsche Theater und das Hebbel-Theater. Die meisten erhaltenen Bühnen wurden im Laufe ihres Bestehens allerdings mehrfach umgewidmet und umbenannt. So öffnete die heutige Komische Oper in der Behrenstraße 55–57 ihre Pforten 1892 als „Theater Unter den Linden", wurde 1898 zur Revue-Bühne Metropol-Theater und in der NS-Zeit zu einem „Kraft durch Freude"-Operettentheater. Um 1947 wurde das Haus unter Walter Felsenstein zur Komischen Oper. Hinter einer minimalistischen Sechziger-Jahre-Fassade verbirgt sich ein wunderbares, von den in ganz Europa tätigen Wiener Architekten Helmer & Fellner entworfenes zweirangiges Neorokoko-Interieur mit viel Blattgold und dutzenden von elegant modellierten Stuckfiguren unter einer kuppelförmigen Decke.

Charlottenburg, Theater des Westens
Der 1895/96 von Bernhard Sehring errichtete Jugendstilbau ist Domizil der leichten Muse.

Charlottenburg, Theater des Westens Skulpturen an der Fassade.

Eine ähnlich üppige Ausgestaltung bietet der Saal des äußerlich zwar entstuckten, räumlich jedoch erhaltenen heutigen Berliner Ensembles, dass nach dem Krieg als Brecht-Weigel-Bühne reüssierte. Es wurde im selben Jahr wie die Komische Oper von dem bedeutenden Theaterarchitekten und späteren Charlottenburger Stadtbaurat Heinrich Seeling (1852–1932) als Neues Theater (Bertolt-Brecht-Platz 1) errichtet und will mit seiner überreichen Rokoko-Dekoration nicht so recht zur Brechtschen Bühnenästhetik passen. Während die Außenfassaden nach Kriegszerstörungen vereinfacht wiederhergestellt wurden, zeigt sich das von Ernst Westphal entworfene halbkreisförmige Interieur mit reicher, teilweise figürlicher Stuckierung, zwei Rängen und Proszeniumslogen weitgehend im ursprünglichen Zustand.

Das 1895/96 von Bernhard Sehring errichtete Theater des Westens war zeit seines Bestehens Heimstatt vor allem der leichten Muse. Das markante weiße Haus in der Kantstraße 12 zählt zu den wenigen klar dem Jugendstil zuzuordnenden Großbauten in Berlin. Das Haus fungierte mit wechselndem Erfolg als Operettenbühne, Opernhaus, „Tingel-Tangel-Theater", Show- und Musical-Bühne. Die siebenachsige Hauptfassade ist durch die triumphierend aufragenden Laternen, die schlanken Rundbogenfenster und viel plastischen Schmuck geprägt. Der Bühnenturm ist im Fachwerk-Heimatstil gehalten. Das nach Kriegsschäden mehrfach umgebaute Interieur wurde zuletzt in den 1980er Jahren weitgehend dem ursprünglichen Zustand angenähert. Der eindrucksvollste Raum ist das langgezogene, helle Foyer mit seinen großen Kronleuchtern.

Das Erscheinungsbild des Deutschen Theaters hat sich bereits während der Kaiserzeit mehrmals erheblich gewandelt. Im Haus in der Schumannstraße 12/13, das schon mit seinem programmatischen Namen Anspruch auf den Rang als erste Bühne des Landes erhebt, haben in den hundertdreißig Jahren seit seiner Gründung Regisseure (Otto Brahm, Max Reinhardt, Gustav Gründgens u.a.) und Schauspieler (Marlene Dietrich, Tilla Durieux, Gustav Fröhlich, Heinrich George u.a.) von Rang gewirkt. Hervorgegangen ist es aus dem 1849 von Eduard Titz erbauten Friedrich-Wilhelmstädtischen Theater, einer Komödienbühne mit angeschlossenem Kasino. Das bestehende Gebäude entstand in wesentlichen Teilen 1883 durch Hermann Richter, wurde aber bereits 1905 durch den Messel-Schüler William Müller seines schweren gründerzeitlichen Dekors entkleidet und in den schnörkellosen neoklassizistischen Zustand versetzt, in dem es sich bis heute präsentiert. Die Außenwirkung des Gebäudekomplexes aus Deutschem Theater und Kammerspielen hat durch den Krieg letztlich gewonnen, weil durch den Abbruch der vorgelagerten kriegsbeschädigten Häuserzeile ein freier Platz von geradezu mediterraner Heiterkeit entstanden ist, der den eleganten Fassaden Raum zur Entfaltung ihre Wirkung gibt. Im Inneren beeindrucken der zweirangige, über sechshundert Plätze verfügende Zuschauerraum und die beiden Foyers durch ihre Proportionen und den noblen klassizistischen Dekor. Die Mahagony-Wandverkleidung der kleineren Kammerspiele ist 1937 durch eine Neorokoko-Malerei ersetzt worden.

Eines der letzten neu errichteten Theater der Kaiserzeit widmete sich zunächst vorwiegend Komödie und Operette. Das 1905/06 nach Plänen von Albert Fröhlich am Nollendorfplatz entstandene Neue Theater ist den Nachkriegsberlinern unter dem Na-

men „Metropol“ als Kino und Diskothek in Erinnerung. Derzeit befindet sich hier der Club „Goya“. Das eindrucksvolle Gebäude mit großem Thermenfenster und zwei Türmen, dessen Zuschauerraum über tausendeinhundert Plätze verfügte, zeitg die typische Berliner Mischung aus moderatem Spätjugendstil und Neoklassizismus.

In der Friedrichstraße 101/102 steht ein etwas exotisch anmutender Jugendstilbau der unter dem Namen Admiralspalast auf eine bis in die 20er-Jahre zurückreichende Geschichte als Revue-, Theater- und Operettenbühne zurückblicken kann. Errichtet wurde er 1910 nach Plänen von Heinrich Schweitzer und Alexander Diepenbrock ursprünglich als Vergnügungseinrichtung mit Bädern, Eisbahn und Kegelbahn.

Berlin verfügt noch immer über prachtvolle Jugendstilbäder, die zu den Schönsten ihrer Art zählen. Davon sind allerdings nur noch drei – die Stadtbäder Charlottenburger und Neuköllner sowie das Kreuzberger Bärwaldbad – als Bäder in Benutzung. Andere wie das Steglitzer Stadtbad oder das Stadtbad Prenzlauer Berg in der Oderberger Straße werden temporär kulturell genutzt. Diese Einrichtungen hießen seinerzeit nicht ohne Grund „Volksbad“, weil sie, inmitten dicht besiedelter Wohnviertel gelegen, auch eine hygienisch-gesundheitliche und teilweise auch eine Bildungsaufgabe erfüllten: Da Duschen und Badewannen in den überbevölkerten Hinterhäusern der Mietskasernen nicht zum allgemeinen Standard gehörten, verfügten die Bäderbetriebe neben den Schwimmbecken über eine große Zahl separater Räume mit Badewannen.

Die Bezeichnung „Staedt. Volksbad“ findet sich inschriftlich auch über dem Haupteingang der äl-

Mitte, Komische Oper
Die schmucklose Sechzigerjahre-Fassade lässt den prachtvollen Neorokokoraum kaum vermuten. Das 1892 von Fellner & Helmer errichtete Theater unter den Linden heißt seit 1947 Komische Oper und ist eine der drei existierenden Berliner Opernbühnen.

Mitte, Deutsches Theater
Im Deutschen Theater in der Schumannstraße 12/13 ist seit der Gründung 1883 das seriöse Fach beheimatet. Der Gründerzeitbau wurde 1905 von William Müller in elegantem Neoklassizismus (rechts oben) umgestaltet. Dieser Stil dominiert auch den Zuschauerraum (links).

Mitte, Admiralspalast
Der auf ein wechselvolle Geschichte zurückblickende Admiralspalast wurde 1910 als Vergnügungsort mit Eisbahn, Kegelbahn und Bädern errichtet.

testen der genannten Einrichtungen, dem Stadtbad Charlottenburg in der Krummen Straße 9–10. Der Gebäudekomplex wurde 1898 nach Plänen des 1881–1905 als Charlottenburger Stadtbaurat amtierenden Paul Bratring (1840–1913) errichtet. Die reich gestaltete asymmetrische Straßenfront zeigt Stilelemente aus dem Formenkreis von Backsteingotik und Renaissance. Die linke Seite des Baus prägen große runde Fenster, zu Dreiergruppen verbundene Rundbogenfenster und ein Staffelgiebel. Von großartiger Wirkung ist die in der Nachkriegszeit leicht veränderte zweigeschossige Schwimmhalle mit dem von einer Stahlkonstruktion getragenen offenen Glasdach, der umlaufender Galerie und den mehrfarbig glasierten Fliessen mit Grotesken-Maskaronen-Dekor. Die Umkleidekabinen unter der Galerie wurden in den 1980er Jahren umgebaut; die Wandmalereien stammen von 1974.

Schöneberg, Neues Schauspielhaus
Der neoklassizistische Bau am Nollendorfplatz 5 wurde 1905/06 von Albert Fröhlich als Neues Schauspielhaus (heute bekannt als Theater am Nollendorfplatz, Metropol und Goya) errichtet.

Das 1898–1901 errichtete Baerwaldbad in der Kreuzberger Baerwaldstraße 64–67 mit bossierter Sandsteinfassade in Formen italienischer Renaissancepaläste ähnlich dem Leipziger Reichsgericht oder dem Berliner Stadthaus gibt sich klar als Ludwig-Hoffmann-Bau zu erkennen. Der aufwändig und zugleich maßvoll dekorierte und proportionierte Bau ist Teil eines Ensembles, das sich entlang der Wilhelmsstraße mit der gleichfalls von Hoffmann entworfenen Gemeindeschule nach Nordosten fortsetzt. Hinter den quadratischen Zwischengeschossfenstern befanden sich die teilweise erhaltenen Wannenbäder. Kernstück des Interieurs ist die tonnengewölbte, derzeit renovierungsbedürftige Schwimmhalle mit großen Thermenfenstern und auf Rundbogenarkaden ruhender Galerie mit aufwändiger schmiedeeiserner Brüstung. Unter den Arkaden befinden sich noch die originalen Umkleidekabinen. Die reiche bauplastische Ausstattung stammt von Otto Lessing und Ernst Westphal.

Das eindrucksvollste Zeugnis kaiserzeitlicher Bäderkultur ist das Stadtbad Neukölln. Der jung verstorbene Neuköllner Stadtbaurat Reinhold Kiehl (1874–1913) konnte die Vollendung des Baues in der

Ganghoferstraße 3–5 nicht mehr erleben. Hinter einer nüchternen neoklassizistischen Fassade verbirgt sich ein aufwändig mit Travertin und Marmor verkleideter und mit zahlreichen Mosaiken ausgestatteter antikisierender Badetempel, der kaum seinesgleichen hat. Das 1912–14 errichtete Stadtbad zählte bei seiner Eröffnung zu den größten Einrichtungen seiner Art. Es verfügt nicht nur über zwei von ionischen Säulen in Monumentalordnung getragene zweigeschossige Schwimmhallen mit umlaufenden Galerien, eine mit Marmor verkleidete Eingangshalle mit Oberlicht und doppelläufiger Treppe sowie die „russisch-römischen Bäder" im zweiten Obergeschoss, sondern besaß ursprünglich auch eine Volksbibliothek hinter einem Innenhof. Die Architektur orientiert sich an römischen Thermen und präsentiert sich heute in vorzüglichem Zustand.

Ungeachtet einer allerorten auch architektonisch zelebrierten patriotischen Heimatliebe, gab es im Zeitalter der Entdeckungs- und Abenteuerreisenden, der Reiseromane und Orientalisten und der großen der archäologischen Entdeckungen und nicht zuletzt eines erwachenden deutschen Kolonialismus auch ein verbreitetes Interesse an Ferne und Exotik. In einer Zeit, als Fernreisen für den größten Teil der Bevölkerung ein unerfüllbarer Traum blieben, wurden Fernweh und Wissensdurst, verknüpft mit einem pädagogischem Anspruch, von Einrichtungen wie dem Zoologischen Garten, dem Zoo-Aquarium, der wenig erfolgreichen und daher bereits 1904 abgerissenen „Flora" in Charlottenburg und dem erfolgreicheren Botanischen Garten in Steglitz befriedigt.

Neukölln, Stadtbad
Die neoklassizistische, von antiken Thermen inspirierte Anlage in der Ganghoferstraße 3–5 entstand 1912–14 nach Entwürfen des Neuköllner Stadtbaurats Reinhold Kiehl. Im Bild die Eingangshalle (oben) und die Kleine Halle (Mitte).

Kreuzberg, Baerwaldbad
Bei der Planung des 1898–1901 erbauten Kreuzberger Baerwaldbads wählte Ludwig Hoffmann die Neorenaissance mit Elementen antiker Bäder wie den großen Thermenfenstern.

Charlottenburg, Stadtbad
Das älteste unter den erhaltenen Berliner Stadtbädern wurde 1898 von dem Charlottenburger Stadtbaurat Paul Bratring errichtet, im Bild die Alte Halle.

Der älteste Zoologische Garten in Deutschland und zugleich der artenreichste der Welt wurde am 1. August 1844 eröffnet und brachte nicht nur durch seine Bewohner einen Hauch von Ferne an den Rand des Tiergartens. Von den zahlreichen während der Kaiserzeit errichteten Gebäuden auf dem im Zweiten Weltkrieg schwer getroffenen, weitläufigen Gelände haben sich leider nur wenige erhalten. Das älteste unter ihnen, das 1871 eröffnete, durch seine Minarette geprägte Antilopenhaus von Ende & Böckmann, ist in seiner exotisierenden Architektur charakteristisch für dieses Genre, dessen Wurzeln ins späte 18. Jahrhundert zurückreichen. Viele Bauten dieser Zeit, sind, ebenso wie die meisten Zootiere, den Bombardierungen zum Opfer gefallen. In den 1980er Jahren wurden das zerstörte Löwentor am Hardenbergplatz und das 1898/99 von Carl Zaar (1849–1924) und Rudolf Vahl

Charlottenburg, Zoologischer Garten
Der Berliner Zoo wurde 1844 als erster in Deutschland eröffnet. Trotz schwerer Kriegszerstörungen existieren noch einige Bauten aus der Kaiserzeit, so das 1898/99 von Carl Zaar und Rudolf Vahl errichtete, rekonstruierte Elefantentor in der Budapester Straße (oben). Das Antilopenhaus (unten) von Ende & Böckmann wurde 1871 eröffnet.

errichtete, von indischen Vorbildern inspirierte Elefantentor an der Budapester Straße von Hans-Joachim Ihle originalgetreu rekonstruiert.

Von Zaar & Vahl stammen auch die Pläne für das von 1911–13 am Rande des Zoologischen Gartens errichtete, moderat jugendstilige Zoo-Aquarium (Budapester Straße 32) mit seinem markanten Turm und den Dinosaurier-Fassadenreliefs. Das spektakuläre Kernstück des Gebäudeinneren ist die große Krokodilhalle, die auf einer Brücke durchquert werden kann. Das Aquarium wurde im Krieg größtenteils zerstört, lässt dies jedoch heute trotz späterer Erweiterungen kaum mehr erkennen.

An der Grenze zwischen Lichterfelde und Dahlem (Königin-Luise-Straße 6–8/Unter den Eichen 5–10) befindet sich Deutschlands größter Botanischer Garten. Die weitgehend im ursprünglichen Zustand erhaltene Einrichtung besteht zwar erst seit 1903 an diesem Standort, kann jedoch in Berlin auf eine bis ins 17. Jahrhundert zurückreichende Tradition zurückblicken. Vorgänger befanden sich im Lustgarten und am heutigen Kleistpark. Das dreiundvierzig Hektar großen Gelände am Südabhang des Steglitzer Fichtebergs hat im Gegensatz zu dem angrenzenden Botanischen Museum den Krieg weitgehend unbeschadet überstanden und präsentiert sich mit seinen für die Flora der gemäßigten Zonen en miniature nachmodellierten Gebirgen, Wasserläufen und Teichen sowie den großen Gewächshäusern für tropische Pflanzenwelt kaum verändert. Während die Ein-

Steglitz, Botanischer Garten
Das Große Tropenhaus ist der architektonische Höhepunkt des 1903 an diesem Standort eingeweihten Botanischen Gartens.

Grunewald, Forsthaus Paulsborn In dem prachtvollen Neorenaissancebau am Grunewald (oben) pflegte Wilhelm II. nach der Jagd gelegentlich einzukehren. Das Gebäude wurde im Wesentlichen 1905/06 von Friedrich Wilhelm Göhre errichtet. Blick in das heutige Restaurant (unten).

gangsbereiche und die Verwaltungsgebäude in dem in Zehlendorf verbreiteten Heimatstil mit Backstein- und Fachwerkmauerwerk erbaut wurden, wurden für die tropischen Pflanzenwelt von englischen Vorbilder beeinflusste große Glashäuser errichtet. Deren Größtes, das Große Tropenhaus, zählt mit eintausendsiebenhundert Quadratmetern Grundfläche und einer Höhe von fünfundzwanzig Metern noch heute zu den Größen seiner Art und gilt als ingenieurtechnische Meisterleistung. Eindrucksvoll ist auch das als dreischiffige Basilika angelegte, mit seinen Türmchen wie eine gläserne Kathedrale aufragende sogenannte Große Kalthaus (heute Subtropenhaus). Die Bauten des Botanischen Gartens wurden zwischen 1897 und 1910 nach Entwürfen von Alfred Körner und Heinrich Müller-Breslau errichtet. Die Anlage ist in

Tiergarten, Kaisersaal Der prunkvolle Neorokokosaal (oben), einst einer der Festsäle des Hotels Esplanade in der Bellevuestraße, steht heute, umgeben von einer gläsernen Hülle, im Sony Center. Im Erdgeschoss die im Originalzustand erhaltene Toilette (unten).

die Dahlemer Forschungslandschaft aus Kaiser-Wilhelm-Institut (heute Freie Universität) und Königlicher Gärtnerlehranstalt (heute Biologische Bundesanstalt) integriert.

Berlin verfügte in der Kaiserzeit über eine große Zahl mondäner Hotels, Grandhotels, die fast restlos aus dem Stadtbild verschwunden sind. Von dem 1907–09 von Otto Rehnig errichteten ehemaligen Hotel Esplanade haben sich einige Relikte erhalten. Einer der prunkvollen Neorokoko-Säle, der sogenannte Kaisersaal, in dem Wilhelm II. seine Entourage zu sogenannten „Herrenabenden“ empfing, überstand die Bombardierung des Gebäudes und wurde 1996 vom alten Standort (Bellevuestraße 1) auf Luftkissen um rund fünfundsiebzig Meter verschoben, einschließlich der erhaltenen Fassadenteile von

einer gläsernen Hülle eingefasst und baulich in das neu errichtete Sony-Center integriert. Seit dem Abschluss der Restaurierungsarbeiten im Jahre 2002 kann man unter dem hinter einem Spiegel wiederentdeckten Portrait des letzten deutschen Kaisers wieder dinieren und Veranstaltungen abhalten. Zusammen mit dem Kaisersaal hat noch ein weiteres Überbleibsel der Epoche die Nachkriegswirren überstanden: Die mit Carrara-Marmor-Platten verkleidete Herrentoilette ist die feudale Alternative zum volkstümlichen „Café Achteck“ und gleichfalls noch immer in Benutzung.

An der Kreuzung Berliner Straße/Gartenstraße in Zehlendorf, hat sich ein Hotel aus der späten Kaiserzeit – das vormalige Grand-Hotel „Lindenpark“ –

Wannsee, Seglerclub
Das exklusive Clubhaus des Vereins Seglerhaus am Wannsee hat sich seit seiner Errichtung durch Otto Berlich im Jahre 1909 kaum verändert.

Wedding, Luisenbad
Das 1888 von Carl Galuschki erbaute Luisenbad erinnert an die versiegte Heilquelle, der Gesundbrunnen seinen Namen verdankt.

zumindest äußerlich gut erhalten. Der 1909/10 von Fritz Schirmer errichteten Gebäudekomplex zeigt das zeittypische Stilkonglomerat mit Elementen von Neoklassizismus, Jugendstil und Heimatstil. Heute wird der markante, 2006 denkmalgerecht sanierte Bau unter Anderem durch zwei Restaurants und eine Tanzschule genutzt.

Ein weiteres Etablissement, in dem Wilhelm II. häufig speiste, hat sich vollständig erhalten und dient bis heute seiner ursprünglichen Zweckbestimmung: Im Forsthaus Paulsborn am Grunewaldsee pflegte der Kaiser gelegentlich mit seinem Gefolge im Anschluss an Jagden im Grunewald einzukehren. Das schlossartige Gebäude befindet sich rund fünfhundert Meter vom Jagdschloss Grunewald entfernt am West-

Mahlsdorf, Kneipe
Im Gründerzeitmuseum Mahlsdorf kann man sich in der „Mulackritze" aus dem Scheunenviertel Altberliner Kneipenstimmung vergegenwärtigen.

Zehlendorf, Grandhotel Lindenhof
An der Kreuzung Berliner Straße/Gartenstraße befindet sich ein eindrucksvoller, 1909/10 von Fritz Schirmer errichteter Bau, der ursprünglich als Grandhotel Lindenpark firmierte.

Kreuzberg, Viktoriapark
Von den Parkanlagen der Kaiserzeit ist der ab 1888 von Hermann Mächtig gestaltete Viktoriapark am Kreuzberg am bekanntesten. Schaustück ist der Wasserfall.

ende des Sees. Es wurde im Wesentlichen 1905/06 von Friedrich Wilhelm Göhre unter Einbeziehung eines Vorgängerbaus von 1871 im sächsischen Renaissancestil errichtet und zählt zu den schönsten und beliebtesten Berliner Ausflugsrestaurants.

Auch das Clubhaus des Vereins Seglerhaus am Wannsee konnte seinen exklusiven Charakter bewahren. Das gut erhaltene, von Schloss Cecilienhof inspirierte Gebäude wurde 1909 von Otto Berlich im englischen Landhausstil errichtet und ist heute Restaurant. Der prachtvolle holzgetäfelte Saal, der den Speisesaal eines Passagierdampfer imaginieren soll, dient auch als Veranstaltungslocation.

Das volkstümliche und weitgehend authentische Gegenstück zu solcherart höfischer Verköstigung findet man im Keller des Gutshaus Mahlsdorf am Hultschiner Damm 333. Lothar Berfelde alias Charlotte von Mahlsdorf hatte in seinem Gründerzeitmuseum nicht nur eine beachtliche Kollektion von Möbeln und Alltagsgegenständen aus der frühen Kaiserzeit zusammentragen, sondern auch das fast vollständige Inventar der sogenannten Mulackritze erworben, einer Altberliner Kneipe aus dem Scheunenviertel, in die auch Heinrich Zille eingekehrt ist. Theke, Tresen und der größte Teil der übrigen Ausstattungsgegenstände entstammen der Zeit um 1890.

In der Travemünder Straße 1 – zu der man gelangt, indem man dem Ufer der Panke von der Badstraße aus in nördlicher Richtung folgt – findet man das letzte Überbleibsel des ehemaligen Kurbads Luisenbad. Der bestehende Gründerzeitbau, wurde 1888 von Carl Galuschki errichtet – sechs Jahre nachdem die Heilquelle versiegt war, dem das Viertel Gesundbrunnen seinen Namen verdankt. Hinter einer teilweise bunt gefliesten, übergiebelten Fassade findet sich noch ein Vestibül und ein reich stuckierter Festsaal („Puttensaal") aus der Entstehungszeit. Der rückwärtige Gebäudetrakt wurde 1995 um einen modernen Anbau ergänzt und als Bezirksbibliothek umgenutzt.

Von den Ausflugslokalen des Berliner Grüngürtels konnten einige wie etwa das Wirtshaus Schildhorn, die Fischerhütte am Schlachtensee oder das Restaurant Schloss Wannsee (Kronprinzessinnenweg 21) ihr kaiserzeitliches Aussehen zumindest teilweise bewahren.

In den reizvollen Wald-, Fluss- und Seenlandschaften, von denen Berlin vor allem im Westen und Südosten umschlossen ist, entstand zwischen 1871 und 1918 eine Vielzahl von gern besuchten Ausflugszielen. Auf den beiden aussichtsreichsten Berliner Höhenzügen, den Müggelbergen und dem Karlsberg wurden Aussichtstürme errichtet. Während der 1890 errichtete hölzerne Müggelturm 1958 einem Brand zum Opfer fiel und sich sein 1960 eingeweihter Nachfolgebau in desolatem Zustand befindet, beherrscht der 1897 nach Plänen des königlichen Baurats Franz Schwechten begonnene und 1899 eingeweihte Kaiser-Wilhelm-Turm, seit 1948 schamhaft Grunewaldturm genannt, noch immer weithin sichtbar die Havellandschaft. Der mit den Zutaten der märkischen Backsteingotik versehene, fünfundfünzig Meter hohe Turm ruht auf einem Sockel aus Rochlitzer Porphyr und trägt auf der Waldseite die Inschrift KOENIG WILHELM I. ZUM GEDAECHTNIS und auf der Wasserseite DER KREIS TELTOW BAUTE MICH 1897. Großartig ist der Blick von der sechsundachtzig Meter über der Havel gelegenen Aussichtsplattform. Kernstück des Bauwerks ist die Turmhalle mit einem Marmorstandbild Wilhelms I. und vier Reliefplatten von Ludwig Manzel: Bismarck, Moltke, Roon, Prinz Friedrich Carl. Die Mosaiken im Gewölbe verraten die Handschrift des Baumeisters der Gedächtniskirche.

Eine am Wasser gelegene Attraktion ganz anderer Art findet man unweit des Treptower Rathauses. Am Rande des 1876–88 angelegten Treptower Parks, in dem 1896 die Berliner Gewerbeausstellung stattfand, befindet sich die über die älteste deutsche Stahlbetonbrücke – die 1915/16 erbaute Abteibrücke mit Brückenhaus im Heimatstil – erreichbare Abteiinsel (zu vormals Treptower Bruch, Neu-Spreeland oder Rohrinsel und zu DDR-Zeiten Insel der Jugend). Sie wurde errichtet, nachdem 1914 das noch im Rahmen der Gewerbeausstellung entstandene Ausflugslokal „Abtei" ausgebrannt war.

Um auch den Bewohnern der Straßenschluchten Bewegung und Frischluft in naturnaher Umgebung zu verschaffen, durchzog man die nach dem Hobrecht-Plan neu angelegten Wohnquartiere systematisch mit teilweise großflächigen Parkanlagen. Preußen verfügte über eine Tradition inszenierter Naturlandschaften, die untrennbar mit dem Namen Peter Joseph Lenné verbunden ist, tatsächlich aber bereits eine Generation davor einsetzte. Auch hier begann die Ära der „sentimentalen englischen Landschaftsparks" bereits im späten 18. Jahrhundert mit Johann August Eyserbeck aus Wörlitz, der die ältesten Teile der Landschaftsparks in Charlottenburg und auf der Pfaueninsel schuf, die später von Lenné ergänzt und vollendet wurden. Lennés Berliner Hauptwerk wurde der größtenteils 1833–40 angelegte Tiergarten. Die bekannteste Parkanlage aus wilhelminischer Zeit ist der nach Entwürfen von Stadtgartendirektor

Grunewald, Kaiser-Wilhelm-Turm
Eines der beliebtesten Ausflugsziele im Berliner Westen wird seit 1948 schamhaft Grunewaldturm genannt. Franz Schwechten errichtete den backsteingotischen Aussichtsturm 1897.

Treptow, Abteibrücke
Die 1915/16 am Rande des Treptower Parks von Friedrich von Emperger erbaute Brücke war die erste in Deutschland aus Stahlbeton.

Hermann Mächtig geschaffene Viktoriapark an der sechsundsechzig Meter hohen Erhebung, die dem Stadtbezirk Kreuzberg den Namen gab. Ab 1888 entstand dort unterhalb des 1821 von Karl Friedrich Schinkel errichteten Nationaldenkmals der Volkspark, dessen spektakuläre Dominante der von Vorbildern im Riesengebirge inspirierte, 1893 eingeweihte Wasserfall ist.

Am östlichen Abschluss des zwischen 1911 und 1914 entstandenen Rudolph-Wilde-Parks (vormals Stadtpark Schöneberg), der sich zusammen mit dem Volkspark Wilmersdorf über mehr als drei Kilometer erstreckt, befindet sich zu Füßen des Rathaus Schöneberg der Hirschbrunnen von 1912 nach Entwurf von August Gaul. Die schmale und flache Senke, durch das die landschaftparkartig gestaltete Anlage führt, wird von dem tagesbelichteten U-Bahnhof Rathaus Schöneberg (vormals Stadtpark) von 1908–10 durchschnitten, dessen mit Skulpturen von Richard Guhr geschmücktes Dach als Carl-Zuckmayer-Brücke die beiden Parkseiten miteinander verbindet

Eine der reizvollsten künstlich geschaffenen Landschaften findet man im besonders reichen Westen der reichen Stadt Charlottenburg. Der Lietzenseepark entstand 1912–20 nach Plänen des Charlottenburg Gartenbaudirektors Erwin Barth. Der gestalterische Höhepunkt der viel besuchten Anlage ist der Dernburgplatz am Südende des Lietzensees. Von der Dernburgstraße aus fällt eine Kaskade über zehn Becken hinab, um unter einer von Pergolen gesäumten Fußgängerbrücke in den See zu münden.

Abschließend sei erwähnt, dass Berlin in jeder Hinsicht eine außergewöhnlich grüne Metropole ist. Besucher zeigen sich regelmäßig erstaunt über die vielen Straßenbäume in den großzügig dimensionierten Alleen und Boulevards.

Schöneberg,
Rudolph-Wilde-Park
Am östlichen Ende des drei Kilometer langen, 1911–14 geschaffenen Rudolph-Wilde-Parks steht der Hirschbrunnen von August Gaul (oben). Den U-Bahnhof Rathaus Schöneberg, der als Carl-Zuckmayer-Brücke (unten) den Park durchschneidet, zieren Skulpturen von Richard Guhr.

Charlottenburg, Lietzenseepark
Gestalterischer Höhepunkt des 1912–20 entstandenen Lietzenseeparks ist die Kaskade am Dernburgplatz.

Museumsbauten

Die Hohenzollern gehörten zu den engagiertesten und kapitalkräftigsten Kunstsammlern unter den europäischen Fürsten und darüber hinaus zu den Ersten, die ihre Sammlungen öffentlich zugänglich machten. Das erste, noch exklusiv aristokratische Museum in Preußen und zugleich der älteste erhaltene fürstliche Museumsbau in Deutschland war die von Johann Gottfried Bühring entworfene, 1764 vollendete Bildergalerie in Sanssouci. Museen gehörten zu den aufwändigsten und prestigeträchtigsten öffentlichen Bauaufgaben, mit denen seit dem beginnenden 19. Jahrhundert in ganz Europa die jeweils bedeutendsten Architekten betraut wurden.

1830 öffnete mit Schinkels Neuem Museum (heute: Altes Museum) am Lustgarten das erste öffentliche Museum Berlins seine Pforten. Es bildete den Auftakt dessen, was heute unter dem Namen Museumsinsel zu den weltweit bedeutendsten Ensembles seiner Art gehört. Drei der fünf Bauten wurden zwischen 1871 und 1918 eröffnet, zwei davon – das Bode-Museum und das Pergamonmuseum – fallen auch planerisch in diese Ära. Die Alte Nationalgalerie von Friedrich August Stüler und Johann Heinrich Strack wurde zwar erst 1876 vollendet, ist aber tatsächlich ein spätklassizistischer Nachzügler der Schinkel-Schule, der auf eine Skizze König Friedrich Wilhelms IV. zurückgeht.

Die Berliner Museumsbauten repräsentieren alle Facetten wilhelminischer Architektur vom durch Schinkels Bauakademie beeinflussten Kunstgewerbemuseum (Martin-Gropius-Bau) über die gründerzeitliche Neorenaissance von August Tiedes Naturkundemuseum, den staatstragenden Neobarock von Eberhard von Ihnes Kaiser-Friedrich-Museum (Bode-Museum) und die Backsteinarchitektur von Ludwig Hoffmanns Märkischem Museum bis hin zum gemäßigten Neoklassizismus von Alfred Messels Pergamonmuseum oder Bruno Pauls neobarockklassizistischem Völkerkundemuseum. Ein Jugendstilbau im engeren Sinne ist nicht darunter.

Diese Aufzählung verdeutlicht, dass die Berliner Museumsbauten von den einflussreichsten preußischen Architekten der jeweiligen Epoche entworfen wurden. Die Alte Nationalgalerie – in der zeitlichen Abfolge der dritte Bau auf der Museumsinsel – trägt auf dem Architrav die progammatische und bewusst irreführende Datierung DER DEUTSCHEN KUNST MDCCCLXXI. Tatsächlich wurde der auf einem zwölf Meter hohen Sockel ruhende, am nördlichen Ufer der Insel platzierte korinthische Pseudoperipteros erst am 22. März 1876 in Anwesenheit von Kaiser Wilhelm I. seiner Bestimmung übergeben. In Angriff genommen worden waren die Bauarbeiten neun Jahre zuvor von dem Schinkel-Schüler Johann Heinrich Strack (1805–1880), der damit eine sechsundzwanzig Jahre alte Idee Friedrich Wilhelms IV. realisierte. Vorarbeiten hatte der gleichfalls von Schinkel ausgebildete Johann August Stüler geleistet, der 1865 starb. Die Nationalgalerie ist somit ein nachklassizistischer Bau, mit dem die antikisierende Tempelarchitektur in Preußen ihren Höhepunkt und zugleich Abschluss fand und mit ihrer Datierung die historische Zäsur markierte. Wenngleich der würdevolle Kunsttempel der erste Museumsbau des neu gegründeten Kaiserreichs war, ließ man den ursprünglichen Ideengeber nachträglich hoch zu Ross, flankiert von allegorischen Figuren, auf der großartigen, jedoch aber wie häufig bei klassizistischen Bauten, funktionslosen Freitreppe über dem Haupteingang platzieren. Alexander Calandrelli (1834–1903) schuf das monumentale Reiterstandbild König Friedrich Wilhelms IV. 1875–86 nach Entwürfen von Gustav Bläser.

Äußerlich ist der Nationalgalerie heute nicht mehr anzusehen, dass auch sie im Zweiten Weltkrieg schwere Bombentreffer erhielt. Zwar waren die

Zerstörungen nicht ganz so gravierend wie am Alten und am Neuen Museum, die Obergeschosse und die Treppenanlage wurden jedoch gründlich verwüstet. Die Zwischendecken des Treppenhauses und der Vestibüle wurden von einer Bombe durchschlagen und nach dem Krieg zwar vereinfacht, aber stilistisch passend wiederhergestellt. Der Bau ist noch immer von großartiger Wirkung. Eine zweite durchgreifende Restaurierung erfolgte 1998–2001. Die Räume sind überwiegend im neoklassizistischen Stil gehalten. Die Ausstellungsräume im Erdgeschoss zeigen sich noch weitgehend im Zustand der Kaiserzeit. Besonders eindrucksvoll ist die mit viel Marmor und reichen Deckenmalereien farbenfroh gestaltete Quergalerie mit den Werken der Schadow- und der Rauch-Schule. Deren Herzstück ist die im Zentrum platzierte Prinzessinnnengruppe mit den Prinzessinnen Luise und Friederike von Mecklenburg-Strelitz. von Johann Gottfried Schadow. Funktionell war das Gebäude von Beginn an problematisch, weil Stüler und Strack mehr Wert auf Prachtentfaltung als auf ausreichende Wandflächen für die rasch wachsende Sammlung gelegt hatten. Daher wurde die Säulenhalle im Westflügel des Erdgeschosses bereits 1911–13 durch eine Reihe von Kabinetten ersetzt. Der zweigeschossige, geradezu sakral wirkende Cornelius-Saal mit dem von einem gusseisernen Skelett getragenen Oberlicht wurde 1935 in der Höhe geteilt, um Platz für ein zusätzliches Ausstellungsgeschoss zu gewinnen. Einzig der schöne Kuppelsaal im ersten Obergeschoss, dessen ursprünglicher Farbigkeit sich die letzte Generalsanierung annäherte, erstreckt sich noch über zwei Ebenen und besitzt sein ursprüngliches Oberlicht.

Der Bau beherbergt nicht nur eine Skulpturensammlung von Weltrang, er verfügt auch als solcher über eine bedeutende bauplastische Ausstattung, die von Bildhauern wie Alexander Calandrelli, Karl

Mitte, Nationalgalerie
Stilistisch ist die von Stüler und Strack geplante und errichtete Nationalgalerie ein Nachzügler der Schinkel-Schule. Entgegen der Datierung auf dem Architrav wurde das Museum erst 1876 vollendet.

Mitte, Nationalgalerie
In der Quergalerie im Erdgeschoss (oben) sind die Skulpturen der Schadow-Schule ausgestelllt. Beim Blick ins Treppenhaus (unten) verrät nur der gedruckte Relieffries, dass im Zweiten Weltkrieg eine Bombe die Zwischendecken der Vestibüle durchschlug.

Kreuzberg, Martin-Gropius-Bau
Das ehemalige Kunstgewerbemuseum in der Niederkirchner Straße zwischen Kreuzberg und Mitte wurde 1877–81 von der Sozietät Gropius & Schmieden errichtet. Der Backsteinbau steht in der Nachfolge von Schinkels Bauakademie, die reiche Dekoration erweist ihn aber als Bau der Kaiserzeit.

Moser, Moritz Schulz, Rudolf Schweinitz, Hermann Wittig und anderen Meistern geschaffen wurde und sich den wichtigsten Künstlern und Kulturepochen widmet. Der Fokus wurde dabei gemäß der Giebel-Inschrift auf den deutschen Kulturraum gelegt. Anlass für die Gründung einer Nationalgalerie war die Annahme der aus 262 Gemälden bestehenden Erbschaft des Bankiers Johann Heinrich Wilhelm Wagener im Jahre 1861. Heute sind hier Gemälde und Skulpturen von der Romantik bis zum Impressionismus ausgestellt. Die Nationalgalerie wurde auch zum Symbol für die konservative Kulturpolitik Kaiser Wilhelms II. – Aufsehen erregt seinerzeit der Konflikt zwischen dem Museumsdirektor Hugo von Tschudi und dem Kaiser um den Ankauf französischer Impressionisten.

In der Niederkirchner Straße 7 in Kreuzberg unmittelbar an der Grenze zum Stadtbezirk Mitte befindet sich das ehemalige Berliner Kunstgewerbemuseum, das heute nur noch unter dem Namen Martin-Gropius-Bau bekannt ist. Das ist insofern ungerecht, als Gropius' Partner Heino Schmieden gleichberechtigter Teilhaber der Sozietät Gropius & Schmieden war. Ihr Architekturbüro zählte im letzten Viertel des 19. Jahrhunderts zu den einflussreichsten Berlins und entwarf dort neben anderem einige der großen Krankenhauskomplexe.

Wenn oben gesagt wurde, der 1877–81 im Stil eines italienischen Renaissancepalasts errichtete Martin-Gropius-Bau sei durch die Bauakademie inspiriert, so trifft dies nur auf die kubische Bauform und das Baumaterial zu. Die reiche, teilweise polychrome Dekoration lässt unzweifelhaft erkennen, dass dies keine Schöpfung der Schinkel-Ära ist. Das siebzig Meter im Quadrat messende Gebäude ist rundum reich mit goldgefassten farbigen Mosaiken mit alle-

Kreuzberg, Martin-Gropius-Bau
Die Haupttreppe des im Zweiten Weltkrieg schwer getroffenen Gebäudes, 1987–89 von Kampmann & Weströn vereinfacht wiederhergestellt.

gorischen Darstellungen verschiedener Kulturepochen und Namenszügen bedeutender Künstler verziert, zudem geschossweise von Stuckbändern und Reliefs umzogen. Die verklinkerten Wandflächen sind durch horizontale Formziegelbänder gegliedert, die im hellenistischen Stil verzierten Portale und Fenster werden von korinthischen Pilastern und Säulen gerahmt. In den Fensterpfosten befinden sich vergoldete Hermen. Die Innenräume gruppieren sich um den großartigen zweigeschossigen Lichthof, der den Angelpunkt des Gebäudes bildet und noch immer zu den eindrucksvollsten Räumen Berlins zählt. Der gestalterische und materielle Aufwand – mit schwarzem Marmor verkleidete Pfeiler, komplizierte schmiedeeiserne Geländer, großen Kulturen und Kulturepochen gewidmete Stuckreliefs, bemalte Gewölbekappen und das gläserne Oberlicht – ist gewaltig.

Das Haus wurde im Krieg so schwer zerstört, dass der Abriss in den 1960er Jahren unvermeidlich schien. Das konnte unter anderem durch die Initiative des Bauhaus-Architekten Walter Gropius, Großneffe von Martin Gropius, verhindert werden. 1978–89 wurde das Gebäude von der Architektengemeinschaft Kampmann/Weström teilrekonstruiert. Während die Fassaden fast vollständig wiederhergestellt wurde, hat man das Interieur zwar strukturell rekonstruiert, teilweise jedoch bewusst in seinem ruinösem Zustand belassen und um moderne Zutaten ergänzt, deren formaler Minimalismus als Kontrapunkt kenntlich gemacht ist. Ein ähnliches, gleichermaßen umstrittenes Konzept verfolgte David Chipperfield zwei Jahrzehnte später beim Wiederaufbau des Neuen Museums. So werden die schmiedeeisernen Geländer im Gropiusbau immer wieder durch gläserne Brüstungen unterbrochen, und die einst reich bemalten Gewölbekappen in den Wandelgängen des Lichthofs wurden nur in einigen Jochen rekonstruiert, überwiegend sieht man weiß verputzte Decken und stellenweise nacktes Backsteinmauerwerk. Auch das reich stuckierte Vestibül mit der kreisförmigen Galerie unter einem gleichfalls kreisförmigen Oberlicht und das damit verbundene Treppenhaus mit tönernen Geländertraillen sind heute weiß gestrichen. Überall im Haus findet man reizvolle glasierte Bodenfliesen mit lebhafter Musterung.

Während der Teilung Berlins diente der der Mauer abgewandte südliche Nebeneingang als Zugang zum Museum. Seit der Wiedervereinigung betritt man das Haus wieder durch den alten Haupteingang mit Freitreppe, Auffahrt und Altan gegenüber dem preußischen Landtag. Der Gropiusbau dient seit vielen Jahren als repräsentative Bühne für bedeutende Ausstellungen unterschiedlichster Couleur. Das Kunstgewerbemuseum ist heute in einem Neubau am Kulturforum am Tiergarten untergebracht – eine Dependance befindet sich im Köpenicker Schloss.

Mehr noch als der Martin-Gropius-Bau ist das 1889 eingeweihte Naturkundemuseum in der Invalidenstraße 43 ein typischer monumentaler Neorenaissance-Repräsentationsbau der Ära Wilhelms I. Als Institution datiert das Naturkundemuseum in das Jahr 1810, als drei Einzelsammlungen im Hauptgebäude der heutigen Humboldt-Universität zusammengeführt wurden. Das nach Entwürfen des Bauakademie-Professors August Tiede (1834–1911) errichtete Museumsgebäude ist von der Invaliden-

Kreuzberg, Martin-Gropius-Bau
Herzstück des Interieurs ist der zweigeschossige Lichthof (oben). Detail des Stuckfrieses im Lichthof (unten).

Mitte, Naturkundemuseum
Das Naturkundemuseum befindet sich im mittleren von drei Gebäuden in der Invalidenstraße, die August Tiede 1875–89 in Neorenaissance errichtete.

straße aus als der separat stehende Mitteltrakt einer monumentalen Dreiflügelanlage auf dem Gelände der ehemaligen Königlichen Eisengießerei zu erkennen. Deren Westflügel fungierte ursprünglich als Bergakademie und ist heute Bundesverkehrsministerium, im östlichen Trakt, in dem einst die Königlich-Landwirtschaftliche Hochschule untergebracht war, befindet sich heute die Landwirtschaftlich-gärtnerische Fakultät der HU. Architektonisch unterscheidet sich das Naturkundemuseums entsprechend nicht grundlegend von den Nachbarbauten. Allerdings hat die Fassade des ehrenhofartig nach Norden versetzten quadratischen Haupttrakts nicht nur deren gleichförmige Reihung von Rundbogenfenstern, sondern besitzt zudem einen prächtigen dreigeschossigen, dreiachsigen Mittelrisalit, dessen mit korinthischen Säulen verziertes Obergeschoss das übrige Gebäude deutlich überragt. Dahinter schließt sich ein rund hundertfünfzig Meter langer Flügel an, von dem wiederum vier kürzere Seitenflügel nach Norden abzweigen. Herzstück des Interieurs ist wie bei den Nachbarbauten ein großer zweigeschossiger Innenhof mit gläsernem Oberlicht. Während die Innenhöfe bei diesen einzig auf repräsentative Wirkung ausgerichtet sind, allenfalls für Empfänge und Festveranstaltungen nutzbare Platzverschwendung sind, hat der zweigeschossige Saal im Naturkundemuseum von Anfang an eine adäquate Funktion. Hier werden sieben Dinosaurierskelette ausgestellt, darunter das dreizehn Meter hohe Skelett eines Brachiosaurus brancai, das noch immer als das größte Dinosaurierskelett der Welt gilt. Die paläontologischen, mineralogischen und zoologischen Sammlungen zählen zu den vier umfangreichsten weltweit. Auch das Naturkundemuseum überstand den Krieg nicht unbeschadet. Der Ostflügel konnte nach seiner Wiederherstellung 2010 der Öffentlichkeit zurückgegeben werden, das Obergeschoss weist dagegen noch immer Kriegsschäden auf.

Einer der eindrucksvollsten Bauten des Wilhelminismus besetzt zugleich einen der städtebaulich spektakulärsten Punkte Berlins. Der zunächst Kaiser-Friedrich-Museum, seit 1956 nach seinem Gründungsdirektor Bode-Museum genannte Gebäudekomplex am Zusammenfluss von Spree und Kupfergraben am Nordwestende der Museumsinsel wurde 1898–1904 nach Plänen des kaiserlichen Hofarchitekten Ernst Eberhard von Ihne unter der Bauleitung von Max Hasak errichtet. Das prächtige, direkt aus dem Wasser ragende und durch die Monbijoubrücke beiderseits mit dem Festland verbundene Neobarockpalast geht direkt auf die Initiative Wilhelm von Bodes zurück, der sich seit langem einen würdigen Unterbringungsort für die von ihm zusammengetragene Gemälde- und Skulpturensammlung gewünscht hatte. Er wurde in diesem Vorhaben von Kronprinz Friedrich Wilhelm, dem späteren 99-Tage-Kaiser, unterstützt. Der Bau des Bode-Museums war nicht nur eine künstlerische, sondern auch eine technische Glanzleistung. Der sumpfige Boden der Spreeinsel war – wie man seit dem Einsturz von Schlüters Münzturm am Schloss

Mitte, Naturkundemuseum
Im großen Lichthof stehen die berühmten Saurierskelette.

wusste – für größere Bauprojekte denkbar ungeeignet und forderte aufwändige Gründungsarbeiten. Der unmittelbar aus dem Wasser aufragende Monumentalbau bildet ein unregelmäßiges Dreieck und umschließt fünf Innenhöfe. Die reich gestalteten Fassaden sind vollständig mit Sandstein verkleidet. Die beiden Geschosse gliedern korinthische Halbsäulen und Pilaster in Monumentalordnung. Gestalterische Höhepunkte sind die Portalzone an der Inselspitze sowie die große und die kleine Kuppel am Beginn und am Ende des mittleren Hauptflügels.

Das Bode-Museum besitzt drei der prächtigsten und eindrucksvollsten Säle Berlins, die die durch das Äußere beim Besucher geweckten Erwartungen nochmals übertreffen. Den Glanzpunkt des Gebäudes erreicht man bereits nach dem Passieren der Glastüren des halbrunden Vestibüls. Der Großen Kuppelhalle mit ihrer majestätischen doppelläufigen Treppe können nur wenige Prunksäle bedeutender Barockschlösser das Wasser reichen. Der Raum besticht sowohl durch seine Dimensionen als auch durch die Prachtentfaltung mit marmornen Säulen und Pilastern, allegorischen Skulpturen, vergoldeten Portraitmedaillons (Großer Kurfürst, Friedrich II., Friedrich Wilhelm IV., Friedrich III.) und anderem.

Von der Großen Kuppelhalle gelangt man durch die Galerie mit Skulpturen der im Krieg zerstörten Villa Kamecke von Schlüter in die sogenannte Basilika, einen langgezogenen zweigeschossigen Raum, der von Motiven italienischer Renaissancekirchen wie San Salvatore al Monte in Florenz oder Il Redentore von Andrea Palladio in Venedig inspiriert ist. In der Basilika werden passend zur Architektur Fayencen von Luca della Robbia sowie italienische

Mitte, Bode-Museum

Das Bode-Museum am Zusammenfluss von Spree und Kupfergraben (rechts) dominiert einen städtebaulich spektakulären Punkt. Eberhard von Ihne errichtete den schlossartigen Bau 1898–1904. Die Ausstellungssäle (links oben ein Mittelaltersaal) sind als Epochenräume konzipiert, in denen Innenarchitektur und Exponate aufeinander abgestimmt sind. In der von italienischen Renaissancekirchen inspirierten Basilika (links unten) sind Plastiken und Gemälde jener Epoche ausgestellt.

Renaissancegemälde und -skulpturen ausgestellt. Der sich anschließende Kleine Kuppelsaal ist zwar etwas kleiner als der Große Kuppelsaal, mit seiner geschwungenen, doppelläufigen Treppenanlage, den marmornen Pilastern und Wandverkleidungen, den Statuen von Friedrich dem Großen und seinen Generälen sowie der Kassettendecke jedoch nicht minder prachtvoll.

Bodes Ausstellungskonzept sah die Einrichtung von Epochenräumen vor, in denen Gemälde, Skulpturen und kunstgewerbliche Sammelstücke aus ähnlichen Kunstepochen und -landschaften in stilistisch

abgestimmten Räumen ausgestellt sind. In einige wurden Spolien wie Kamine, Türrahmen oder Bodenbeläge aus abgebrochenen Genueser Palästen eingebaut. Entsprechend sind die teilweise sehr aufwändig gestalteten Räume erkennbar unterschiedlichen Charakters und auf die jeweiligen Exponate bezogen. Bei der Neueinrichtung des Museums nach der 2006 abgeschlossenen Generalsanierung orientierte man sich zum Teil wieder an diesem Konzept. Bei der Einrichtung des Museums im Jahre 1904 wurden hier die Gemälde- und die Skulpturensammlung platziert. Ergänzt um ausgewählte Exponate aus den Kunstgewerbesammlungen. Heute befinden sich im Bode-Museum die Skulpturensammlung, das Münzkabinett und das Museum für Byzantinische Kunst. Die Skulpturensammlung wird durch stilistisch passende Gemälde und Möbel komplettiert. Das Haus erhielt zwar im Krieg einige Bombentreffer, wurde aber von allen Bauten auf der Museumsinsel am wenigsten zerstört und zeigt sich daher heute in einem weitgehend authentischen Zustand.

Ein vergleichbares architektonisches Gesamtkunstwerk wie das Bode-Museum befindet sich zwischen Cöllnischem Park und Spreeufer: Das Märkische Museum ist eines der Hauptwerke des Berliner Stadtbaudirektors Ludwig Hoffmann. Der 1899–1904 errichtete Bau ist zugleich der bedeutendste Vertreter des Berliner Heimatstils. Hoffmanns Absicht war es, mit dem Märkischen Museum ein „Stimmungsmuseum" zu schaffen, in dem sich der Besucher in die „alte märkische Zeit" versetzt fühlt. Zu diesem Zweck errichtete er am Spreeufer eine reich mit Architekturzitaten vor allem mittelalterlicher Profan- und Sakralbauten versehene romantische Trutzburg. Kenner der märkischen Architektur können leicht abgewandelte Zitate wie den Turm der Wittstocker Bischofsburg, den Schaugiebel der Brandenburger Katharinenkirche oder eine Kopie des Rolands vor dem Altstädtischen Rathaus der Stadt Brandenburg entdecken. An die backsteingotischen Trakte schließt sich östlich ein Renaissanceflügel an.

Mitte, Bode-Museum
Die Kleine Kuppelhalle (links und oben) befindet sich am Südostende des Gebäudes.

Mitte, Bode-Museum
Räumlicher Höhepunkt des Interieurs ist die Große Kuppelhalle mit dem Reiterstandbild des Großen Kurfürsten von Andreas Schlüter (Kopie von 1904).

Die Initiative für den Bau des Museums ging vom 1865 gegründeten „Verein für die Geschichte Berlins" aus, der eine stetig wachsende Sammlung von Exponaten aus Berlin und der Mark Brandenburg zusammengetragen hatte, die bis dato an wechselnden provisorischen Standorten gezeigt wurde und einer würdigen Präsentation harrte. Auch das Interieur nimmt in der Gestaltung der Räume Bezug auf die jeweiligen Themen und Epochen. So befindet sich die Sammlung kirchlicher Kunst des Mittelalter in der Gotischen Kapelle im Südwesten, die Waffenhalle in einem gewölbten „mittelalterlichen Klosterraum", der Zunftsaal ist ein stilgerecht ausgeschmückter, vertäfelter Raum, die Sammlungen des 19. Jahrhunderts befinden sich in dem teilweise schlossartig gestalteten Renaissanceflügel.

Das Märkische Museum ist Stammhaus der Stiftung Stadtmuseum Berlin, dem zweiten großen Berliner Museumsverbund neben den Staatlichen Museen preußischer Kulturbesitz. 1995 wurden die Sammlungen des Märkischen Museums und des Berlin-Museums in Kreuzberg zusammengeführt. Von den Kriegs- und Nachkriegszerstörungen und Umbauten ist in dem gut erhaltenen Gebäude fast nichts mehr zu erkennen. So einzigartig das Märkische Museum auf den ersten Blick erscheinen mag, steht es nicht als Solitär in der wilhelminischen Kulturlandschaft. Zur gleichen Zeit entstand in München das Bayerische

Nationalmuseum nach Plänen von Gabriel von Seidl als vergleichbare eklektizistische Replik auf die „großen“ bayerischen Architekturepochen.

Die Entstehungsgeschichte des meistbesuchten Berliner Museums ist verwirrend und wird erst in einigen Jahren vorerst abgeschlossen sein. Seine besondere Faszination verdankt das Pergamonmuseum der Tatsache, dass es nicht nur die klassische Funktion als Aufbewahrungs- und Ausstellungsortes musealer Exponate hat, sondern darüber hinaus als tempelartige Hülle bedeutender und monumentaler antiker Spolien fungiert. Das Pergamonmuseum zeigt Architektur in Architektur. Der bestehende Bau ist bereits der zweite an diesem Standort. Sein 1897–99 von Fritz Wolff errichteter Vorgängerbau hatte sich bereits nach wenigen Jahren als räumlich unzulänglich und statisch instabil erwiesen. Ebenso wie das nach Plänen von Alfred Messel errichtete heutige Gebäude diente er der Präsentation der von dem Vermessungsingenieur und Amateurarchäologen Carl Humann (1839–1896) im Osmanischen Reich ergrabenen Architekturfragmente und Skulpturen. Da Messel bereits 1909 verstarb, wurde der mit ihm befreundete Berliner Stadtbaurat Ludwig Hoffmann mit der Vollendung des Pergamonmuseums betraut. Die Bauarbeiten begannen 1907 und währten aufgrund des schlammigen Untergrunds – die Stabilität des Gebäudes ist bis heute gefährdet – und wohl auch wegen des Ersten Weltkriegs bis 1930. Messel entschied sich für den zeittypischen reduzierten Neoklassizismus Langhansscher Prägung mit kannelierten dorischen Pilastern und Halbsäulen unter Dreiecksgiebeln sowie von Konsolen getragenen Traufgesimsen. Die Fassaden des dreiflügeligen Baus mit tiefem Ehrenhof sind mit Sandstein verkleidet. Die geplante Säulengalerie, die den Hof zum Kupfergraben hin abschließen sollte, kam ebenso wenig zur Ausführung wie ein tempelartiger Portalvorbau. Das Ausstellungskonzept ähnelt insofern dem des Bode-Museums, als vor allem die monumentalen Säle des Hauptflügels in der Anordnung der Exponate – Pergamon-Altar, Markttor von Milet, Ischtar-Tor von Babylon, Griechisch-römische Kunst – einer nach Epochen geordnete Didaktik folgen. Sie unterscheiden sich jedoch darin grundlegend vom Bode-Museum, als die Räume durch ihre Größe die Wirkung der Objekte unterstreichen, jedoch nicht durch reiches architektonisches Dekor mit diesen in Konkurrenz treten.

Mitte, Märkisches Museum
Das 1899–1904 erbaute Märkische Museum am Cöllnischen Park (links) ist ein Hauptwerk von Stadtbaudirektor Ludwig Hoffmann. Der Bau enthält Zitate mittelalterlicher Bauten der Mark Brandenburg. Blick in den Saal für kirchliche Kunst (oben). Architektur und Ausstellungsstücke sind im gesamten Museum gestalterisch aufeinander bezogen. Stimmungsvoller Zunftsaal (unten).

Mitte, Pergamonmuseum
Die sich aus dem Kupfergraben erhebende neoklassizistische Dreiflügelanlage wurde 1910–30 nach Plänen von Alfred Messel und Ludwig Hoffmann erbaut.

Das Pergamonmuseum erhielt im Krieg schwere Bombentreffer und wurde anschließend von der Roten Armee geplündert. Obwohl der größten Teil der Sammlung nach Berlin zurückkehrte, lagern wesentliche Teile wie etwa der „Goldschatz von Troja" noch heute in Moskau und St. Petersburg. Das Pergamonmuseum gliedert sich in die Antikensammlung, das Museum für Islamische Kunst und das Vorderasiatische Museum. Die Sanierung des Gebäudes bildet den Schlussakkord bei der Neuordnung der Museumsinsel. Der Blick in den Ehrenhof soll künftig durch einen verglasten Verbindungsflügel von Oswald Mathias Ungers versperrt werden.

Während der Teilung Berlins befanden sich die bedeutendsten Sammlungen der westlichen Stadthälfte in den Dahlemer Museumsbauten, umgeben von den dezentral verteilten Institutsgebäuden der Freien Universität. Die meisten Museumsbesucher betreten den weitläufigen Gebäudekomplex durch den dem U-Bahnhof Dahlem Dorf zugewandten, in den frühen 1970er Jahren errichteten Haupteingang an der Lansstraße. Sie bemerken damit häufig

kaum, dass die südöstlichen Museumsflügel großenteils noch kurz vor dem Ersten Weltkrieg entstanden sind. Deren mit Sandstein verkleideten Fassaden zeigen den für die Entstehungszeit typischen reduzierten Barockklassizismus mit monumentalisierenden ionischen Säulen unter dem Dreiecksgiebel des Mittelrisalits. Die Entwürfe stammen aus der Feder von Bruno Paul (1874–1968), den man mit Recht als Wegbereiter der Moderne bezeichnen kann. Der vielseitig begabte Paul entwarf nach dem Ersten Weltkrieg Bauten wie das Kathreiner-Haus am Kleistpark oder das Disch-Haus in Köln. Die kriegsbedingt erst 1921 vorläufig vollendeten Dahlemer Museumsbauten an der Arnimallee sollten ursprünglich die asiatischen Abteilungen des Völkerkunde-Museums beherbergen, dienten nach dem Zweiten Weltkrieg aber vorwiegend als Standort der Gemäldegalerie. Sie sind im Inneren für die Kaiserzeit erstaunlich schmucklos und funktionell. Die bisher hier präsentierten ethnologischen Sammlungen sollen irgendwann einmal als Humboldt-Forum in das dann neu errichtete Stadtschloss umziehen.

Dahlem, Völkerkunde-museum
Teil eines von Wilhelm von Bode initiierten Konzepts ist der 1914–21 von Bruno Paul errichtete neoklassizistischen Museumsbau. Die Baugeschichte des gesamten Komplexes zog sich bis 1970 hin.

Denkmäler

Die Frage, ob Denkmäler in ein Buch über Architektur gehören, beantwortet sich zwanglos von selbst, wenn man bedenkt, wie sehr der Historismus im geschichtlichen Denken verwurzelt war und wie sehr Denkmäler als Versuch der Aneignung und Visualisierung von Geschichte integraler Bestandteil der architektonischen Stadtmöblierung waren. Ganze Plätze, Alleen und Parkanlagen waren auf Denkmäler ausgerichtet, Gebäude wurden um sie herum errichtet. Denkmäler stehen häufig im Kontext von Architektur, wenn man etwa an die Siegessäule, die Nationalgalerie, das Charlottenburger Tor oder den Märchenbrunnen denkt, oder ihr architektonisches Umfeld wurde von bekannten Architekten entworfen, so beim Graefe-Denkmal oder beim Kaiser-Wilhelm- und Bismarck-Nationaldenkmal. Die großen deutschen Nationaldenkmäler wie das Völkerschlachtdenkmal in Leipzig, das Hermannsdenkmal im Teutoburger Wald, das Kyffhäuserdenkmal oder das Deutsche Eck in Koblenz entstanden fast durchweg in der Kaiserzeit.

Darüber hinaus bildeten Architektur und Bildhauerei insofern eine besondere Symbiose, als Skulpturen stets konstitutiver Bestandteil großer Reprä-

Kreuzberg
Wrangelbrunnen (1866) von Hugo Hagen.

Tiergarten
Siegessäule (1864–73) am Großen Stern von Johann Heinrich Strack und Friedrich Drake.

Tiergarten
Bismarck-Nationaldenkmal (1897–1901) von Reinhold Begas.

Tiergarten
Amazone (1906) von Louis Touaillons.

sentationsbauten waren. Die Liste der Künstler, die sich etwa an der Gestaltung der Fassaden des Reichstags oder des Berliner Doms beteiligten, liest sich wie das „Who's Who" der Berliner Bildhauerschule. Die geehrten Persönlichkeiten entstammten allen Bereichen des politischen, wirtschaftlichen, kulturellen und wissenschaftlichen Lebens. So findet man entgegen dem Klischee weitaus häufiger Musiker, Dichter, Mediziner, Wirtschaftsführer oder allegorische Gestalten als Politiker und Generäle.

Berlin verfügt über eine reiche bildhauerische Tradition, die seit Schlüter europäisches Niveau hatte und mit Johann Gottfried Schadow einen der führenden Klassizisten hervorbrachte. Die von Schadow begründete Tradition führte über seinen bedeutendsten Schüler Christian Daniel Rauch (1777–1857) zu Reinhold Begas und Friedrich Drake, ihrerseits Schüler Rauchs, und vollzog somit die bildhauerische Entwicklung vom Klassizismus bis zum wilhelminischen Neobarock. Begas und seine Kollegen waren nach 1918 ähnlicher Geringschätzung, ja Verachtung ausgesetzt wie Anton von Werner als Exponent der offiziellen wilhelminischen Malerei. Betrachtet man

Mitte
Neptunbrunnen (1888) zwischen Marienkirche und Rotem Rathaus von Reinhold Begas.

Tiergarten
Moltkedenkmal (1904) von Joseph Uphues.

Begas' künstlerische Gestaltungsweise genauer, stellt man fest, dass er – vergleichbar dem angeblich so pedantisch-naturalistisch arbeitenden Anton von Werner, in Wahrheit eine erstaunlich lockere, geradezu impressionistische Handschrift hatte –, gepaart mit stupender technischer Virtuosität. Seit den 1980er Jahren ist auch hier eine Neubewertung im Gange, die sich bereits seit längerem auf dem traditionell eher unideologischen Kunstmarkt widerspiegelt. Gleichwohl sind durch Krieg, staatlich gelenkte Zerstörung und Vandalismus in der Nachkriegszeit mindestens ebenso viele Denkmäler verloren gegangen wie Gebäude. Gleichwohl haben sogar einige der großen Staatsdenkmäler die Zeitläufe überdauert – meist jedoch in lädiertem Zustand. Auch Komponisten- und Dichterfiguren fehlen vielerorts Gliedmaßen, und sie sind teilweise noch immer von Einschusslöchern und Granatsplittern übersät.

Eine beachtliche Zahl von Denkmälern findet man im Tiergarten. Sowohl die ursprünglich ein Geschoss niedrigere Siegessäule als auch die nördlich von ihr gelegenen Denkmäler wurden allerdings erst 1938 an ihren heutigen Standorten transferiert. Die Siegessäule wurde 1864–73 nach Plänen von Johann Heinrich Strack zum Gedenken an den Sieg im Deutsch-Dänischen-Krieg, ursprünglich auf dem Königsplatz vor dem Reichstag errichtet. Als der – wie Begas – bei Rauch ausgebildete Friedrich Drake (1805–1883) im Jahre 1873 die Viktoria vollendet hatte, waren zwischenzeitlich zwei weitere siegreiche Kriege hinzugekommen. Auch das 1897–1901 von Begas und Ludwig Cauer geschaffene Bismarck-Nationaldenkmal befand sich vormals auf dem Königsplatz und war dort sehr wirkungsvoll von zwei halbkreisförmigen Bassins mit weiterem plastischen Schmuck flankiert. Der von allegorischen Figuren umgebene Bismarck zeigt die reife Formensprache von Begas. Die dramatisch bewegten, lebensnahen Posen, unterscheiden sich deutlich von Schadows statischer anmutendem Klassizismus. Ähnliche Expressivität zeigt etwa auch der nach dem Krieg vom Schloss zum roten Rathaus versetzte, 1888 entstandene Neptunbrunnen. Begas' bereits 1864–66 geschaffenes Schiller-Denkmal am Gendarmenmarkt lässt noch eine konservativere Auffassung erkennen. Auch der ab 1866 entstandene Wrangelbrunnen von Hugo Hagen (1818–1871) ist noch dem Klassizismus verhaftet.

Gemeinsam mit dem Eisernen Kanzler wanderten 1939 auch seine wichtigsten Heerführer an den

Wannsee
Borussia-Monument (1879/80) von Paul Wimmel und Ernst Sputh.

Mitte
König Friedrich Wilhelm IV. (1886) vor dem Alten Museum, errichtet von Alexander Calandrelli.

Großen Stern. Auf der Nordostseite des Platzes sinniert – gewohnt wortkarg – der Generalfeldmarschall Helmuth Graf von Moltke, in eleganter Pose. Er wurde 1904 von dem Begas-Schüler Joseph Uphues (1850–1911) aus Laaser Marmor geschlagen. An der Nordwestecke steht ein grimmiger Kriegsminister Albrecht Graf von Roon, dessen Bronzestatue 1904 nach einem Entwurf von Harro Magnussen (1861–1908) gegossen wurde. In seiner rechten Brust erkennt man noch ein Einschussloch.

Die Wirkung der beiden monumentalsten und berühmtesten Denkmalsinszenierungen, die unter maßgeblicher Beteiligung von Reinhold Begas entstanden, kann man heute nur noch auf alten Fotos bestaunen. Das bei Kriegsende nahezu unbeschädigte Kaiser-Wilhelm-Nationaldenkmal auf der Schlossfreiheit wurde 1950 auf Anweisung der DDR-Führung geschleift und eingeschmolzen. Das einundzwanzig Meter hohe Monument mit einem neun Meter hohen Reiterdenkmal Wilhelms I. im Zentrum, umgeben von Siegesgöttinnen, Trophäen, Löwen und anderen anderen Tieren, befand sich auf einer von Kolonnaden gesäumten Plattform über dem Spreekanal. Geblieben sind zwei Löwengruppen, die später im Tierpark Friedrichsfelde Aufstellung fanden, und der Unterbau, der als Standort für ein zu errichtendes Wiedervereinigungsdenkmal auserkoren wurde.

Auch die Realisierung des größten zusammenhängenden Denkmalprojekts der Kaiserzeit vollzog sich unter Leitung von Reinhold Begas und dem Architekten Gustav Halmhuber (1862–1936), der auch am Kaiser-Wilhelm-Nationaldenkmal beteiligt war. Begas entwickelte nicht nur das Gesamtkonzept, er schuf auch vier der Skulpturen. 1895 erteilte Wilhelm II. den Auftrag, im Tiergarten zwischen Kemperplatz und Königsplatz eine 750 Meter lange Siegesallee mit Skulpturen aller zweiunddreißig brandenburgisch-preußischen Herrscher von Albrecht dem Bären bis zu Kaiser Friedrich III. anzulegen. „Als Zeichen meiner Anerkennung für die Stadt und zur Erinnerung an die ruhmreiche Vergangenheit unseres Vaterlandes will ich daher einen bleibenden Ehrenschmuck für meine Haupt- und Residenzstadt Berlin stiften ..." An dem Werk, das 1901 vollendet und 1903 noch um zwei Figuren ergänzt wurde, beteiligten sich fast alle maßgeblichen Berliner Bildhauer der Epoche. Die Gesamtkosten in Höhe von 1,6 Millionen Mark bezahlte der Kaiser aus „seiner Schatulle". Obwohl man heute in vielen Publikationen lesen kann, dass das

Tiergarten
Haydn, Mozart und Beethoven (1904) von Rudolf Siemering.

Mitte
Albrecht von Graefe (1882) von Rudolf Siemering, Gropius & Schmieden.

Tiergarten
Richard Wagner (1903) von Gustav Eberlein.

Projekt zur seiner Entstehungszeit durchgängig abgelehnt worden und als sogenannte „Puppenallee“ Gegenstand allgemeinen Spotts gewesen sei, liest sich das in zeitgenössischen Stadtführern etwas anders. In einem Berlin-Führer von Fedor von Zobeltitz von 1902 steht, „dass sich gegen manche Einzelheit dieser Galerie Bedenken erheben, dass der Gesamteindruck ein überaus wirkungsvoller ist“. Im Groß Berliner Jahreskalender von 1914 wird konzidiert, dass es „zunächst mancherlei kritische Randbemerkungen gegeben hat, diese aber verstummt sind und die Freude geblieben ist, an dem, was hier künstlerisch geschaffen worden ist“.

1938 wurden die Figuren gemeinsam mit dem Ensemble vom Königsplatz an den großen Stern verlegt. 1947 wurde die Allee auf Weisung der Alliierten beseitigt. Die sechsundzwanzig verbliebenen, großenteils stark beschädigten – oft der Köpfe und/oder anderer Gliedmaßen beraubten – Skulpturen wurden zunächst vergraben und später im Lapidarium (am Radialsystem) am Landwehrkanal aufbewahrt. Seit 2009 befinden sie sich in der Spandauer Zitadelle, wo sie gereinigt und konserviert, aber nicht restauriert werden und ab 2012 im Rahmen einer Dauerausstellung gezeigt werden sollen. Der 1906 anfgestellte Abguss der symbolistischen Amazone von Louis Touaillons (1862 – 1919), im südöstlichen Tiergarten, steht stellvertretend für die Zeitenwende in der Berliner Bildhauerei. Der in Berlin geborene Touaillons war ein Schüler von Reinhold Begas, gehörte ab 1902 gleichwohl der Berliner Sezession an und wurde 1906 als Professor an die Berliner Kunsthochschule berufen.

Bei einer der beliebtesten Ausflugsstätten im Westen Berlins erscheint die architektonische Hülle mindestens ebenso als Denkmal wie die Skulpturen im Inneren. Dieser Eindruck wird durch die Tatsache bestätigt, dass sich das Standbild Wilhelms I. und die vier Reliefs von Ludwig Manzel (1858–1936) erst seit 1902 in der Halle des Kaiser-Wilhelm-Turms befinden. Der wie ein 55 Meter hohes Monument die Kette der Havelberge bekrönende neogotische Backsteinturm wurde 1897–99 anlässlich des hundertsten Geburtstages Wilhelms I. von Franz Schwechten errichtet. Ungeachtet seiner stimmungsvollen, fast sakralen Erscheinung war er von Anfang an als Aussichtsturm mit angeschlossenem Ausflugsrestaurant geplant.

Eine gleichfalls auf Fernwirkung und Aussicht hin orientierte Denkmalsinszenierung im kleineren Maßstab, findet man auf der Wannseedüne im ehemaligen Garten der Villa Wild, Am Sandwerder 1. Das heute öffentlich zugängliche Borussia Monument – eine weibliche Allegorie auf den Staat Preußen - wurde 1879 von dem Hofsteinmetzen Paul Wimmel angefertigt und 1880 auf einer Aussichtsplattform von Ernst Sputh aufgestellt.

Weitere prominente Beispiele für das Zusammenwirken von Architektur und Plastik sind etwa das 1886 von Alexander Calandrelli (1834 – 1903) nach einem Entwurf von Gustav Bläser geschaffene Reiterstandbild Friedrich-Wilhelms IV. auf der Freitreppe der

Nationalgalerie oder das 1882 entstandene Denkmal Albrecht von Graefes, dem Begründer der modernen Augenheilkunde, an der Charité. Die überlebensgroße Bronzefigur ist eine Schöpfung des Rauch-Schülers Rudolf Siemering (1835–1905), der architektonische Rahmen mit der Schauwand stammt von Gropius & Schmieden, die auch die Pläne für die nahegelegene Universitäts-Augenklinik lieferten. Von Siemering stammt auch das Denkmal für Beethoven, Mozart und Haydn, das 1904 nahe der Siegesallee im Tiergarten aufgestellt wurde; an der Siegesallee war er mit der Darstellung des Soldatenkönigs Friedrich Wilhelm I. beteiligt.

Zwei weitere Komponistendarstellungen im Tiergarten stammen von Gustav Eberlein. Richard Wagner befindet sich seit 1903 an der Tiergartenallee, unweit des Großen Sterns fand 1906 Albert Lortzing Aufstellung. Die Enthüllung des Wagner-Denkmals in Anwesenheit großer Teile der Berliner Gesellschaft, jedoch ohne den Kaiser hat Anton von Werner auf einem 1908 vollendeten Monumentalgemälde verewigt. Der Komponist scheint – umgeben von Figuren seiner Opern – soeben zu einer neuen Melodie inspiriert worden zu sein.

Die späteren, stilistisch zwischen spätem Jugendstil und Neoklassizismus stehenden Denkmäler weisen mit ihren häufig aus grobporigem Muschelkalk gestalteten, weniger detaillierten Oberflächen schon deutlich in Richtung Stilisierung und Reduktion. Typische Beispiele dafür sind das symbolistisch beeinflusste Virchow-Denkmal, das Fritz Klimsch 1906–10 am Karlsplatz unweit der Charité schuf, die Figuren von Richard Guhr (1873–1956) am Schöneberger Rudolph-Wilde-Park und das Charlottenburger Tor zu nennen, das Heinrich Baucke (Bronzeskulpturen) und Bernhard Schaede 1907/08 errichteten.

Eines der letzten kaiserzeitlichen Monumente war ein ideologisch völlig unverdächtiges Werk, das einzig die Aufgabe hatte, die Bevölkerung und im Speziellen die Kinder zu erfreuen. Nach einer langen Planungsphase konnte am 15. Juni 1913 der Märchenbrunnen am Volkspark Friedrichshain der Öffentlichkeit übergeben werden. Sein architektonischer Schöpfer war Stadtbaurat Ludwig Hoffmann, die ausführenden Bildhauer waren Ignatius Taschner, Josef Rauch und Georg Wrba. Die monumentale Anlage besteht aus vier höhenversetzt angeordneten Bassins, aus denen sich jeweils eine Kaskade zum nächsttieferen Becken ergießt. Den optischen

Abschluss der Szenerie bildet eine mächtige halbkreisförmige Kolonnade, die von einer Attika bekrönt wird. Ihren Namen verdankt die Anlage den insgesamt 106 Plastiken, die überwiegend Szenen oder Figuren aus bekannten Märchen darstellen und sich auf den Brunnen und das umgebende Parkgelände verteilen. Das einschließlich des Parks und weiterer Brunnenanlagen 172 x 90 Meter große Gesamtkunstwerk erfreut sich seit seiner Eröffnung großer Beliebtheit. 2005–07 wurde die Anlage restauriert und zum Schutz vor Vandalismus umzäunt.

Mitte
Rudolf Virchow (1906–10) von Fritz Klimsch.

Charlotteburg
Charlottenburger Tor (1907/08), errichtet von Bernhard Schaede.

Friedrichshain
Märchenbrunnen (1913) von Ludwig Hoffmann.

Bis vor wenigen Jahren wurden die Denkmäler der Kaiserzeit fast nur mit Attributen wie heroisierend, verherrlichend, kitschig und pathetisch bedacht. Die eleganten Kompositionen, die kunstvoll individualisierten, lebensnahen Figurendarstellungen – häufig garniert mit einer Prise Witz – die virtuose Materialbeherrschung und die effektvollen Inszenierungen, deren Wirkung sich kaum jemand entziehen kann, waren meist keine Silbe wert.

Im Umgang mit dem kulturellen Erbe einer noch relativ jungen Vergangenheit hat sich jedoch ein Umdenken vollzogen, so wurden im Sommer 2010 die in mehrjähriger Arbeit rekonstruierten, im Krieg zerstörten Jugendstilkandelaber des Charlottenburger Tors wieder aufgestellt; die beschädigten Reste der Siegesallee sollen künftig dauerhaft in der Spandauer Zitadelle präsentiert werden, und viele erfolgreiche Ausstellungen über Architekten und bildende Künstler der Kaiserzeit, die lange kaum Beachtung fanden, belegen ein neues öffentliches Interesse an dieser Kulturepoche.

Adressenliste

Apostel-Paulus-Kirche	Klixstraße 2	10823 Berlin	www.ev-apostel-paulus-kirchengemeinde.de
Baerwaldbad	Baerwaldstraße 64-67	10961 Berlin	www.baerwaldbad.de
Belle Etage – Hotel & Pension am Lietzensee	Lietzenseeufer 10	14057 Berlin	www.belle-etage-am-lietzensee.de
Berliner Bäderbetriebe	Sachsendamm 2-4	10529 Berkin	www.berlinerbaederbetriebe.de
Berliner Ensemble	Bertolt-Brecht-Platz 1	10117 Berlin	www.berliner-ensemble.de
BIM Berliner Immobilienmanagement GmbH	Keibelstraße 36	10178 Berlin	www.bim-berlin.de
Museum „Bürgerliches Leben um 1900"	Heynstraße 8	13187 Berlin	www.museumsverbund-pankow@ba-pankow.verwalt-berlin.de
Café Einstein, Stammhaus	Kurfürstenstraße 58	10785 Berlin	www.cafeeinstein.com
Carl-von-Ossietzky-Gymnasium	Görschstraße 42/44	13187 Berlin	www.ossietzky-gym
Charité Campus Mitte	Charitéplatz 1	10117 Berlin	www.charite.de
Deutsches Archäologisches Institut	Podbielskiallee 69-74	14195 Berlin	www.dainst.org
Deutsches Herzzentrum Berlin	Augustenburger Platz	13353 Berlin	wwww.dhzb.de
Deutsches Technikmuseum Berlin	Trebbiner Straße 9	10963 Berlin	www.sdtb.de
Deutsches Theater	Schumannstraße 13a	10117 Berlin	www.deutschestheater.de
Ev. Krankenhaus Königin Elisabeth Herzberge	Herzbergstraße 79	10365 Berlin	www.keh-berlin.de
Forsthaus Paulsborn	Hüttenweg 90	14193 Berlin	www.forsthaus-paulsborn.de
Gethsemanekirche	Stargader Straße 77	10437 Berlin	www.ekpn.de
Gründerzeitmuseum Mahlsdorf	Hultschiner Damm 333	12623 Berlin	www.gruenderzeitmuseum.de
Haus der Wannseekonferenz	Am Großen Wannsee 56-58	14109 Berlin	www.ghwk.de
Herz-Jesu-Kirche	Riemeister Straße 2	14169 Berlin	www.herzjesuberlin,de
Johannes-Basilika	Lilienthalstraße 5	10965 Berlin	www.johannes-basilika.de
Kaiserin-Friedrich-Haus	Robert-Koch-Platz 7	10115 Berlin	www.kaiserin-friedrich-stiftung.de
Kaisersaal Die Salons am Potsdamer Platz	Bellevuestraße 1	10785 Berlin	www.kaisersaal-berlin.de
Kaiser-Wilhelm-Gedächtniskirche	Breitscheidplatz	10789 Berlin	www.gedaechtniskirche-berlin.de
Kirche zum Vaterhaus	Baumschulenweg 82/83	12437 Berlin	www.zumvaterhaus.de
Kirchengemeinde Nikolassee	Kirchweg 6	14129 Berlin	www.gemeinde-nikolassee.de
Komische Oper	Behrenstraße 55-57	10117 Berlin	www.komische-oper.de
Königliche Porzellan-Manufaktur Berlin	Wegelystraße 1	10623 Berlin	www.kpm.de
Markthalle 9	Eisenbahnstraße 42/43	10997 Berlin	www.markthalle9.de
Museum für Kommunikation Berlin	Leipziger Straße 16	10117 Berlin	www.mfk-berlin,de
Museum für Naturkunde	Invalidenstraße 43	10115 Berlin	www.naturkundemuseum-berlin,de
Museum im Wasserwerk	Müggelseedamm 307	12587 Berlin	www.museum-im-wasserwerk.de
Naturschutzzentrum Ökowerk Berlin	Teufelsseechaussee 22	14193 Berlin	www.oekowerk.de
Neue Wohnkultur	Berliner Straße 9	14169 Berlin	www.neue-wohnkultur.de
Oberpfarr- und Domkirche zu Berlin	Am Lustgarten	10178 Berlin	www.berlinerdom.de
Rosenkranzbasilika	Kieler Straße 11	12163 Berlin	www.rosenkranz-basilika.de
Schloss Britz	Alt Britz 73	12359 Berlin	www.schlossbritz.de
Schlosshotel im Grunewald	Brahmsstraße 10	14193 Berlin	www.schlosshotelberlin.com
Seglerhaus am Wannsee	Am Großen Wannsee 22-26	14109 Berlin	www.vsaw.de
St. Marien-Liebfrauenkirche	Wrangelstraße 50/51	10997 Berlin	www.marien-liebfrauen.de
St. Michaels-Heim Jugendgästehaus & Hotel	Bismarckallee 23	14193 Berlin	www.st-michaels-heim.de
Staatliche Museen zu Berlin	Stauffenbergtraße 41	10785 Berlin	www.smb.museum
Stiftung Stadtmuseum Berlin	Poststraße 13-14	10178 Berlin	www.stadtmuseum.de
Villa Roderbourg – Meissener Porzellan	Koenigsallee 62	14193 Berlin	www.villa-roderbourg.de
Villa Thiede Kulturforum	Am Großen Wannsee 40	14106 Berlin	www.thiede-villa.de
Wissenschaftszentrum Berlin für Sozialforschung	Reichpietschufer 50	10785 Berlin	www.wzb.eu.de
„Zimmermeister Brunzel baut ein Mietshaus"	Dunckerstraße 77	10437 Berlin	www.ausstellung-dunckerstraße.de
Zoologischer Garten	Hardenbergplatz 8	10787 Berlin	www.zoo-berlin.de

Literaturauswahl

Bienert, Michael/Buchholz, Elke Linda, *Kaiserzeit und Moderne*. Berlin 2009

Dehio, Georg, *Handbuch der Deutschen Kunstdenkmäler*. Berlin, München 1994

Engel, Hartmut, *Baugeschichte Berlin, Bd. II: 1861–1918. Städtebau und Architektur in Berlin zur Zeit des deutschen Kaiserreichs*. Berlin 2004

Engel, Helmut, *Berlin auf dem Weg zur Moderne*. Berlin 1997

Glatzer, Ruth, *Das Wilhelminische Berlin*. Berlin 1997

Goetz, Stephan, *Kirchen in Berlin*. Berlin 2008

Haubrich, Rainer/Hoffmann, Hans Wolfgang/Meuser, Philipp, *Berlin. Der Architekturführer*. Salenstein 2011

Hoffmann, Godehard, *Architektur für die Nation*. Köln 2000

Hoffmann-Tauschwitz, Matthias, *Wege zu Berliner Kirchen*. Berlin 1987

Hüter, Karl-Heinz, *Architektur in Berlin 1900–1933*. Dresden 1987

Kieling, Uwe, *Berlin. Bauten und Baumeister. Von der Gotik bis 1945*. Berlin 2003

Machel, Wolf-Dietger, *Berliner Schienennahverkehr*. München 2004

Milde, Kurt, *Neorenaissance in der deutschen Architektur des 19. Jahrhunderts*. Dresden 1981

Pehnt, Wolfgang, *Deutsche Architektur seit 1900*. München 2005

Preuser, Clemens-Maria/Preuser, Michael, *Charlottenburg in königlicher und kaiserlicher Zeit*. Berlin 2004

Reif, Heinz (Hg.), *Berliner Villenleben*. Berlin 2008

Siedler, Wolf Jobst, *Die gemordete Stadt*. Berlin 1964

Streidt, Gert/Feierabend, Peter, *Preußen. Kunst und Architektur*. Köln 1999

Wörner, Martin, *Architekturführer Berlin*. Berlin 1994

Architekten- und Künstlerregister

Matthias Barth

Herrenhäuser und Landsitze in Brandenburg und Berlin

Von der Renaissance bis zum Jugendstil

248 Seiten mit zahlreichen Farbabbildungen und 1 Karte
21 x 21 cm. Pappband
ISBN 978-3-87057-292-1
€ 24,90 / sFr. 37,90

Ein guter und hilfreicher Begleiter für Ausflüge in Berlin und Brandenburg.

Friedhelm Grundmann

Carl Gotthard Langhans (1732–1808)

Lebensbild und Architekturführer

136 Seiten mit 184 Abbildungen, davon 28 in Farbe.
13,9 x 21,4 cm. Pappband
ISBN 978-3-87057-280-8
€ 12,90 / sFr. 20,50

Knappe, prägnante Biographie des Baumeisters und Architekturführer zu seinen erhaltenen Bauten in Schlesien, Berlin und Potsdam.

Matthias Barth

Romanik und Gotik in Sachsen

Architektur und Baudekor des Mittelalters

216 Seiten mit zahlreichen Farbabbildungen
21 x 21 cm. Pappband
ISBN 978-3-87057-311-2
€ 19,90 / sFr. 30,50

Der Band lädt ein zu einer Entdeckungsreise durch Sachsen zwischen Leipziger Land und Oberlausitz, zwischen Elbe und Erzgebirge und gewährt Einblick in die stilgeschichtliche Entwicklung und erläutert den historischen Kontext.

Arne Franke / Katrin Schulze

Schlösser und Herrenhäuser in der Grafschaft Glatz

Ein Architektur- und Parkreiseführer

328 Seiten mit zahlreichen farbigen Abb.
13,9 x 21,4 cm. Pappband
ISBN 978-3-87057-297-6
€ 19,90 / sFr. 30,50

Diese Publikation versteht sich als Dokumentation und Reiseführer zu zahlreiche Schlösser und Herrenhäuser mit dazugehörigen Parkanlagen. Ein ausführlicher Anhang, unter anderem mit Kurzbiographien bedeutender Persönlichkeiten und Familien, ergänzt das wertvolle Nachschlagewerk.

Matthias Barth

Romanik und Gotik in Brandenburg und Berlin

Architektur und Baudekor des Mittelalters

232 Seiten mit zahlreichen Farbabbildungen
21 x 21 cm. Pappband
ISBN 978-3-87057-304-1
€ 22,90 / sFr. 34,90

Eine opulent und durchweg farbig bebilderte Zusammenschau der mittelalterlichen Architektur Brandenburgs: Klöster, Kirchen, Rathäuser und Stadttore. Der Band umfasst Brandenburg, Berlin und die heute zu Polen gehörende brandenburgische Neumark östlich der Oder.

Christofer Herrmann

Burgen im Ordensland

Ein Reisehandbuch zu den Deutschordens- und Bischofsburgen in Ost- und Westpreußen

288 Seiten mit 210 Abbildungen und Grundrissen.
13,9 x 21,4 cm. Pappband
ISBN 978-3-87057-271-6
€ 19,90 / sFr. 30,50

»Was bescheiden als Reisehandbuch dargeboten wird, ist doch weit mehr. [...] Konzentrierte, fachkundige Texte, mit sorgfältig ausgewählten Bildern und sogar eigenen Zeichnungen des Autors bereichert.«
Journal für Kunstgeschichte

Gerne senden wir Ihnen unser Gesamtverzeichnis zu:
www.bergstadtverlag.de

Korrespondenzadresse:
Bergstadtverlag Wilhelm Gottlieb Korn GmbH
Hermann-Herder-Straße 4 · 79104 Freiburg
Tel. 0761/ 27 17 346 · E-Mail: boguth@herder.de

Bestellungen:
LKG Leipziger Kommissions- und Großbuchhandelsgesellschaft mbH
An der Südspitze 1–12 · 04579 Espenhain
Tel. 034 206/65 120 · Fax.: 034 206/651 746